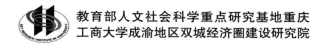

教育部人文社会科学重点研究基地重庆
工商大学成渝地区双城经济圈建设研究院

U0499980

中国劳动力市场性别歧视演变及影响因素研究

ZHONGGUO LAODONGLI SHICHANG

XINGBIE QISHI YANBIAN

JI YINGXIANG YINSU YANJIU

何泱泱　著

中国财经出版传媒集团
经济科学出版社
Economic Science Press
·北京·

图书在版编目（CIP）数据

中国劳动力市场性别歧视演变及影响因素研究／何
泱泱著．--北京：经济科学出版社，2023.12
ISBN 978 - 7 - 5218 - 5397 - 1

Ⅰ.①中…　Ⅱ.①何…　Ⅲ.①劳动力市场 - 性别差异
- 研究 - 中国　Ⅳ.①F249.212

中国国家版本馆 CIP 数据核字（2023）第 244615 号

责任编辑：周胜婷
责任校对：孙　晨
责任印制：张佳裕

中国劳动力市场性别歧视演变及影响因素研究
ZHONGGUO LAODONGLI SHICHANG XINGBIE QISHI
YANBIAN JI YINGXIANG YINSU YANJIU

何泱泱　著
经济科学出版社出版、发行　新华书店经销
社址：北京市海淀区阜成路甲 28 号　邮编：100142
总编部电话：010 - 88191217　发行部电话：010 - 88191522
网址：www. esp. com. cn
电子邮箱：esp@ esp. com. cn
天猫网店：经济科学出版社旗舰店
网址：http：//jjkxcbs. tmall. com
固安华明印业有限公司印装
710 × 1000　16 开　14 印张　260000 字
2023 年 12 月第 1 版　2023 年 12 月第 1 次印刷
ISBN 978 - 7 - 5218 - 5397 - 1　定价：72.00 元
（图书出现印装问题，本社负责调换。电话：010 - 88191545）
（版权所有　侵权必究　打击盗版　举报热线：010 - 88191661
QQ：2242791300　营销中心电话：010 - 88191537
电子邮箱：dbts@ esp. com. cn）

本书由以下项目共同资助：

1. 教育部人文社会科学重点研究基地重庆工商大学成渝地区双城经济圈建设研究院

2. 重庆市人文社科重点研究基地重庆工商大学区域经济研究院

3. 重庆工商大学经济学院"14年特色学科群——经济学（杨继瑞）配套经费"

4. 重庆市社会科学规划项目"职业分布的结构性变化对劳动力市场性别不平等的影响"（项目编号：2017BS49）

5. 教育部人文社科重点研究基地重庆工商大学长江上游经济研究中心科研招标项目"供给侧结构性改革下医疗保险预付制度实施及其经济后果研究"（项目编号：KFJJ2017007）

6. 重庆工商大学高层次人才科研启动项目"劳动力市场结构变迁与就业性别不平等研究"（项目编号：1855039）

7. 重庆市教育委员会人文社会科学研究项目"区域医联体视角下成渝城市群分级诊疗协同机制研究"（项目编号：20JD070）

前　　言

　　本书旨在系统考察中国劳动力市场性别歧视的演变及影响因素，结合劳动力市场结构的运行规律，以职业性别隔离的变化趋势与职业分布的发展趋势为基准研究，全面探究性别工资差异、雇用性别歧视和晋升性别歧视的变化及影响因素。基于此，本书搭建了理论应用逻辑框架，利用国家人口普查和中国综合社会调查两个具有全国代表性的大型微观调查数据，以劳动力市场结构发展趋势为突破口，探讨劳动力市场性别歧视的变化与发展，从而为决策部门制定和实施性别平等的政策提供科学依据。以下是本书的主要内容。

　　第1章，绪论。劳动力市场性别不平等问题依旧存在，并呈现出阶段性特点。本书从两方面深入剖析劳动力市场性别不平等的内在演变机制及外在表现形式。一方面，本书以职业性别隔离变化趋势视角研究内在演变机制；另一方面，本书划分了性别工资差异、雇用性别歧视、晋升性别歧视三种外在表现形式，以期通过职业性别隔离的变化趋势视角探究这三种外在表现的影响因素和发展趋势。

　　第2章，理论基础。首先，本书梳理了性别歧视、职业性别隔离、职业分布等基本概念的内涵与外延，明确三者存在的逻辑关系；接着，基于人力资本理论、性别歧视理论和性别隔离理论，本书构建了理论逻辑框架，明确实证研究职业性别隔离、性别工资差异、雇用性别歧视和晋升性别歧视的理论基础。

　　第3章，职业性别隔离的变化趋势。以劳动力市场结构为突破口，系统研究中国职业性别隔离的变化趋势。职业性别隔离是劳动力市场职业性别分布的分割状态，对劳动力市场性别差异产生影响。一方面，职业隔离的程度直接影响性别工资差异；另一方面，职业隔离还影响着非经济报酬的分配，间接导致男女劳动生产率的差异。因此，职业性别隔离的变化趋势影响劳动力市场性别歧视变化，对性别工资差异、雇用性别歧视、晋升性别歧视存在"结构效应"，把握其发展趋势，是本书研究当今中国性别不平等现状及变化的基准框架。研究发现：（1）中国劳动力市场性别不平等始终存在，长期职业性别隔离呈现下降趋势，劳动力市场职业分布的变化是导致长期职业性别隔离呈下降趋势的主要原因。传统以男性或女性为主导的职业相对规模逐渐减少，职业分布呈现集中化和中性化趋势。（2）职业分布的中性化趋势主要来自男性职业的中性化，即女性的进军使得传统男性主导职业的性别隔离减弱。随着市场化经济体制改革与产业结构变化，传统农工业规模缩减，现代化服务业快速增长，加速劳动力市场资本流动，女性逐渐进入以往男性主导的职业，职业分布也逐渐向集中化趋势发展。（3）职业分布的中性化并不意味着性别歧视的弱化。传统男性职业和女性职业隔离水平有所下降，中性职业的隔离水平并没有得到好转反而更加严重，职业分布的中性化趋势更多表现为女性取代男性从事低端工作，那些福利待遇好、职业声望高、社会经济地位高的职业对女性劳动者的"排挤"现象严重。

第4章，职业性别隔离对工资差异的影响及变化。实证分析性别工资差异的变化趋势及其影响因素，探讨职业性别隔离对性别工资差异的长期影响。研究发现，性别工资差距虽呈扩大化趋势，但因性别歧视导致的职业内部和职业间的工资差异逐渐缩小，劳动力市场因性别不平等带来的工资差异也有所缓解。2003~2013年，职业内部因歧视导致的男女工资差异下降约23%，职业间性别隔离影响下降约65%，劳动力市场更加重视专业化、技术化的人才，劳动者可以通过加强自身竞争力得到就业机会。然而，性别歧视仍是性别工资差异最主要原因，中性职业的性别工资差异问题最严重，其性别工资差异增长幅度高达81%。总体而言，女性处于劳动力市场弱势地位，女性劳动者普遍年龄偏小、受教育程度较低、工作经验较低、社会经济地位较低，工资回报率显著低于男性，劳动力市场性别不平等问题严峻。

第5章，雇用性别歧视的影响因素分析。实证研究中国劳动力市场存在的雇用歧视与雇主性别偏好发现：第一，雇用性别歧视在低层级职业中表现明显；第二，职位高层雇用女性劳动者显著少于男性，雇用女性门槛高于男性，存在"玻璃门效应"；第三，雇用环节针对女性的隐性歧视现象更严重，雇主偏好女性伴随着女性相貌、身高、体重要求、婚姻要求等条款，而非技能水平，同时存在针对女性年龄和性别的双重歧视现象。值得庆幸的是，个人内在禀赋的提高和外在环境的改善有利于降低雇用歧视的发生，因此，提高教育、技能水平等人力资本投资、提高劳动力市场的开放度与竞争性、改善外在就业环境等，将有效预防雇用性别歧视。

第6章，晋升性别歧视的影响因素分析。研究发现中国劳动力市场存在晋升性别差异，职位高层的"玻璃天花板"和职位低层的"黏地板"双重效应并存。随着职业分布的集中化与中性化，性别隔离程度较低的中性职业的晋升歧视越发严重，2006～2008 年仅三年间中性职业的男女实际晋升概率差异扩大了 138%。职业晋升歧视是长期存在的影响性别不平等的因素，它天然与劳动力市场职业性别隔离相连，受到职业分布的影响。因此，政策制定者不仅要关注劳动力市场男女就业人口平等，更应关注职业性别隔离与职业晋升。

第 7 章，结论与展望。总体而言，中国劳动力市场性别不平等问题没有显著改善，随着社会经济发展，劳动力市场存在职业隔离性别极端化、职业分布中性化、性别工资差异扩大化、雇用歧视隐性化、晋升歧视严峻化等特征，对此本书提出六点政策建议。

由于笔者学术研究能力有限，本书在样本选择、指标量化方式、计量分析方法等方面还有很多需要改进的地方，关于劳动力市场性别不平等研究也还需要进一步升华。在此，也衷心希望读者们能多批评指正！

本书的顺利出版衷心感谢重庆工商大学经济学院、教育部人文社会科学重点研究基地重庆工商大学成渝地区双城经济圈建设研究院的出版资助，以及重庆工商大学科研处等相关部门和领导的大力支持。

目　　录

第1章　绪　　论

1.1　问题的提出

改革开放以来，中国经济持续增长，人民生活水平不断提高，职工工资增长迅速，如图1-1所示。历经金融危机和债务危机后，发达国家经济局势疲软，而发展中国家持续稳定的经济增长维持了国际经济发展的势头，市场化和全球化使中国获利。根据我国商务部公布的数据，2010年中国国内生产总值超过了日本，成为世界第二大经济体，中国加工业年产值也已位居世界第一。社会经济发展有效刺激了国内资本和劳动市场，投资拉动方式促使资本收益增长

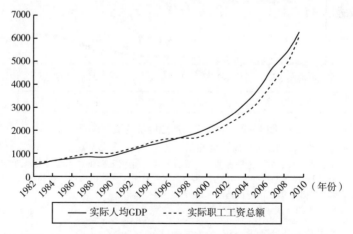

图1-1　中国人均国内生产总值和职工工资总额的变化趋势

注：1. 实际人均 GDP 和职工工资总额均按照 1982 年物价消费水平（CPI）为基期，进行价格水平调整。

2. 人均 GDP 单位为元，职工工资总额单位为万元。

资料来源：2015 年的《国家统计年鉴》和《中国劳动统计年鉴》。

和劳动报酬增长。国际劳工组织（International Labour Office，ILO）报告指出，近年来全球工资增长主要由新兴和发展中经济体带动，如果剔除中国，全球实际工资增长减半（ILO，2015）。

产业结构转型下现代化服务业经济增长迅速，如图1-2所示，2010年中国第三产业增加值超过第二产业。以制造业、加工业等为主的产业经济发展增速逐渐走低，因中国人口红利的消失及全球经济疲软，第二产业核心竞争力——廉价劳动力及其低成本劳动力优势也逐渐消失。第三产业的经济发展促使劳动力转移，2011年起第三产业吸纳就业超过第一产业，跃居首位①。产业结构升级使得以男性劳动者为主的重体力活和低技术门槛的传统农工业就业人数持续减少，外在就业环境改善和人力资本投资提高的双重作用下，劳动力要素要求从依靠体力逐渐被依靠智力、能力、教育等取代，一定程度上降低了女性劳动者的进入门槛，从而提高女性就业比例，劳动力市场男女就业分布逐渐合理化和多样化。

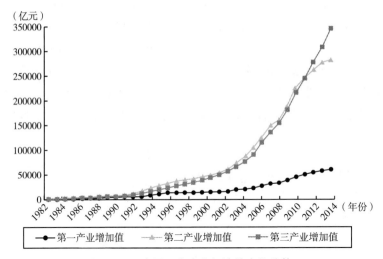

图1-2 中国三大产业经济的变化趋势

注：三大产业分类依据国家统计局2012年制定的《三次产业划分规定》。"第一产业"是指农、林、牧、渔业（不含农、林、牧、渔服务业）；"第二产业"是指采矿业（不含开采辅助活动），制造业（不含金属制品、机械和设备修理业），电力、热力、燃气及水生产和供应业，建筑业；"第三产业"即服务业，是指除第一产业、第二产业以外的其他行业。

资料来源：2015年的《国家统计年鉴》。

财富与平等是人类生活与生存的两大主线②，经济发展显著提高人民财富

---

① 第三产业吸纳就业首超四成 [N]. 人民日报，2015-05-29（01）.

② Deaton A. The great escape：health，wealth，and the origins of inequality [M]. Princeton University Press，2013.

水平，社会平等问题作为另一大焦点问题越来越受到人们的关注。那么，随着社会经济体制与产业结构的变迁，劳动力市场性别不平等将发生何种变化？目前学术界存在两种截然不同的观点：一种观点认为，市场化促进了性别平等进程（Michelson & Parish，2000），产业结构升级拓宽了女性就业渠道（Rosenzweig & Zhang，2013），经济发展提高非农就业的女性劳动参与率（刘小京，1994；Matthews & Nee，2000；Duflo，2012），教育扩张刺激市场对于高等教育水平的劳动力需求（Treiman，2013），从而降低歧视门槛，增加了女性就业机会（艾华和李银河，2001）。

更多学者则认为，社会经济发展以效率优先忽视公平导致中国劳动力市场性别歧视程度加深（Tang & Parish，2000；张丹丹，2004；姚先国和谢嗣胜，2004；李春玲和李实，2008；李实，宋锦和刘小川，2014）。计划经济时期"低工资、高就业"和"统分统配"的就业格局下，中国性别歧视表现并不明显，是当时国际上劳动力两性差距最小的国家之一，然而，随着市场化推进，女性在计划经济体制下受到的制度性保护逐渐消失（Shu & Bian，2003；张成刚和杨伟国，2013；李汪洋和谢宇，2015）。竞争性的劳动力市场中，女性处于弱势群体地位（蔡禾和吴小平，2002）。

不可否认的是，中国性别不平等问题依旧存在，地区间性别平等程度差异较大，空间发展不均衡[①]。大体上，社会经济发展程度较高的东部地区性别平等程度相应较高，而经济较为落后的西部地区性别不平等问题较严重。然而，并非健康、教育、经济、政治参与、家庭及环境各个领域的进步都对当地的经济发展水平有较强的依赖，例如黑龙江与新疆虽经济发展较弱但性别平等程度较高，意味着性别平等程度的改善同样可以在一些经济发展水平相对落后的地区取得较为突出的成就（谭琳等，2006）。随着社会变迁，性别不平等问题的变化和发展不单依靠社会经济发展，还须深入分析劳动力市场性别不平等的内在演变机制及外在表现形式。

性别工资差异是劳动力市场性别不平等的主要表现，早在19世纪西方国家学者们就发现男女工资报酬不对等的现象较严重，即使男女从事相同职业，"同工不同酬"问题也较普遍（Edgeworth，1922；Fawcett，1918）。随着社会经济发展，性别工资差异是否有所减少？大量实证研究并没有找到直接证据证实经济发展与市场化对中国性别工资差异的影响（Shu & Bian，

---

① 由全国妇联妇女研究所发布的《2006－2007年中国性别平等与妇女发展报告》，旨在衡量中国整体及各省市区综合性的性别平等发展程度。中国性别平等与妇女发展综合指数选取生命健康指数、教育指数、经济指数、政治和决策参与指数、家庭指数、环境指数等六方面加权计算。

2003；Shu，2005），甚至贺光烨和吴晓刚（2015）指出，虽然经济发展一定程度上降低了性别收入不平等，但是市场化主导性作用导致中国两性间收入扩大。因此，时代变迁的复杂性使得不同力量共存，导致很难对中国劳动力市场性别不平等研究的变化趋势及其成因下定论。理论界试图挖掘性别工资差异背后的成因。人力资本理论（human capital theory）认为，诸如教育水平、工作能力等人力资本投资差异是男女工资差异的主要原因（Mincer，1974）。统计歧视理论（statistical discrimination theory）认为，因雇员个体信息短期难以完全掌握，雇主在决定雇员工资时，往往通过群体间平均外在特征，如性别、年龄等进行理性判断，生命周期内女性平均生产率低于男性，譬如女性照顾家庭时间或女性生育成本等，根据利润最大化及成本最小化思想，雇主偏好男性而造成男女工资差异，但随着个体信息的完备，歧视将消失（Arrow，1973；Phelps，1972），而偏好歧视理论（taste discrimination theory）则认为，即使男女生产率相同、人力资本投资一致，仍然存在雇主、雇员、顾客的性别歧视，歧视对经济产生巨大净福利损失（Becker，1957，1971，1985）。那么，现实世界中性别工资差异到底更多由于男女人力资本投资和个人禀赋差异导致，还是性别歧视造成，抑或是两性从事不同职业的差异？对性别工资差异进行分解研究有利于深入分析性别不平等在工资差异中的角色（Oaxaca，1973；Blinder，1973），大量实证研究发现性别歧视是男女工资差异的主要影响因素。

除此之外，劳动力市场分割理论（labor market segmentation theory）认为，职业隔离同样对性别工资差异产生重要影响，即市场分割阻碍劳动力流动和资源配置，女性被排挤至低工资水平的劳动力市场（Baldwin et al.，2001；Tong & Yang，2011）。即使拥有同等受教育水平与劳动生产率，性别分割依旧迫使女性进入低附加值的岗位（Chen et al.，2013）。职业性别隔离是劳动力市场性别歧视的另一大表现，不仅影响性别工资差异，还直接影响劳动力市场职业分布与劳动力流动。李汪洋和谢宇（2015）强调，现有研究尚未系统区分职业隔离两类性质的影响因素：一是男女职业选择范围与就业准入门槛，二是职业隔离的"结构效应"——职业内部的性别构成与不同职业间的相对规模。

倘若缺乏对于劳动力市场结构运行规律的准确把握，特别是基于历史趋势和时代变迁的职业隔离与职业分布的历时性分析，将难以真正探究当今中国劳动力市场性别歧视的变化与发展。图1-3展示了1982年和2010年中国劳动力市场性别构成的变化，1982年性别比呈现右拖尾（right trail），即不同职业间女性比例较低，女性劳动者受到职业隔离与歧视对待现象较普遍，到了 2010 年，性别比分布曲线逐渐右移，职业分布集中化趋势加强。

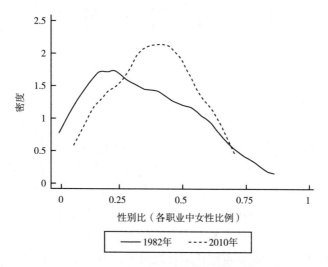

图 1-3　中国职业性别分布变化趋势

注：图中性别比指标以职业中女性劳动者人数占整体就业人数的比例作为衡量劳动力市场性别分布，指标在 0~1 之间，指数越大说明劳动力市场中女性参与程度越高，职业中女性代表性越强，反之则是以男性主导的职业分布。

资料来源：1982 年和 2010 年的国家人口普查数据。

职业分布的集中化趋势跟社会经济发展与产业结构升级息息相关，非农就业特别是服务业的快速发展，吸纳了大量女性劳动者，改善了劳动力市场就业结构。然而，职业分布的集中化并不意味着性别歧视的弱化，想要真正把握性别不平等的变化及发展，还须考虑男女在不同职业和职业内部的分布状况与社会经济地位，特别是低级别与高级别职位的女性就业准入与晋升比例，以及男女间工资差异等。一般而言，性别歧视的表现形式包括性别工资差异、雇用性别歧视、晋升性别歧视等。站在宏观视角，考虑劳动力市场性别构成变化趋势有利于研究性别歧视变化及发展。

遗憾的是，现有研究尚未意识到劳动力市场结构变化趋势研究的重要意义，本书试图以此作为突破口，考虑社会变迁与职业分布变化，将劳动力市场性别歧视的变化及表现进行串联，研究社会经济发展进程中职业性别分布的变化及发展，以职业性别隔离变化趋势为基准，进而研究如何影响性别工资差异的变化，深入分析雇用性别差异与晋升性别差异的内在演变及影响因素。

1.2　研究目的及意义

1.2.1　研究目的

平等是纵贯人类历史发展的主线，是社会进步与文明的重要体现。然而，性别不平等却是一种普遍存在的全球性现象，无论在发达国家还是发展中国家。劳动力市场性别歧视背离社会公平与平等的基本原则，迫使个人遭受经济与精神的双重损失，直接妨碍劳动力流动与资源有效配置，降低了整个社会的财富水平与经济总产出，从而损害国家的社会经济效率和社会福利。

国内外政策制定者高度重视性别歧视问题，2015 年 8 月 2 日，联合国《变革我们的世界：2030 年可持续发展议程》强调，实现性别平等是"变革我们世界"的坚实基础，须消除对妇女一切形式的歧视促进妇女全面发展，并将"实现性别平等，增强所有妇女和女童的权能"作为未来可持续发展目标之一[①]，足以看出国际社会改善性别不平等的决心。2015 年 9 月 22 日，国务院新闻办公室发表了《中国性别平等与妇女发展白皮书》，强调了社会性别平等与妇女发展的重要意义，全面介绍中国推动性别平等与妇女发展的政策措施和所做的不懈努力。2021 年 9 月 27 日，国务院印发《中国妇女发展纲要（2021 –2030 年)》（以下简称《纲要》）。《纲要》提出，到 2030 年，男女平等基本国策得到深入贯彻落实，促进男女平等和妇女全面发展的制度机制创新完善。《纲要》围绕健康、教育、经济、参与决策和管理、社会保障、家庭建设、环境、法律 8 个领域，提出 75 项主要目标和 93 项策略措施。妇女与经济方面，《纲要》提出，鼓励支持妇女为推动经济高质量发展贡献力量，妇女平等参与经济发展的权利和机会得到保障。促进平等就业，消除就业性别歧视，就业人员中的女性比例保持在 45% 左右。

国外学术界同样重视对于劳动力市场性别歧视的研究，研究视角由以往考查特定时期的性别歧视表现形式，如性别工资差异、雇用性别歧视、女性晋升

---

　① 变革我们的世界：2030 年可持续发展议程［EB/OL］.（2016 – 01 – 13）. http：//www. fm-prc. gov. cn/web/ziliao_674904/zt_674979/dnzt_674981/xzxzt/xpjdmgjxgsfw_684149/zl/t1331382. shtml.

问题等，逐渐扩展到站在人类宏观历史进程和发展规律角度，深刻思考性别歧视的时代变化以及外在特征。莱文农和格伦斯基（Levanon & Grusky，2016）在《美国社会学期刊》（*American Journal of Sociology*）发表的 "21 世纪极端性别隔离的延续"（The Persistence of Extreme Gender Segregation in the Twenty-first Century 1）一文指出，全球平等意识的提升、社会经济进步以及教育扩张，一度使得 20 世纪 80 ~ 90 年代欧美国家职业女性的社会经济地位提高，越来越多的女性开始进入高薪且传统上以男性主导的职业，并使得男女工资差异减少，然而进入 2000 年后，性别工资差异变化缓慢，甚至进入停滞状态，劳动力市场职业性别隔离并没有得到改善，女性依旧被社会经济地位高的职位排挤，更严重的是，性别隔离程度在某些职业比其他职业更极端。

相对而言，国内学术界研究性别歧视起步较晚，对劳动力市场性别歧视问题关注较窄，缺乏系统探究性别歧视的变化与发展。当今中国正处于经济转型升级的关键时期，尽管女性的就业环境与社会经济地位提升取得了较大进步（潘锦棠，2002），但经济领域的性别不平等现象依然存在，特别是劳动力市场结构变化将会持续影响女性劳动参与率（周庆行和孙慧君，2006），并对职业性别隔离产生"结构效应"（李汪洋和谢宇，2015），进而影响两性间工资差异（卿石松和郑加梅，2013），以及男女职业选择、就业准入和晋升机会等。

本书旨在通过研究变化发展中的性别歧视问题，系统考察中国劳动力市场性别歧视的变化趋势及影响因素，结合劳动力市场结构的运行规律，以职业性别隔离的变化趋势与职业分布的发展趋势为基准研究，全面探究性别工资差异、雇用性别歧视和晋升性别歧视的变化及影响因素，从而为政策制定者制定和实施性别平等的公共政策提供科学的依据。

1.2.2 研究意义

本书的研究意义主要表现在以下几方面：

首先，实现性别平等既是社会经济发展和建设和谐社会的基石，也是提升人民财富和生活水平的保障，更是推动国家进步与文明进程的重要一环。顺应时代变迁背景下研究劳动力市场性别不平等问题，不仅是理论发展的必然趋势，亦是符合社会实践的必然要求。当前，全世界各国政策制定者都高度关注平等问题，并将实现性别平等作为未来重要奋斗目标，我国党和政府也不断为改善性别歧视、提升平等而不懈努力。因此，研究中国实际劳动力市场存在的性别歧视问题，深度剖析问题所隐藏的内涵，发现其中的规律，有着重要现实意义。

其次，考虑社会变迁与劳动力市场结构变化，研究社会经济发展进程中性别歧视的变化及表现，厘清职业性别隔离、性别工资差异、雇用性别歧视和晋升性别歧视的内在演变机制，从而为政策制定者优化保护女性劳动权益的法律体系、改善外在就业环境提供科学依据。减少劳动力市场性别歧视的发生不能只依靠党和政府法规政策，还需要社会各界的配合以及个人自身努力。实证研究性别歧视变化趋势的影响因素，查看男女个人禀赋、人力资本投资差异以及性别歧视与职业隔离的不同作用及变化，有利于为未来减少和预防个人在职业选择、工资待遇、雇用与晋升等具体环节遭受不公正对待提供一定参考。

最后，本书扩展和丰富了我国歧视经济学、劳动力经济学、社会学等领域的研究。本书从人力资本理论角度研究人力资本投资对性别歧视变化趋势的影响，结合偏好歧视理论和统计歧视理论，并从隔离理论入手研究劳动力市场结构变化与性别歧视的关系，深入探究歧视与隔离的影响机制。依据中国现实劳动力市场的性别构成，界定了职业分布相关理论边界，从方法上建立了不同性别类型职业的测量标准。此外，优化了相关经济学理论应用模型，包括性别工资决定模型和工资分解方法、雇用歧视与雇主性别偏好模型、职位层级晋升机会模型和实际晋升概率模型。

1.3 研究思路及方法

1.3.1 研究思路

本书是在宏观时代变迁大背景下研究性别不平等问题，考虑社会经济发展带来的内在演变机制与运行规律，以职业性别隔离与职业分布的历时性变化趋势为基准，研究劳动力市场性别歧视的变化趋势及其影响因素。本书利用国家人口普查和中国综合社会调查两个具有全国代表性的大型微观调查数据，以劳动力市场职业分布的变化趋势为突破口，深入探讨劳动力市场性别歧视的变化与发展，围绕职业性别隔离、性别工资差异、雇用性别歧视和晋升性别歧视展开一系列实证研究，丰富相关学术研究的同时，为中国实现性别平等、全面提升妇女发展提供经验数据支持。本书的具体技术路线如图 1-4 所示。

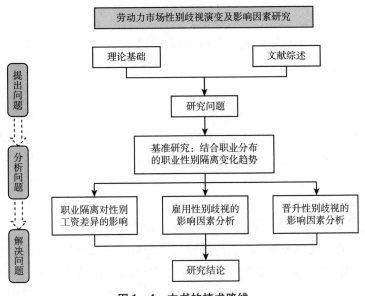

图 1-4 本书的技术路线

本书的具体思路为：

首先，介绍全书研究背景和研究意义，从而引出研究问题，建立研究思路与内容框架，系统全面把握文章研究脉络。

其次，通过对现有文献的梳理，理顺研究的三大重要概念——性别歧视、职业隔离与职业分布的关系，梳理基本概念的逻辑关系。在此基础上，本书对歧视经济学相关理论的框架进行了回顾和梳理，对不同学派之间的观点进行相应总结，深入挖掘性别歧视外在表现形式——职业性别隔离、性别工资差异、雇用性别歧视和晋升性别歧视背后的理论内涵和逻辑联系，并从变化发展角度总结内在演变规律，为接下来的研究提供相应经济学理论基础。

再其次，采用实证分析方法，考察劳动力市场性别构成以及职业分布变化，以此作为研究工具分析职业性别隔离的总体水平及其发展趋势，在此基础上结合职业分布以及职业性别隔离变化趋势，研究性别工资差异、雇用性别歧视与晋升性别歧视的影响因素及内在演变机理，深入考察不同职业性别分布的歧视水平差异。

最后是结论及展望，总结实证分析结果的同时，探讨劳动力市场性别不平等变化的深层次原因，提出相应政策建议，并指出后续研究方向。

1.3.2 研究方法

本书将理论分析与实证分析相结合，利用经典歧视经济学理论基础和现代理论分析框架，采用合适的大样本微观调查数据，建立计量分析模型，对提出的问题进行检验，力图全面、系统、深入地研究问题，得出科学可靠的结论。具体方法如下：

（1）理论框架梳理采用文献研究方法。首先，通过对国内外关于劳动力市场性别歧视的基本概念和相关经济学理论进行归纳整理，为劳动力市场性别歧视变化及表现分析奠定基础。其次，总结歧视理论与隔离理论的内在联系，结合职业性别隔离与职业性别构成的演变特征，发展本研究使用的理论模型框架。

（2）实证分析选取微观调查数据，通过建立计量经济学模型，对劳动力市场性别歧视的变化趋势和外在表现进行统计分析和回归分析。首先，研究职业性别隔离，结合总体隔离指数和职业分布方法查看中国劳动力市场职业性别隔离变化趋势和职业分布的发展趋势；其次，研究性别工资差异，采用修正样本选择偏误的工资决定模型分析男女性别工资的影响因素，并利用性别工资差异的布朗分解（Brown et al., 1980），深入剖析职业内部和不同职业间的歧视和隔离对于性别工资差异的影响；再其次，研究雇用性别歧视，对库恩和沈凯玲（Kuhn & Shen, 2013）雇主搜寻模型进行改良，构建雇用偏好模型，考虑职业性别分布与雇主偏好的内在联系，采用概率单位模型（Probit model）分析个人禀赋和外在环境对雇主性别偏好的影响，同时深入分析雇用环节的隐性歧视影响因素以检验研究稳健性；最后，研究晋升性别歧视，分别考察职位层级晋升机会和实际晋升性别差异，职位层级晋升机会采用有序概率模型进行估计，选用放松平行假设的广义有序概率模型进行稳健性检验，实际晋升性别差异采用概率单位模型并进行异质性分析。

1.3.3 研究数据

1. 国家人口普查数据

首先采用1982~2010年国家人口普查数据分析职业性别隔离变化趋势，同时界定劳动力市场职业分布边界并分析其发展趋势，这是本书实证分析的基准点，职业性别分布的划分和职业性别隔离的测量有利于为性别工资差异研究、雇用性别歧视研究、晋升性别歧视研究提供基础。

国家人口普查数据以全国为总体，以各省（自治区、直辖市）为次总体，采取分层、多阶段、整群概率比例的抽样方法，调查样本量约占全国总人口的1%。国家统计局官方提供的人口普查统计资料，不同年份的人口普查统计资料采用的国家职业分类标准不一致：1982 年使用"1982 年中国标准职业分类"（CSCO1982），1990 年使用"1990 年中国标准职业分类"（CSCO1990），2000 年使用"1999 年中国标准职业分类"（CSCO1999），2010 年使用"2009 年中国标准职业分类"（CSCO2009）。为了保证研究的统一性、可比性，本书以"1999 年中国标准职业分类"（CSCO1999）为基准，对其他年份的数据进行了调整，并剔除掉宗教、军人等职业后，保留了农业职业，最终有 62 个中类别的职业。

2. 中国综合社会调查数据

中国综合社会调查数据（Chinese General Social Survey，CGSS）是中国人民大学中国调查与数据中心在全国开展的社会基本状况调查，它也是中国最早的全国性、综合性、连续性的学术调查项目。按照国际标准，自 2003 年起开始第一次调查，每年一次，对我国各省区市（不包括港澳台地区）超过 10000多户家庭进行连续性横截面调查。中国综合社会调查采用分层多阶段不等概率抽样方法：第一阶段，以区（地级市、省会城市和直辖市的各大城区和郊区）、县（包括县级市）为初级抽样单位；第二阶段，以街道、乡镇为二级抽样单位；第三阶段，以居民委员会、村民委员会为三级抽样单位；第四阶段，以家庭住户并在每户中确定 1 人为最终单位。前三阶段采用 2000 年"第五次全国人口普查资料"完成抽样：共涉及 31 个省区市的 125 个区（县）、500 多个街道（乡、镇）、1000 多个居委会（村）、10000 多户家庭的个人，覆盖了中国的东部、中部及西部地区。

中国综合社会调查重点在于中国的社会变迁及其变化趋势，主要目的是了解改革开放以来，中国居民的就业、职业经历、教育经历、迁移、家庭情况、社会关系、生活方式和生活环境等方面的状况。本书重点探讨经济发展与社会变迁下劳动力市场性别歧视的演变及影响因素，中国综合社会调查数据库有利于更好实现这一目标。中国综合社会调查自 2003 年以来，地域涵盖我国 31 个省、自治区和直辖市的城镇和农村。该数据以 18 岁及以上的人口为调查对象，提供了充分的社会经济信息，除了包含个人基本特征，教育、工作经验等人力资本特征，工资收入和工作时间等就业信息，还包含详细的职业、行业类型。中国综合社会调查最大特点是它在设计之初的职业、行业代码与同年官方标准——第五次国家人口普查保持一致，对隔离长期趋势分析较吻合，有利于根据职业性别分布研究劳动力市场性别歧视，重点分析性别工资差异、雇用性别歧视、晋升性别歧视的演变及影响因素。

1.4　主要研究内容

本书旨在通过研究变化发展中的性别歧视问题，系统考察中国劳动力市场性别歧视的变化趋势及影响因素，结合劳动力市场结构的运行规律，以职业性别隔离的变化趋势与职业分布的发展趋势为基准研究，全面探究性别工资差异、雇用性别歧视和晋升性别歧视的变化及影响因素。

全书包含四个实证章节。第 3 章深入研究中国职业性别隔离的变化趋势及职业分布的发展趋势，后面章节以此为基准展开研究。第 4 章研究性别工资差异的变化趋势及其影响因素，分析职业性别隔离对性别工资差异的影响。第 5 章研究雇用性别偏好的影响因素分析，并结合职业性别分布进行异质性探讨。第 6 章研究晋升性别歧视的影响因素，对职业性别隔离与玻璃天花板理论模型进行实证验证。

实证章节的主要内容如下：

第 3 章系统研究中国劳动力市场职业性别隔离的变化趋势。为何选取职业性别隔离为基准研究？原因在于，职业性别隔离是劳动力市场职业性别分布的分割状态，对劳动力市场性别差异产生影响。一方面，职业隔离的程度直接影响性别工资差异；另一方面，职业隔离还影响着非经济报酬的分配，间接导致男女劳动生产率的差异。职业性别隔离的变化趋势影响劳动力市场性别歧视变化，对性别工资差异、雇用性别歧视、晋升性别歧视存在"结构效应"，把握其发展趋势，是本书研究当今中国性别不平等现状及变化的基准框架。回顾以往文献发现，国内外围绕中国职业性别隔离变化趋势的研究结论尚未统一甚至相悖，主要原因有三点。一是研究方法存在严重缺陷。职业类别划分过于笼统单一（李汪洋和谢宇，2015），且未能考虑社会经济变迁下，性别歧视与职业隔离呈现的更极端的特色（Levanon & Grusky，2016）——职业分布呈现集中化趋势却暗含着更尖锐的歧视问题。二是不同研究数据的选择以及职业类别的差异，将影响到两性职业分布情况及其职业性别隔离水平的测量情况（吴愈晓和吴晓刚，2008）。三是测量隔离方法不同。对职业性别隔离指数的选择将影响对隔离事实的判断（杨伟国等，2010）。对此，本章利用 1982～2010 年中国人口普查数据，克服已有文献对于研究数据与研究方法的不足，采用更符合中国实际的总体隔离指数与职业分布统计描述方法相结合，对劳动力市场结构与男女职业选择带来的影响作出阐释，把握职业性别隔离的发展趋势，旨在提供一种对当今中国性别不平等现状及变化的基准研究（benchmark research）。

第 4 章实证分析了职业性别隔离对性别工资差异的变化及其影响。第 3 章的研究发现，长期职业隔离逐渐下降，职业分布呈现集中化趋势，以男性主导的职业与以女性为主导的职业隔离程度下降，但是中性职业的隔离水平并没有得到好转反而更加严重。从而，本章提出：中国劳动力市场的职业隔离对于长期性别工资差异变化有何影响？劳动力市场职业分布的集中化又怎样影响两性职业选择和工资获得？为了回答上述问题，本章利用 2003 年和 2013 年中国综合社会调查数据研究性别工资差异变化趋势，重点探讨职业隔离对于性别工资差异的影响，以职业分布研究视角查看男女的职业选择以及个人禀赋回报、歧视与隔离对于两性工资差异的影响及其变化。

第 5 章不同于以往研究关注雇用环节招聘广告歧视（Kuhn & Shen，2013）或简历歧视（Bertrand & Mullainathan，2004），本章研究雇用歧视与雇主性别偏好具有三大创新点。第一，采用 2003 年和 2008 年中国综合社会调查数据，首次分析劳动者在获得现有工作时所遭遇的雇主性别偏好及其影响因素，为国内外直接研究就业歧视进行有益补充；第二，考虑职业性别构成的异质性影响及其变化，深入分析不同职业性别分布的雇主性别偏好；第三，研究雇用环节的隐性歧视，如身高相貌歧视、性别与年龄的双重歧视等，试图填补职业性别隔离与雇用歧视的研究空白。此外，本章将承接前文研究思路与研究发现，深入剖析雇用环节的性别偏好随着职业分布变化的趋势及影响。在贝克尔（Becker，1957）偏好歧视理论基础上，构建雇用偏好模型，考虑不同性别类型职业的雇主性别偏好，同时进行以下异质性分析：第一，职业的性别构成与雇主性别偏好的变化，特别在性别主导的男性职业和女性职业，以及雇用歧视相对较低的中性职业中如何受个人禀赋和外在环境的影响及变化；第二，职业的社会经济地位与雇主性别偏好的变化；第三，职业声望与雇主性别偏好变化。

第 6 章实证研究职业晋升性别歧视变化及其影响因素。国外研究显示，职业晋升歧视是长期存在的影响性别不平等的因素，它天然地与内部劳动力市场职业性别隔离相连（Yamagata et al.，1997），受到职业分布的影响（Rosenfeld & Spenner，1992）。那么，为何存在职业晋升的"玻璃天花板"效应？职位层级和晋升歧视又如何受职业隔离与职业分布变化的影响？承接前面的研究成果，第 6

章利用 2006 年和 2008 年中国综合社会调查数据，重点分析晋升歧视与职业性别隔离的微观过程和内在演变。在研究方法上完善职业晋升性别差异的模型设计，修正有序概率模型存在的不足，同时考虑职业性别构成下的异质性影响，旨在深入研究职业晋升的"玻璃天花板"效应。

1.5 研究创新及不足

1.5.1 研究创新

本书的主要贡献及创新有以下三点。

第一，选题兼具学术价值和现实意义。全书站在宏观经济发展与时代变迁背景下，首次通过劳动力市场结构变化的运行规律，把握中国劳动力市场性别歧视的内在演变机制与运行规律，构建研究当今中国性别不平等现状及变化的基准框架，系统研究中国劳动力市场性别歧视的变化趋势及其影响因素。结合现有的理论研究基础，利用大型微观调查数据，采用实证分析的方法研究中国劳动力市场职业性别隔离与职业分布的影响及其变化趋势。在此基础上，首先，深入探究性别工资差异的影响因素及其变化趋势，基于职业性别隔离极端化与职业分布中性化的研究，发现衡量职业隔离对男女工资差异的影响与变化；接着，研究整体雇用环节的性别歧视与雇主性别偏好，结合职业隔离理论与偏好歧视理论，探索职业性别分布与雇主偏好的内在联系；最后，分析晋升歧视与职业性别隔离的微观过程和内在演变，考虑职业性别构成的异质性影响，深入研究职业晋升的"玻璃天花板"效应，探讨中国劳动力市场性别歧视的内涵与外延，首次以职业性别隔离与职业分布的变化趋势为基准，围绕性别工资差异、雇用性别歧视、晋升性别歧视三方面展开研究，具有重要学术价值。

当今世界各国人民对实现性别平等的渴望空前增强，联合国甚至将消除一切针对女性的歧视行为从而促进妇女全面发展作为 2030 年"变革世界"可持续发展目标的重要一环。研究性别歧视的变化趋势及其影响因素，能够为制定和实施性别平等的政策提供科学依据，具有前瞻性和现实意义。本书通过性别工资差异的实证分析发现，职业内部和不同职业间由于性别歧视和职业隔离导致的工资差异局面逐渐降低，因教育、工作经验、个人能力等禀赋导致的工资差异逐渐上升，劳动力市场更加重视专业化、技术化的人才，劳动者可以通过加强自身竞争力得到就业机会；面对雇主性别偏好，个人内在禀赋的提高和外在环境的改善有利于降低雇用歧视的发生，对此提高人力资本投资、提高劳动力市场的开放度与竞争性、改善外在就业环境等将有效预防雇用性别歧视；此外，中国近年来劳动者晋升概率上升，得益于个人禀赋提升和职业发展，以及外在职业环境改善与个人晋升概率存在正向关系。以上研究发现均能转换为相应政策预防和减少劳动力市场性别歧视行为，具有积极的现实意义。

第二，研究方法方面，依据中国现实劳动力市场的性别构成，本书界定了职业性别分布的理论边界，建立了不同性别类型职业的测量标准。同时，秉承客观科学的实证精神，优化了相关经济学理论应用模型，包括性别工资决定模型和工资分解方法、雇用歧视与雇主性别偏好模型、职位层级晋升机会模型和实际晋升概率模型。第 3 章归纳比较不同职业性别隔离指数的优劣势，利用布劳和亨德里克斯（Blau & Hendricks，1979）的隔离指数分解法，分析职业内部与不同职业间隔离差异的"结构效应"，同时对职业分布及性别构成进行细节化统计分析，有效弥补了总数指数方法分析结果单一的弱点；第 4 章充分考虑男女职业选择差异，采用赫克曼两步法（Heckman two-stage）思想修正工资决定模型的样本选择偏误，采用布朗分解（Brown decomposition）分析职业内部与不同职业间的歧视与隔离对男女工资差异的影响；第 5 章考虑职业性别分布与雇主性别偏好的影响，建立雇用偏好模型，进一步研究雇用歧视的异质性影响与隐性歧视的影响；第 6 章完善职业晋升性别差异的模型设计，修正有序概率模型存在的不足，采用放松平行假设的广义有序概率模型进行稳健性检验，同时考虑职业的性别构成下的异质性影响。

第三，数据方面，本书首次采用国内微观调查数据研究雇用整体环节的雇用性别偏好，中国综合社会调查数据（CGSS）是国内唯一调查受访者在获得工作时所遭遇的雇主性别偏好的大型微观数据库，目前尚未有文献使用该数据进行雇用性别歧视研究，同时中国综合社会调查数据（CGSS）也是国内外直接调查职业晋升差异的少数数据库之一，为本书进行晋升性别歧视研究提供数据支持。此外，本书还采用 1982～2010 年国家人口普查数据，有效弥补以往研究因不同数据选择以及职业类别差异所造成的职业性别隔离水平的测量偏差问题。国家人口普查数据样本量大、调查范围广、调查对象全面，职业类别采用中国社会最详细和可靠的官方分类系统，能够准确分析中国职业性别隔离现象。

1.5.2 研究存在的不足

当前研究仍然存在一定不足之处：

第一，目前针对劳动力市场职业性别分布的研究尚属空白，本书仅研究职业性别构成的变化趋势及影响，未对其成因及其内涵进行深入分析，另外本书虽然基于国家人口普查数据界定了不同性别职业类型的边界，却未进行相应稳健性检验，这将是未来研究的重点。

第二，数据方面，由于目前仍然缺乏研究雇用性别歧视与晋升性别歧视的大型微观跟踪调查数据，中国综合社会调查属于截面调查数据，尚未对受访者进行相应追踪调查，难以剔除那些随时间变化的效应影响，数据本身缺点可能会影响对我国劳动力市场性别歧视变化及其表现的系统性分析。

第三，研究方法方面，职业分布边界采用固定门槛，即女性在各类职业中的比例范围，难以查看动态变化；另外本书在分析雇用性别歧视时，以受访者目前获得这份工作时雇主性别偏好为研究内容，数据无法检测那些未获得工作的雇用歧视情况，这可能影响结果有效性，虽然采用雇用环节的"隐性歧视"对雇主性别偏好的影响作为稳健性检验，也无法真正解决可能存在的估计偏误问题，对此，本书将在未来研究中优化计量模型。

第四，政策建议方面，本书讨论了中国劳动力市场性别歧视的内在演变和影响机制，并提出了一定政策建议，但是反歧视建议的深入探讨依旧缺乏。如何将研究结果转化为实际的政策指导实践，且提出更符合中国国情的针对性政策建议，是未来研究的重中之重。

第2章　理论基础

2.1　基本概念界定

2.1.1　性别歧视

性别歧视是世界各国劳动力市场中普遍存在的现象。研究性别歧视的基本概念和表现形式，有利于把握性别歧视的内涵与外延（张体魄，2013），从而建立本书研究性别歧视表现形式的理论模型和实证框架。

性别歧视（gender discrimination）是关于性别上的偏见与差别待遇，通常指一类性别群体对另一类性别群体的不平等对待，包括对女性的性别歧视和对男性的性别歧视。作用于女性的性别歧视最先被广泛地认识，例如"男尊女卑"思想——即性别刻板印象（gender stereotypes）。

劳动力市场性别歧视是存在于劳动力市场的性别不平等现象。然而，学术界对于劳动力市场性别歧视概念尚未达成统一认识。杨清河（2002）认为劳动力市场上的性别歧视，是指"那些具有相同能力、教育、培训和经历并最终表现出相同的劳动生产率"的男性或女性劳动者，"由于一些非经济的特征引起的再就业、职业选择、晋升、工资水平、接受培训等方面受到不公正的待遇"。姜向群（2007）参照国际劳工组织第111号公约，即《1958年消除就业和职业歧视公约》，将劳动力市场歧视定义为，基于性别因素，"对劳动者采取的具有取消或损害就业或职业机会均等或待遇平等作用的任何区别、排斥或优惠"。

基于此，本书认为，劳动力市场性别歧视是针对性别的不平等和差别化对待，其内涵是通过劳动力市场这一载体表现的外延。性别歧视的外延即劳动力市场性别歧视的外在表现形式。国内学者杨清河（2002）把歧视分为四种类型：工资收入歧视、就业歧视或雇用歧视、职业歧视、人力资本投资歧视。彼得森和托格斯塔德（Petersen & Togstad，2006）认为，内部劳动力市场性别歧视行为主要表现为薪酬歧视、雇用歧视、晋升歧视等。一般而言，劳动力市场的性别歧视直接表现为女性在职业内部或不同职业间受到歧视待遇或职业排挤，例如女性择业难、就业层次低、晋升性别壁垒等，由于直接表现难以测量，学术界更多采用间接表现，即通过货币量化形式测量性别工资差异。因此，性别歧视的外在表现形式主要是三大方面：第一，雇用性别歧视，测量雇用中雇主性别偏好，男女获取雇用机会的门槛差异——即是否存在针对男女个人特征条件差异，职业限制歧视——即是否存在男女职业进入障碍，雇用隐性歧视——如身高、相貌、年龄、生育等附件条件；第二，晋升性别歧视，主要分为职位层级晋升机会差异（如高级别职业晋升机会）、职业内部晋升障碍和跨职业晋升障碍；第三，性别工资差异，分为职业内部男女工资差异与不同职业间两性工资差异。

基于性别歧视的内涵和外延，本书采用的理论与实证研究框架如图2-1所示，主要围绕雇用性别歧视、晋升性别歧视与性别工资差异三方面展开。

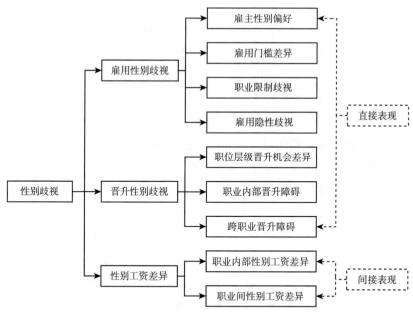

图2-1　性别歧视表现形式的理论模型

2.1.2　职业性别隔离

当劳动力市场中存在相异的两类群体职业分布，则这两类群体存在着职业隔离。当劳动者因性别不同而集中于不同职业类型，从事不同性质工作时，称为职业性别隔离（gender occupational segregation）。美国学者格罗斯（Gross，1968）发表的《职业性别结构的变迁》一文最早使用"性别隔离"定义男女劳动者高度集中于不同职业结构而形成的职业隔离或分割状态。女性常"被排挤"至收入水平低、福利待遇差的职业；隔离程度越大，女性处于弱势地位的概率越大，这是劳动力市场职业隔离的普遍现象（赵瑞美和王乾亮，2000）。

安克（Anker，1997）按照职业性别分布将职业性别隔离分为两种形式：水平隔离（horizontal segregation）和垂直隔离（vertical segregation）。水平隔离是不同职业间的性别分布，即在某一职业中男女相对规模不同。垂直隔离指相同职业中男女其中一方处于较高级别，即某一性别占据职位高层，则导致另一性别被排挤至职位低层，换句话说，职业存在性别的挤出效应。布莱克本和贾曼（Blackburn & Jarman，2006）提出将水平隔离和垂直隔离共同作用测量一般总体职业隔离水平。查尔斯（Charles，2003）对水平隔离与垂直隔离进行形式化处理，使用职业社会经济地位指数测量，水平隔离是男女劳动者在社会经济地位、职业声望等处于相同水平的不同职业或职业的不同职位的隔离分布状况，垂直隔离指男女劳动者在社会声望和地位等不同职业间的隔离分布；研究发现，即使在欧美等发达国家，女性依旧处于劳动力市场的弱势地位，女性受水平隔离与垂直隔离双重影响，那些收入水平高、社会经济地位高、职业声望高的职业往往将女性排除在外（Edgeworth，1922；Fawcett，1918）。

职业性别隔离程度是衡量一个国家或地区性别不平等的重要指标，其对劳动力市场性别差异产生影响。第一，职业隔离的程度直接影响男女间经济收入的分配（Fagan et al.，2003；Perales，2013），一个社会的职业隔离程度越高，男女收入不平等的程度就越大（蔡禾和吴小平，2002）；第二，职业隔离影响着非经济报酬的分配（如雇用决策、职位晋升、社会福利、人力资本投资等）（Charles & Grusky，2004），间接导致男女劳动生产率差异（Halldén，2015）。

职业性别隔离受到劳动力市场运行规律的影响，在不同阶段呈现出不同的特点与变化规律。本书以职业性别隔离的变化规律为核心，着重分析中国劳动力市场性别歧视的演变进程与发展趋势，是本书研究当今中国性别不平等现状及变化的基准框架。

2.1.3　职业分布

本书以职业分布为突破口，以此研究劳动力市场结构变迁。因此，界定职业分布的概念有着重要意义。

职业分布是指"就业人口在各职业上的分布，是衡量妇女就业或经济参与水平的实质性的尺度"（张抗私，2004）。研究劳动力市场结构变迁需要把握职业分布发展趋势，本书将从职业的性别构成、职业的工种属性以及职位层级三方面进行基本概念界定，并建立职业分布分析框架的逻辑联系。

1. 职业的性别构成

职业的性别构成（occupational gender composition）指劳动力市场职业的男女比例，常用于研究劳动力市场职业内部和职业间男女聚集和隔离状况，是研究职业性别隔离的有效方法（杨伟国等，2010），同时也是劳动力性别分化（sexual division of labor）的表现形式（Hakim，1993）。

社会学研究最早将传统社会性别分化造成的"性别刻板职业结构"（sex-stereotyped occupational structure）称为"性别类型职业"（gender-typed occupa-tions），即传统以男性主导的职业与以女性主导职业存在差异（Jacobs，1989a，1989b；Glick，1991；Chan，1999；Reskin，2009；Perales，2013）。

经济学领域使用性别类型职业刻画以男性为主导职业与以女性为主导职业隔离的经济影响。哈基姆（Hakim，1992）曾就"劳动力性别分化"为主题探索男女不同职业分布的原因及后果，研究发现，男性主导职业在社会经济地位、职业声望、收入水平以及就业选择等方面均显著高于女性主导职业。本书认为，职业性别构成的内涵不仅包含着男女劳动者在劳动力市场职业的构成比例这一直接表现，而且表现为男女劳动者在整体劳动力市场不同时期的集聚与隔离现状和变化，有利于研究劳动力市场性别歧视的演变及其影响。

学术界通常以性别比（sex ratio），即不同职业中女性就业人数占整体就业人数比重，作为职业的"性别"边界衡量标准。里蒂纳（Rytina，1981）最早对于职业的性别类型进行界定：以男性分布为主的职业称为"男性职业"（male-dominated occupations），以女性分布为主的职业称为"女性职业"（female-dominated occupations），介于两者之间的第三类职业即"中性职业"（sex-neutral occupations）。

以性别类型职业作为职业性别分布的研究工具，其优点在于：一方面，有利于研究者观察到劳动力市场上不同职业隔离程度的规模；另一方面，有利于比较职业分布相对规模和性别分布相对规模（Glick，1991；杨伟国等，2010）。雅各布斯和鲍威尔（Jacobs & Powell，1985）研究发现，美国劳动力市场职业的性别构成逐渐趋于均衡状态，"中性化"程度的加深说明劳动力市场整体职业性别隔离程度呈现下降趋势。

本书将在第 3 章着重探讨适于研究中国劳动力市场的职业性别分布边界，

以及职业性别分布的变化趋势，并在后面章节考察职业性别构成变化对职业性别隔离、性别工资差异、雇用与晋升性别歧视的影响。

2. 职业的工种属性

劳动力市场职业分布除了性别构成差异，还存在职业属性的共性与差异，例如某些职业表现对专业技术能力要求较高，部分职业则要求劳动者具有管理能力。我国发布的职业分类标准《职业分类与代码》就是以从业人口本人所从事工作性质的同一性，即职业的工种属性，进行分类。本书结合中国职业分类标准《职业分类与代码》，将中国劳动力市场职业大致划分为六大类：管理类型、服务类型、办事类型、技术类型、生产类型、农业类型，详细划分方法见第3章。

社会分层理论认为，职业的工种属性与社会阶层存在一定联系（陆学艺，2002）。李春玲（2009）根据职业工种属性按照各自社会经济特点，将职业工种类型与职业群体进行划分。格伦斯基和查尔斯（Grusky & Charles，1998）研究发现，女性多在办事类、服务类、低级技工等社会经济地位较低的职业高度聚集，男性则集中在管理者、高级技师、专业人员等较高级别职业。根据相关研究，本书给出了职业工种属性与社会阶层、职业群体的关系，如图2-2所示。

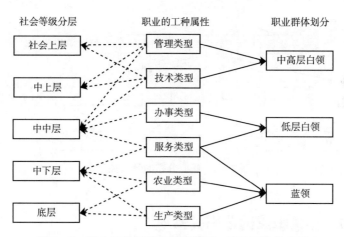

图 2 - 2　职业工种属性与社会阶层、职业群体的关系

资料来源：陆学艺. 当代中国社会阶层研究报告 [M]. 北京：社会科学文献出版社，2002；李春玲. 中国职业性别隔离的现状及变化趋势 [J]. 江苏社会科学，2009 (3)：9 - 16.

3. 职位层级

职位层级（job ladder）指职业内部的不同职位层级，一般用于研究男女在不同职位层级的比例差异，以及不同职位层级男女进入差异、晋升差异、工资差异等（Baldwin et al.，2001；卿石松和郑加梅，2013）。本书按照职位层级高低，划分初级、中级、高级三档进行研究，主要用于研究晋升性别歧视章节的变化以及影响因素分析。

4. 本书有关职业分布的逻辑关系

首先，职业分布按照性别构成可以细分为男性职业、女性职业以及中性职业，由于不同性别类型职业蕴含着不同职业性别隔离程度，因此，研究职业性别分布有利于理解职业性别隔离的演变趋势，继而解释不同性别类型职业的性别歧视表现形式，比较职业内部与不同职业间的性别工资差异、雇用性别差异以及晋升性别差异。

其次，在每类性别类型职业内部存在不同的职业工种属性类型，由于职业工种属性与社会阶层、社会经济地位存在相关性，因此研究职业工种属性有利于归纳和总结同一工种群体的个人禀赋差异、人力资本差异，为研究性别歧视的影响因素提供群体信息参考。

最后，同一职业内部存在不同职位层级，划分职业层级有利于研究晋升性别差异，特别是处于低、中、高级别的男女晋升机会差异。图 2－3 展示了职业分布的逻辑框架。

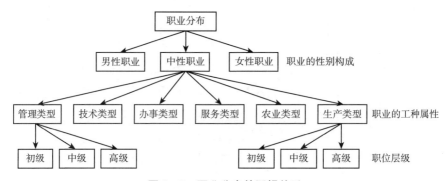

图 2－3　职业分布的逻辑关系

2.1.4　相关概念的逻辑关系

本书旨在通过研究变化发展中的性别歧视问题，系统考察中国劳动力市场性别歧视的变化趋势及影响因素，结合劳动力市场结构的历时性和运行规律，以职业性别隔离的变化趋势与职业分布的发展趋势为基准研究，全面探究性别工资差异、雇用性别歧视和晋升性别歧视的变化及影响因素。

图 2－4 描绘了基本概念的简易逻辑关系。劳动力市场结构及其发展趋势直接影响到劳动力市场不同职业间两性分割，意味着职业分布变化有利于研究职业性别隔离的变化趋势，即职业分布影响职业性别隔离，本书将采用定量分

析验证这一假设。

劳动者以职业为载体从事劳动生产活动，无论是进入劳动力市场的雇用环节，还是劳动力市场职业纵向流动的晋升环节，抑或是男女劳动者获取劳动报酬环节，职业分布同样影响着劳动力市场性别歧视的表现，职业分布的不均衡将导致歧视程度的加深。职业分布影响性别歧视，本书将从性别工资差异、雇用性别歧视与晋升性别歧视三方面进行研究，比较职业分布构成差异对这三方面的影响。

职业性别隔离直接影响性别工资差异，本书将采用工资分解方法考察职业性别隔离变化趋势对于性别工资差异的长期影响效果，同时职业性别隔离与雇用性别歧视、晋升性别歧视存在一定相关性，本书亦将进行深入研究。结合职业分布的职业性别隔离是本书的基准框架，以此研究劳动力市场性别歧视的演变及影响因素。

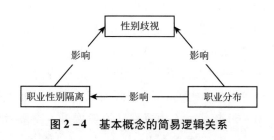

图 2 - 4　基本概念的简易逻辑关系

2.2　人力资本理论

早在经济学创立之初，就已出现人力资本的思想。18 世纪，亚当·斯密（Adam Smith）——古典经济学派代表，在其学术著作《国民财富的性质和原因的研究》（*An Inquiry into the Nature and Causes of the Wealth of Nations*）中，专门对人力资本进行分析："（学习、教育、学校、学徒）这些才能，对于个人自身是财产的一部分，对于所属社会也是财产的一部分。工人劳动熟练程度，可以和生产机器与工具一样，看作是社会的固定资本"，他鼓励国家"推动、鼓励，甚至强制全体国民接受最基本的教育"。[①] 阿尔弗雷德·马歇尔（Alfred Marshall）的《经济学原理》（*Principles of Economics*）同样蕴含着丰富的人力资本

---

① 亚当·斯密. 国民财富的性质和原因的研究［M］. 郭大力，王亚南，译. 北京：商务印书馆，1972：257 - 258.

思想，一个主要问题就是为何劳动力生产存在差异，以及如何提高劳动者的素质，进而提高生产效率[①]。早期人力资本理论关注劳动者生产率的差异，认为这种差异源于受教育水平、知识技术获得和受训练程度的差异，是人力资本投资的结果。因此，劳动力市场男女生产率差异主要是男女人力资本投资差异以及个人禀赋差异导致。

2.2.1　现代人力资本理论

由于科学技术的进步、社会生产力的发展以及全球经济联系增强等影响，20 世纪后西方经济学界对人力资本的研究取得了新的进展。美国经济学家欧文·费雪（Irving Fisher）在 1906 年出版的《资本的性质和收入》（*The Nature of Capital and Income*）中首次提出人力资本概念（human capital），并将其纳入经济分析的理论框架中[②]。遗憾的是，并未得到主流经济学家的关注。1935 年，哈佛大学学者 J. R. 沃尔什（J. R. Walsh）在其论文《人力资本观》（*Capital Concept Applied to Man*）中对人力资本概念进行阐释，从个人教育费用和个人收入角度计算教育的经济效益，比较了不同教育水平对于个人预期收入的差异[③]。

到了 20 世纪 50 ~ 60 年代，人力资本理论发展进入高潮时期，经济学家西奥多·W. 舒尔茨（Theodore W. Schultz）、加里·S. 贝克尔（Gary S. Becker）和雅各布·明瑟（Jacob Mincer）等从不同视角研究了人力资本投资对个人收入的影响和对于国民经济发展的促进作用，以及探讨科学技术发展、教育经济效益、个人生命周期的人力资本变化、人力资本差异的影响等，从而建立了系统研究人力资本的现代理论（modern human capital theory）。

舒尔茨（Schultz，1959）主要从宏观层面经济增长领域构建人力资本理论，强调人力资本投资对于国家经济增长的重要性。1959 年在其代表作《人力资本投资》（*Investment in Man：An Economist's View*）中，明确阐述了人力资本的概念与性质、人力资本投资内容与途径、人力资本在经济增长中的作用等思想。他的主要观点是：（1）以往单纯从自然资源、物质资本和劳动力角度，并不能完全解释生产力提高。二战以来国家经济发展统计数据表明，国民经济总产出的增长与人均生产总值的提高远比物质资本投入的增长速度快。（2）人力资本是所有资本中最重要的资源，特别是拥有知识与技能的人才。二战以来全

---

①　马歇尔. 经济学原理［M］. 朱志泰译. 北京：商务印书馆，1964.

②　Fisher I. The Nature of Capital and Income［M］. The Macmillan Company，1906.

③　Walsh J. Capital Concept Applied to Man［J］. Quarterly Journal of Economics，1935，49（2）：255 –285.

球化经济增强，人才的流动与人力资本投资的提高促使各国生产技术水平提升和科学发展进步，这些才是国家经济增长的重要源泉。(3) 人力资本投资效益大于物力资本投资的效益，他强调对人才的重视与培养。(4) 教育投资是人力资本投资的主要部分，教育对经济发展意义重大。他从定量研究教育投资的收益率，比较各国教育投资与经济增长的差异。(5) 未来人类发展与进步的核心不在土地、自然资源、物质资源，而是人的能力与人才的较量 (Schultz, 1959)。总而言之，舒尔茨首次系统地建立了人力资本投资理论，并使其成为现代经济学研究的重点方面。正是由于他在人力资本理论方面的卓越贡献，1979 年他获得了诺贝尔经济学奖。当然，舒尔茨的人力资本理论也存在一些局限性。他注重宏观分析，从宏观社会经济发展大环境下探讨人力资本对于国家发展的重要性以及差异，而忽视了微观分析，其理论缺乏微观的支持。同时，在其人力资本形成的四大途径中，只对教育投资做了深入的分析，尚未涉及诸如技能水平、在职培训等，缺乏人力资本投资的一般化模型，且对人力资本概念中只强调人力资本是外生决定的，并未对人力资本产生的外因与内因进行分析。研究无法回答为何个人层面存在人力资本投资差异以及将会对个人发展带来何种影响。

相对而言，贝克尔则主要从微观层面完善人力资本理论，以市场均衡、效用最大化和稳定偏好为基本假设，从微观经济学角度建立了人力资本投资 – 收益均衡的一般化模型，从而弥补了舒尔茨宏观研究难以涉及微观层面的缺点，将人力资本投资理论与个人收入分配有效结合，有利于分析个人劳动收益差异及其成因。贝克尔 (Becker, 1964) 的《人力资本》(*Human Capital*) 被学术界给予极高评价——称为"经济思想中人力资本投资革命"的起点，他不仅分析了正规教育与个人收益的关系，还扩展到重点讨论"后教育"投资——在职培训的经济意义，研究人力资本投资与个人收入差异。在人力资本形成方面，关注视角不局限于学校教育，而是扩展到在职培训、卫生保健、劳动力流动等，具有开拓意义。

在此基础上，贝克尔 (Becker, 1985) 扩展了人力资本理论，将劳动力性别分工引入人力资本投资中，考虑内部市场贸易基础下，男女根据自身收益最大化下分配各自劳动时间与投资决策，用以解释为何劳动力市场存在不同的性别职业分布，以及为何存在男女收益差异。他认为正规化和专业化的人力资本投资的效率与效益的提高，对个人提升预期收益提供强烈动机，通过个人劳动力的分工与分配，在内部劳动力市场寻求收益最大化，从而推动整个劳动力市场结构的变化。人力资本与劳动力性别分工为劳动力市场职业性别分布的形成提供更为清晰而全面的视角。

那么，考虑个人行为与内部市场贸易的人力资本投资理论模型如下：假设

在 m 个劳动力市场中，个人人力资本投资预期收益取决于个人劳动时间 t 和人力资本投入 b：

$$I_i = b_i t_{wi} \theta_i, \qquad i = 1, \cdots, m \tag{2.1}$$

式中，I 代表某项人力资本投资的收益（human investment），θ 为个人用于劳动力市场 i 的投资活动的资本。现假设 θ 收益仅取决于个人投资时间 t：

$$\theta_i = a_i t_{\theta i} \tag{2.2}$$

若个人用于工作和投资活动的总时间是固定的：

$$\sum_{i=1}^{m} (t_{wi} + t_{\theta i}) = \sum t_i$$
$$= T, \qquad t_i = t_{wi} + t_{\theta i} \tag{2.3}$$

那么，个人投资总收益为：

$$I = \sum I_i$$
$$= \sum c_i t_{wi} t_{\theta i}, \qquad c_i = a_i b_i \tag{2.4}$$

个人总收益可以看作是个人劳动时间与投资时间的产出，只有当这些时间相同时，才能满足投资期望收益最大化结果：

$$I = \frac{1}{4} \sum c_i t_i^2, \qquad 当 t_{wi} = t_{\theta i} \tag{2.5}$$

个人在各个劳动力市场的收益回报独立于个人累积人力资本成本和时间成本，个人预期收益的提高取决于个人在不同劳动力市场投资分配，基于式（2.5）的收益最大化结果，那么，当个人将所有投入仅投放在一个劳动力市场时，个人投资预期收益变为：

$$I^* = \frac{c_k}{4} T^2 \tag{2.6}$$

式中，对于所有劳动力市场活动 i 而言，$c_k \geq c_i$。这类案例，即将个人专业化时间全部投入一份"工作"，常见于诸如专科医生等职业。

在消费市场同样存在上述现象，假设个人消费行为回报是规模不变的，即有效消费时间投入在专业化人力资本消费时间和日常商品消费时间是固定的，那么个人消费预期收益为：

$$Z_i = b_i t_{zi} \theta_i \tag{2.7}$$

如果存在 $\theta_i = a_i t_{\theta i}$，则：

$$Z_i = c_i t_{zi} t_{\theta i} \tag{2.8}$$

消费期望收益最大化同前面论述：

$$Z_i^* = \frac{c_i t_i^2}{4}, \qquad t_i = t_{zi} + t_{\theta i} \tag{2.9}$$

那么，个人效用函数即考虑劳动力市场消费最小化情形如下：

$$U = \min(Z_i, \cdots, Z_m) \tag{2.10}$$

如果对于所有劳动力市场活动 i 而言存在 $c_i = c$，则将分配时间均等时个人效用最大：

$$U^d = Z_i^* = \frac{c_i T^2}{4m^2} \tag{2.11}$$

个人直接效用函数与个人可分配时间呈正向关系，与消费市场商品数量以及劳动力市场数量负相关。

假设市场存在其他竞争者同样生产和消费，并且所有人生产的产品同质。由于个人需要进行投资、劳动力、消费时间的分配，因此，内部市场可以通过相互贸易来达到个人收益最大化结果，根据理性人观点，市场中每个人都可以将他的投资和生产集中于更小数量的商品和贸易中，利用比较优势和贸易，达成个人劳动力与时间在各类市场的流动。

简单而言，假设市场有两人，每人生产一半商品并进行一对一贸易交换，那么两人总产品收益相同：

$$Z_i^1 = \frac{cT^2}{4\left(\frac{m}{2}\right)^2}, \qquad i = 1,2,\cdots,\frac{m}{2}$$

$$Z_j^2 = \frac{cT^2}{4\left(\frac{m}{2}\right)^2}, \qquad j = \frac{m}{2}+1,2,\cdots,m \tag{2.12}$$

市场贸易的存在，使得总效用价值高于个人直接效用：

$$U^t = \frac{1}{2} \times \frac{cT^2}{4\left(\frac{m}{2}\right)^2}$$

$$> \frac{cT^2}{4m^2} = U^d \tag{2.13}$$

贝克尔认为提高专业人力资本投资回报是"活跃"整体市场进程的来源。贸易允许有效个人选择适宜投资的劳动分工和时间分配，总效用大于个人预期劳动收益，分工与合作提升整体社会福利。当市场中参与贸易交换者的数量增加至 p，且 $p \leqslant m$，则个人预期消费函数变为：

$$Z_j^k = \frac{c}{4} \frac{T^2}{m^2} p^2, \qquad j \in \frac{m}{p}, k = 1, 2, \cdots, p \leqslant m \qquad (2.14)$$

那么，总效用函数变为：

$$U^t = \frac{1}{p} Z_j^k$$
$$= \frac{c}{4} \frac{T^2}{m^2} p^2 \qquad (2.15)$$

专业化和内部市场贸易对福利的影响如图 2 - 5 所示，当内部市场不存在贸易时，个人投资回报机会边界为 $Z_1^s Z_2^s$，满足个人效用最大化的人力资本投资势必与无差异曲线相切。现在，具有同质的生产者出现于内部劳动力市场，通过专业化与贸易分配，个人效用提升至 U^* 处，那么 U^0 与 U^* 之间的面积便是新增的净福利。

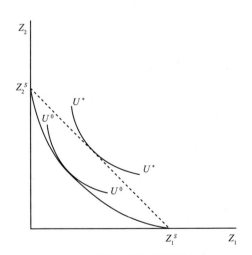

图 2 - 5　人力资本投资与劳动力分工

注：$Z_1^s Z_2^s$ 是个人投资回报的机会边界线；$U^0 U^0$ 与 $U^* U^*$ 均是效用曲线。

资料来源：Becker G S. Human capital, effort, and the sexual division of labor ［J］. Journal of Labor Economics, 1985, 3（1）：35.

贝克尔认为人力资本投资差异与劳动力的性别分工造成了男女的生产率差异，同时影响着劳动力市场的性别构成，男女职业分布与劳动时间的差异是基于预期收益最大化下个人选择结果。此外，他将人力资本理论扩展到家庭经济分析中，认为夫妻间劳动分工与家庭分工更多与人力资本投资有关。例如，家庭中丈夫与妻子的时间分配与劳动收益为何不同？为何夫妻常表现出不同的就业选择行为？等等。

2.2.2　人力资本投资的生命周期理论

1. 明瑟的收入决定模型

明瑟（Mincer，1974）认为劳动者的正规学校教育与后教育投资（post school investment）回报是收入差异的决定因素，并基于人力资本理论建立收入决定的经济学模型，用人力资本解释个人收入分布与差异。

首先，查看学校教育对个人收入的影响。

模型假设1：个人学校教育时间为 S 年，且受教育年限与年龄大小无关；

模型假设2：个人一生收入预期价值是相同的，不随时间变化；

模型假设3：个人受教育年限与个人劳动时间是独立的。

定义 $E(S,t)$ 是个人 t 期受教育年限 S 的人力资本投资期望收益（human capital investment expectations）。那么，经过 S 年教育后，个人进入劳动力市场的预期总价值 $V(S)$ 为：

$$V(S) = \int_S^R E(S,t)\, e^{-rt} \mathrm{d}t \tag{2.16}$$

式中，r 表示贴现率（discount rate），显然，人力资本投资与贴现率成反比，贴现率越高，则人力资本投资动力越小。

根据假设1，人力资本投资期望收益并不取决于时间 t，式（2.16）变形为：

$$
\begin{aligned}
V(S) &= \int_S^R E(S)\, e^{-rt} \mathrm{d}t \\
&= E(S) \int_S^R e^{-rt} \mathrm{d}t \\
&= E(S) \left(-\frac{1}{r} \right) \left[e^{-rR} - e^{-rS} \right] \\
&= E(S) \frac{\left[e^{-rS} - e^{-rR} \right]}{r}
\end{aligned}
\tag{2.17}
$$

假设2表明 $V(S)$ 不取决于受教育年限 S，则 $V(S) = V$，同时假设3表明个人生命周期内存在劳动时间 T 使得 $R = S + T$，式（2.17）变形为：

$$V(S) = V = E(S) \frac{\left[e^{-rS} - e^{-rS} e^{-rT} \right]}{r}$$

$$\Leftrightarrow rV = E(S) \left[e^{-rS} - e^{-rS} e^{-rT} \right]$$

$$\Leftrightarrow rV = E(0) \left[1 - e^{-rT} \right]$$

$$= E(S) \left[e^{-rS} - e^{-rS} e^{-rT} \right]$$

$$= E(S) e^{-rS} \left[1 - e^{-rT} \right]$$

$$\Leftrightarrow E(0) = E(S) e^{-rS}$$

$$\Leftrightarrow \ln E(S) = E(0) + rS \quad\quad (2.18)$$

因此，个人生命周期内预期收入取决于个人初始的期望收益以及受教育时间，即随着个人受教育时间提高，将增加个人一生的总期望收入。

然后，加入后教育投资对个人收入的作用。

模型假设4：个人后教育投资回报是固定的 p，即服从规模不变性质。

假设个人将时间划分为两部分，时间 k 用于提升人力资本，时间 $1 - k$ 用于工作，这意味着个人人力资本投资期望收益为：

$$\frac{\partial E(S,t)}{\partial t} = pk(t) E(S,t) \quad\quad (2.19)$$

求解方程：

$$\frac{1}{E(S,t)} \frac{\partial E(S,t)}{\partial t} = pk(t) \Leftrightarrow$$

$$\frac{\partial \ln E(S,t)}{\partial t} = pk(t) \Leftrightarrow$$

$$\int \frac{\partial \ln E(S,t)}{\partial t} = \int pk(t) \Leftrightarrow$$

$$\ln E(S,t) = p \int k(t) \quad\quad (2.20)$$

总存在特定的 C 使得求解方程变为：

$$\ln E(S,t) = C + p \int_0^t k(u) \,\mathrm{d}u \quad\quad (2.21)$$

已知不存在后教育投资时，$\ln E(S) = E(0) + rS$。当 $k(u) = 0$ 时，式（2.21）有 $\ln E(S) = C$，意味着 $C = \ln E(0) + rS$，则式（2.20）最终求解结果为：

$$\ln E(S,t) = \ln E(0) + rS + p \int_0^t k(u) \,\mathrm{d}u \quad\quad (2.22)$$

明瑟（Mincer，1974）假设存在 $k(t)$ 函数：

$$k(t) = k^* \left(1 - \frac{t}{T} \right)$$

$$= k^* - k^* \frac{t}{T} \tag{2.23}$$

那么，人力资本投资期望函数变为：

$$\ln E(S,t) = \ln E(0) + rS + p \int_0^t k(u)\, \mathrm{d}u$$

$$= \ln E(0) + rS + pk^* \left[u - \frac{u^2}{2T} \right]_0^t$$

$$= \ln E(0) + rS + pk^* t - pk^* \frac{t^2}{2T} \tag{2.24}$$

式（2.24）表明个人潜在收入收益与教育有关。由于个人工作时间为 $1 - k$，则个人收入为：

$$Y(S,t) = [1 - k(t)] E(S,t) \Leftrightarrow$$
$$\ln Y(S,t) = \ln E(S,t) + \ln[1 - k(t)] \tag{2.25}$$

式（2.25）是明瑟一般化收入模型，表明个人收入与教育正相关。

为了便于进行计量分析，本书将其线性化。

考虑到劳动时间属于非线性函数：$\ln[1 - k(t)] = \ln\left(1 - k^* + k^* \frac{t}{T} \right)$。采用泰勒展开式求解，令 $t = T$：

$$\ln\left(1 - k^* + k^* \frac{t}{T} \right) = \ln(1) + \frac{\frac{k^*}{T}}{1}(t - T) - \frac{1}{2} \left(\frac{k^*}{T} \right)^2 (t - T)^2$$

$$= \frac{k^*}{T} t - k^* - \frac{1}{2} \left(\frac{k^*}{T} \right)^2 t^2 - \frac{1}{2} \left(\frac{k^*}{T} \right)^2 T^2 + \left(\frac{k^*}{T} \right)^2 Tt$$

$$= \frac{k^*}{T} t - k^* - \frac{1}{2} \left(\frac{k^*}{T} \right)^2 t^2 - \frac{1}{2} (k^*)^2 + \frac{(k^*)^2}{T} t$$

$$= - k^* - \frac{1}{2} (k^*)^2 + \left[\frac{k^*}{T} - \frac{(k^*)^2}{T} \right] t - \frac{1}{2} \left(\frac{k^*}{T} \right)^2 t^2$$

$$\tag{2.26}$$

代入明瑟一般收入模型，则：

$$\ln Y(S,t) = \ln E(S,t) + \ln(1 - k(t))$$

$$= \ln E(0) + rS + pk^* t - pk^* \frac{t^2}{2T} - k^* - \frac{1}{2}(k^*)^2$$

$$+ \left[\frac{k^*}{T} - \frac{(k^*)^2}{T} \right] t - \frac{1}{2} \left(\frac{k^*}{T} \right)^2 t^2$$

$$= \left[\ln E(0) - k^* - \frac{1}{2}(k^*)^2 \right] + rS + \left[\frac{k^*}{T} + \frac{(k^*)^2}{T} + pk^* \right] t$$

$$+ \left[\frac{1}{2} \left(\frac{k^*}{T} \right)^2 - \frac{pk^*}{2T} \right] t^2 \qquad (2.27)$$

因此，明瑟一般收入模型可以转换为线性计量方程：

$$\ln Y = \beta_0 + \beta_1 S + \beta_2 t + \beta_3 t^2 + \varepsilon \qquad (2.28)$$

式中，ε 为随机误差项，服从正态分布。明瑟一般收入模型说明人力资本投资对个人收入存在较大差异。

2. 考虑生命周期的收入决定模型

波拉切克（Polachek，1975，2008）在明瑟收入决定模型基础上，引入生命周期分析，旨在说明不同劳动者一生总人力资本投资差异，亦可解释为何男女在不同年龄阶段其劳动参与率及人力资本投资回报不同。

个人一生期望收入最大化为：

$$\underset{s(t)}{\text{Max}} \int_0^T Y(t) \, e^{-rt} \mathrm{d}t \qquad (2.29)$$

式中，$Y(t) = [1 - s(t)] wK(t)$ 为个人总期望收入方程，$K(t)$ 为 t 期人力资本存量，w 是单位人力资本价格——工资（wage），$wK(t)$ 是个人潜在人力资本投资收益，$s(t)$ 是个人 t 期的人力资本投资增量。那么，个人总期望收入取决于潜在人力资本投资收益减去实际人力资本投资成本。

考虑个人一生中劳动参与率的变化，则个人生命周期内总期望收入为：

$$Y(t) = [N(t) - s(t)] wK(t) \qquad (2.30)$$

式中，$N(t)$ 是个人分配劳动时间与人力资本投资时间的函数。假设 $N(t)$ 外生且取决于性别、婚姻状况及孩子个数，那么，人力资本投资的边际效应为：

$$\dot{\psi} = -w_0 N(t) \, e^{r(t-T)} + w_0 r \, e^{rt} \int_t^T [N(\tau) - N(t)] \, e^{-rt} \mathrm{d}\tau \qquad (2.31)$$

式（2.31）中等号右侧第一项为劳动参与率在每期不变下的边际收益，第二项为生命周期内劳动参与率随时间变化的边际收益。随着人力资本投资增加，前者对个人一生期望的负向影响越来越大，后者则是正向效应。

考虑生命周期的人力资本投资模型表明，劳动力参与能够提升人力资本投资，特别地，后教育人力资本投资力度（如在职培训）取决于劳动者预期终生劳动参与。考虑到男女一生中劳动参与差异，女性特别是已婚妇女，更多负担家庭劳务而减少自身终生劳动参与，那么随着年龄增长，男女人力资本投资将存在差异。

生命周期理论认为，两性在平衡劳动参与和家庭劳务参与上存在差异，以及女性因结婚、家务、照料子女等引起劳动参与的间断，这些导致男女人力资本投资差异，最终带来男女总期望收入的差异。但是该理论并不能解释，即使男女劳动参与相同时，性别工资差异依旧存在的问题。如今，发达国家的结婚率与生育率大幅度下降，男女间教育差异缩小甚至在部分国家发生"逆转"（reversed），即女性受教育程度远远高于男性，但是各国内部性别工资差异却逐年扩大（World Bank，2012）。

2.3　性别歧视理论

在前新古典（pre-neoclassical）理论中，劳动力市场性别歧视的争论焦点集中在工资差异方面。学者将女性工资水平低下的潜在原因归结为：传统性别角色；社会习俗与公众舆论；女性就业的从属性质；劳动生产率差异；受教育程度低；就业面较窄等（Collet，1891；Webb S，1891；Fawcett，1892；Cannan，1914；Rathbone，1917；Webb B，1919）。

2.3.1　偏好歧视理论

1957 年，贝克尔（Becker，1957）的著作《歧视经济学》（*The Economics of Discrimination*）首次将歧视转换成经济学语言，测量劳动力市场存在的雇主、雇员与顾客等歧视者的性别偏好，开创了歧视经济学研究先河，推动了有关种族、性别、弱势群体等不平等研究。

贝克尔歧视经济学理论，又被称为偏好歧视理论，该理论认为歧视的根源在于偏见，并将歧视偏好进行货币化处理，从而提出市场歧视系数概念，即歧视系数等于存在歧视时两群体（如黑人与白人或男性与女性）的工资率与没有歧视时两者的工资率之比的差额。

偏好歧视理论强调个人行为，下面就雇主歧视展开理论阐释。

假设存在歧视型雇主，雇主的效用函数以实现利润最大化为目标：

$$\max U = f(p, m) \tag{2.32}$$

式中，U 代表雇主效用（$Utility$），p 为利润（$profit$），m 代表男性雇员比重（$male\ ratio$）。那么歧视型雇主的效用函数除了实现利润最大化之外，还有第二个目标——最大限度提高男性就业人数。图 2 - 6 展示了歧视型雇主效用最大化的均衡状态：选择无差异曲线（indifference curve，IC）与企业利润曲线的均衡点。

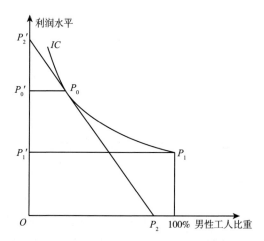

图 2 - 6　歧视型雇主效用最大化的均衡状态

注：图中 IC 为无差异曲线；假设 P_1P_1' 为水平的企业利润曲线（即男性工人比重与企业利润水平不相关），P_2P_2' 为向右下方倾斜的企业利润曲线（即男性工人比重与企业利润水平成反比关系）；P_0 为 IC 与 P_2P_2' 的切点，即雇主效用最大化的最优决策点。

资料来源：桑普斯福特，桑纳托斯. 劳动经济学前沿问题［M］. 卢昌崇，王询，译. 北京：中国税务出版社，2000：221 - 253.

假设完全竞争市场，男女工人具有相同的劳动生产率，那么男性和女性劳动者是完全替代品，即男女生产产品价值相同以及男女雇用成本无差别。当雇主不存在性别偏好时，无差异曲线 IC 是一条水平线，其与企业利润水平线 P_1P_1' 不相交，即不存在均衡点。歧视型雇主偏好男性工人，对于雇主而言，存在歧视系数 d，使得雇用女性成本 $w(1+d)$ 大于雇用男性成本 w，雇主偏好雇用男性工人并支付相应成本。当男性与女性的工资率相同时，歧视型雇主雇用决策交点在 P_1。如果女性工资低于男性，那么，男性在雇用人群的比重将提高，雇主因歧视而最大限度提升男性工人比重的行为，将以牺牲利润最大化为代价，反映为新的企业利润曲线变为 P_2P_2'，存在雇主效用最大化最优决策 P_0，那么，P_2P_0' 决策就是歧视型雇主放弃的利润，或称为歧视代价。随着男女工资差异的扩大，雇主歧视女性的成本也越高。

图 2-7 为被歧视群体的就业规模与工资水平。曲线 MM 是无歧视行为的劳动力需求曲线，如果雇主歧视女性，那么女性劳动力需求曲线向内移动至 FF。图形变动结果暗示两种不同行为：一方面，雇主为了保持原有男女雇用规模一致 L^m，将大幅度下调女性工资至 w^f，此时男性平均工资远高于女性，雇主雇用成本增加，另一方面，雇主为了保持男女工资水平一致 w^m，雇主将减少女性就业人数至 L^f。

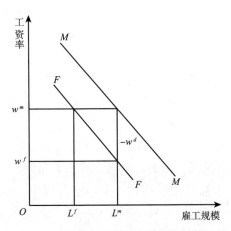

图 2-7　被歧视群体的就业规模与工资水平

注：图中 MM 是无歧视行为的劳动力需求曲线，FF 是存在雇主歧视女性的劳动需要曲线；w 是工资率，w^f 与 w^m 分别代表了女性和男性的工资率，$-w^d$ 为当存在雇主歧视女性劳动者时减少的工资率；L 是雇工规模，L^f 与 L^m 分别代表了女性和男性的就业人数。

资料来源：桑普斯福特，桑纳托斯. 劳动经济学前沿问题 [M]. 卢昌崇，王询，译. 北京：中国税务出版社，2000.

相对于无歧视雇主，歧视型雇主以利润减少为代价（自掏腰包以获得歧视的权利），长期看，歧视偏好弱、利润高的企业将向外扩张，非歧视性企业最终能够占领更多市场份额，歧视性企业最终将在竞争性市场中消亡。偏好歧视理论认为，歧视是无利可图的（Becker，1957）。

2.3.2　统计歧视理论

统计歧视理论则认为，即使劳动力市场不存在歧视偏见，获取信息方法和成本等因素也可能导致歧视的出现。不同于贝克尔观点，阿罗（Arrow，1973）

认为雇主歧视行为源于信息不充分与信息不对称导致雇主用群体特征代替个体特征，从而造成对一部分与群体特征差异较大的个体的歧视（宁光杰，2011）。菲尔普斯（Phelps，1972）最早建立统计歧视的理论模型，在此基础上，艾格纳和凯恩（Aigner & Cain，1977）把统计歧视细分为群体间歧视与群体内歧视，他们认为菲尔普斯模型只解释了群体内部歧视问题，未涉及群体间歧视问题，因此发展了统计歧视模型。

统计歧视理论着眼于劳动力需求方——雇主层面，由于雇主无法精确评估每个求职者的能力以及其他个人特质，通常认为男性的生产力高于女性。从统计学角度而言，女性劳动者由于结婚、家务、照料子女等原因，往往比男性更容易退出劳动力市场，或者劳动参与是间歇性行为，从而减少自身人力资本投资，增加雇主的替换或培训成本，因此理性的雇主通常将稳固的职业安排给男性，而将低成本的职位安排给女性，由此导致了职业性别隔离。又如，为何一些成绩优秀的女大学毕业生存在就业困难问题，统计歧视理论认为，个体信息不充分导致企业招聘时依靠历史信息和平均女性就业人群信息进行判断，低估了优秀女大学毕业生的个人能力，因此招聘考官带上"有色眼镜"选人。

统计歧视理论认为，统计歧视的产生是雇主信息的不充分，而非歧视偏好，雇主主观上并没有恶意，而更多是站在理性人角度，选择利润最大化和成本最小化的结果。对于被歧视者而言，可以通过提升个人信息等方法降低歧视，因此长期歧视并不存在（Altonji & Pierret，2001；Altonji，2005；Bjerk，2008）。遗憾的是，统计歧视理论无法很好解释长期存在的性别歧视问题。

2.4　性别隔离理论

本书的隔离理论，除了总结和归纳传统的拥挤假说以及劳动力市场分割理论外，还将探讨新兴的分层隔离理论、职业性别隔离与玻璃天花板模型。

2.4.1　拥挤假说

拥挤假说（the crowding hypothesis）早在 20 世纪初期就已经出现，西方学者发现女性劳动者大量"拥挤"或被排挤在社会地位低、工资收入低、职业声望低的职业里，而那些福利条件好、收入高、声望高的职业往往将女性排除在外（Fawcett，1918；Edgeworth，1922）。拥挤假说最早以探索职业隔离与性别工资差异的关系入手，学者认为职业隔离是导致群体间工资差异的主要原因（Zellner，1972；Fagan et al.，2003；Perales，2013）。此后，拥挤假说研究范围逐渐扩展到社会经济层面，大量研究发现，一个国家或地区职业性别隔离的程度越高，男女劳动者在劳动力市场的职业分布越不均衡，所获得的经济和非经济资源就越不平等，也越发成为阻碍国家或地区社会进步与经济发展的关键问题（Jacobs，1989a，1989b；Charles & Grusky，2004；Hegewish et al.，2010；England，2010；姜向群，2007；李汪洋和谢宇，2015）。

伯格曼（Bergmann，1971）对拥挤假说进行形式化处理，建立了以下经济学分析框架。

假设经济中只存在两种职业，并且职业间完全隔离，市场存在男性（M）和女性（F）两类劳动者，男女群体在不同职业部门就业。假设存在劳动力要素 E_1 和 E_2（这两种劳动力要素分别来自不同职业），以及非劳动力要素 K。那么，市场生产函数 Y 由劳动力要素与非劳动力要素组成：

$$Y = f(E_1, E_2, K) \tag{2.33}$$

设定劳动力要素方程为：

$$E_1 = P_M$$
$$E_2 = P_F \tag{2.34}$$

式中，P_M、P_F 分别是男女劳动力规模，即男女劳动者人数。为了更精确展示经济学模型与生产函数求解，设定生产函数符合规模不变性质，即简化生产函数为不变替代弹性生产函数（the constant elasticity of substitution function）：

$$Y^{-\beta} = a_1 P_M^{-\beta} + a_2 P_F^{-\beta} + a_3 K^{-\beta} \tag{2.35}$$

式中，β 表示要素替代弹性参数，a 是取决于职业对女性劳动者限制程度的系数，a 值越小说明对女性进入职业限制程度越强。

假设市场中男女劳动者是完全替代品，即男女劳动者生产的产品价值相同。男女边际生产率分别为：

$$MP_M = a_1 \left(\frac{Y}{P_M} \right)^{\beta+1}$$

$$MP_F = a_2 \left(\frac{Y}{P_F} \right)^{\beta+1} \tag{2.36}$$

则，男女生产率与职业限制女性程度相关。当职业限制女性程度越强，则女性边际生产率越低。

如果劳动力市场允许极端性别隔离行为（gender segregation）的存在，则在该市场中雇主利润最大化下，男女边际生产率相同，为 $G_M = MP_M \equiv G_F = MP_F$。其中，$G_M$ 为女性性别隔离水平，G_F 为男性性别隔离水平。

假设对劳动力不存在性别歧视，所有职业对于男女劳动者完全开放，劳动者在职业间自由流动不受任何限制，那么，劳动力市场中的劳动力资本将重新分配，职业分布亦将改变，劳动者将从生产效率较低的女性职业流入生产效率更高的男性职业。劳动力流动最终是两类职业的边际生产率相同。用 E_1^*、E_2^* 分别表示劳动力流动后两类职业的就业状况，则边际生产率为：

$$a_1 \left(\frac{Y}{E_1^*} \right)^{\beta+1} = a_2 \left(\frac{Y}{E_2^*} \right)^{\beta+1} \tag{2.37}$$

假设变化后两类劳动力供给是完全无弹性的，且存在相关关系：

$$E_2^* = P_M + P_F - E_1^* \tag{2.38}$$

式（2.38）表明第一类职业劳动力供给是市场整体劳动者人数减去就职于第二类职业的劳动者人数。

将式（2.38）代入式（2.37）求解 E_1^*：

$$E_1^* = \frac{a_1^\sigma}{a_1^\sigma + a_2^\sigma}(P_M + P_F)$$

式中，$\sigma = \frac{1}{(1+\beta)}$ 是替换弹性，那么存在 E_2^*：

$$E_2^* = \frac{a_2^\sigma}{a_1^\sigma + a_2^\sigma}(P_M + P_F)$$

因此，男性在两类职业间流动前后的生产率之比为：

$$\frac{G_M^*}{G_M} = \frac{MP_M^*}{MP_M} = \left(\frac{Y^*}{Y} \right)^{\beta+1} \left(\frac{P_M}{E_1^*} \right)^{\beta+1} \tag{2.39}$$

式（2.39）表明，在无歧视的劳动力市场，劳动力自由流动使得重新配置后的劳动力市场提高整体劳动力利用率，即 $\frac{Y^*}{Y} > 1$，进而提升市场总产品价值，增加了雇主利润。此外，效率提高带来的总收入的增长促进了劳动者工资增长，市场中劳动者均从重新配置的劳动力市场获益。$E_1^* - P_M > 0$ 表明男性进入生产效率低的原始女性职业将降低男性工资，而 $E_2^* - P_F < 0$ 表明"拥挤"现象的缓解或职业限制程度的降低将增加女性工资。因此，消除职业性别隔离最终将使女性工资水平上升，而男性工资水平下降，但是男性工资水平下降程度较低。

根据拥挤假说模型分析歧视的局部均衡如图 2 - 8 所示。

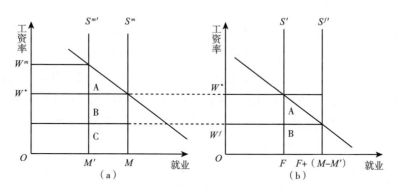

图 2 - 8　歧视福利与成本的局部均衡

注：图中 W 是工资率，W^f 与 W^m 分别代表了女性和男性的工资率，假设存在男女职业相同的工资率 W^*；$M'S^{m'}$ 和 MS^m 是男性职业的就业曲线，其中 $M'S^{m'}$ 的就业人数小于 MS^m；FS' 和 $F + (M - M')S^{f'}$ 是女性职业的就业曲线，其中 FS' 的就业人数小于 $F + (M - M')S^{f'}$。

资料来源：桑普斯福特，桑纳托斯. 劳动经济学前沿问题 [M]. 卢昌崇，王询，译. 北京：中国税务出版社，2000：221 - 253；谢嗣胜. 劳动力市场歧视研究：西方理论与中国问题 [D]. 杭州：浙江大学，2005：37 - 38.

图 2 - 8 （a）为男性劳动者所在的职业（简称男性职业），图 2 - 8 （b）为女性劳动者所在的职业（简称女性职业）。在完全竞争市场，职业间生产产品同质，因此，这两类职业的工资率相同为 W^*。假设存在性别工资差异，男性工资高于市场平均工资水平，即 $W^m > W^*$。男性职业只雇用男性劳动者，雇用规模为 (M, M')；女性职业最初只雇用女性劳动者。当男性劳动者被男性职业解雇时，只能转向雇用女性的女性职业就业，结果是女性职业平均工资由 W^* 降为 W^f。男性劳动力的流动使得留在原始男性职业的劳动者获益，工资上升幅度为 W^m，而在女性职业就业的男性劳动者工资受损，工资下降幅度为 $(W^* - W^f)$。因此，两个市场中存在工资差别，未受歧视的群体是受益者，而被歧视的群体是受损者。由此，两个市场存在局部的性别隔离。

对整个社会而言，由于歧视和隔离的存在，经济偏离了帕累托最优，不是一个最优的经济体制。这种预期与前面歧视经济学理论相吻合：歧视使社会中某些成员受益，而导致另一部分人群利益受损，最终将导致社会福利损失。如图 2 - 8 所示，男性职业就业规模减少使得产出率降低，降低额度等于 $(A + B + C)$ 的面积 [见图 2 - 8 （a）]，而女性职业由于扩大雇用规模所增加的产量仅为 （A

+B）的面积［见图 2 - 8 （b）］，二者相抵，则社会福利净损失对应图 2 - 8 （a）中矩形 C 的面积。

2.4.2 劳动力市场分割理论

人力资本理论认为工资差异主要源于人力资本投资差异，教育投资是人力资本投资的主要部分，教育对经济发展意义重大。自 20 世纪 60 年代，舒尔茨提出现代人力资本理论后，全球各地掀起人力资本投资浪潮，各国政府纷纷投资教育，试图以此促进经济发展，并解决社会不平等问题。但事与愿违，全球性别收入不平等现象依旧存在，在教育出现"逆转"的当下歧视现象严重。而这些现象无法用人力资本理论解释。

为了回答上述问题，皮奥里（Piore，1970）、多林格和皮奥里（Doringer & Piore，1971）从新制度经济学和劳动力市场结构入手，建立了劳动力分割理论。具有代表性的二元劳动力市场理论认为，劳动力市场存在主要和次要劳动力市场的分割：主要劳动力市场的工资收入高、社会经济地位高、工作环境好、就业稳定、培训机会多、具有良好的晋升机制；而次要劳动力市场则相反。就人力资本投资回报而言，教育和培训能够提高主要劳动力市场劳动者的收入，对次要劳动力市场劳动者并没有作用。此外，由于劳动力在分割的市场之间缺乏流动性，且主要劳动力市场限制次要劳动力市场的劳动者进入，隔离现象严重（Thurow，1968；Gordon，1972；Cain，1975；Dickens & Lang，1985）。

大量学者通过数据分析，对各国劳动力市场分割状况进行了实证检验。鲍桑葵和德林格（Bosanquet & Doeringer，1973）验证了美国与英国都存在主要劳动力市场和次要劳动力市场分割。麦克纳布和萨卡罗普洛斯（McNabb & Psacharopoulos，1981）利用英国调查数据研究发现，主要劳动力市场的教育回报与工作经验收益率高于次要劳动力市场。纽曼和齐德曼（Neuman & Ziderman，1986）检验了以色列劳动力流动现状，根据职业等级将劳动力市场分为主要和次要劳动力市场，研究发现，主要劳动力市场中教育和工作经验对提高工资具有积极作用，而次要劳动力市场却并没有显著影响。郭丛斌（2004）利用中国数据验证发现，中国也存在二元制的劳动力市场分割，亦存在工资差异（Tong & Yang，2011）。

劳动力市场分割使得处于次级劳动力市场的就业者，即使工作能力能够胜任主要劳动力市场工作，依旧无门进入，从而失去提升谋求更好就业发展的机会。因此，劳动力市场的分割现状反映出一个人社会经济地位优劣，且是经济不平等的延伸及其组成部分。

2.4.3　分层隔离理论

分层隔离理论（hierarchical segregation theory）发展时间较晚，近十年在国外学术界兴起，成为隔离理论一个分支，该理论依托于职位层级或工作梯级（job level），即按照职位等级划分以查看劳动者分布差异及职位流动差异，主要研究职业间向上流动或职位晋升问题（Baldwin et al.，2001；Gorman & Kmec，2009；Hassink & Russo，2010；Shatnawi et al.，2011）。

鲍德温等（Baldwin et al.，2001）建立分层隔离模型，从劳动力需求与供给角度研究劳动力市场分层均衡和晋升性别歧视问题。基于贝克尔（Becker，1971）雇员偏好歧视理论，他们在考虑职业分层歧视问题的基础上拓展了相关模型假设。他们认为，劳动者获得必要人力资本的能力不同，那些人力资本投资更多的劳动者将向上移动至高层管理层级职位。由于劳动力供给弹性在不同职业层级的劳动者间存在差异，因此，探讨男女劳动供给在不同职业分布至关重要。基于此，推导出一种均衡状态，并验证技术条件、获取人力资本的成本和偏好男性的性别歧视决定了男女位于职位层次不同水平分布，存在针对女性的晋升歧视。

1. 简化的单一主管企业的分层歧视：劳动力需求

假设企业共两种职位：中层主管者（S）和普通员工（L），并支付两种工资，主管者的工资为 W_S，普通员工工资为 W_L，且 $W_S > W_L$。

考虑利润最大化企业有男性员工人数 L_M 和女性员工人数 L_F，以及一个主管人员。假设企业男性员工歧视女性主管，歧视系数为 $\delta(\delta>0)$。因此，当企业雇用女性主管时，男性员工工资需求为 $W_L(1+\delta)$，那么，企业劳动力总成本为：

$$C_1 = L_M W_L(1+\delta) + L_F W_L + W_S \tag{2.40}$$

企业成本最小化状态是雇用男性主管，除非所有员工均是女性，此时，最低层级工作的进入使得企业丧失竞争性，企业将会被隔离。

如果女性接受工资处罚，并向企业支付给男性员工的歧视性工资补偿，则企业考虑雇用女性主管来监督所有男性员工。令女性主管的处罚工资价格为 p，则企业劳动力成本变为：

$$C_2 = L_M W_L(1+\delta) + L_F W_L + W_S(1-p) \tag{2.41}$$

当企业主管是女性时，企业对于选择男性和女性主管无差异，当且仅当女性主管支付给企业的处罚工资恰好弥补了企业中男性员工歧视性工资成本：

$$W_{SP} = L_M W_L \delta \qquad (2.42)$$

女性主管的处罚工资取决于受监管的男性员工数量、平均工资率以及男性员工的歧视系数。女性主管被雇用监督男员工的情况较少，除非女主管与员工之间的工资差异相对较大，且受监管人数较少。许多大型企业员工职位，如公关，都符合这些要求。

劳动力需求的分层歧视从两方面说明女性平均工资的减少：女性担任管理职位的人数较少（职业效应），或者在管理职位中，通过隐性赔偿导致女性平均工资减少，即女性主管支付给企业歧视性工资成本（工资效应）。

2. 考虑多名管理者企业的分层歧视：劳动力供给

从劳动力供给角度拓展分层歧视模型，考虑有多级别管理者的企业，且不同级别管理者人数存在差异，级别越高，管理者人数越少。如图 2-9 所示，假设企业现有三种职位层级：高级管理者（E）、中层管理者（S）、普通员工（L）。一名高级管理者监管两名中层主管，每位中层主管各自负责两位普通员工。

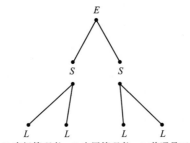

E=高级管理者，S=中层管理者，L=普通员工

图 2-9 职位层级示意

资料来源：Baldwin M L, Butler R J, Johnson W G. A hierarchical theory of occupational segregation and wage discrimination [J]. Economic inquiry, 2001, 39 (1): 94-110.

3. 分层性别歧视的均衡状态

假设在劳动力供求均衡状态，男性员工要求企业雇用女性主管时，提供补偿性工资成本。

假设在职位低层，男性与女性员工的管理成本分配是相同的，但女性有自我选择行为，如是否进入企业不同职位层级，或是否参与劳动。因为女性与男性不同，更多负担家务劳动成为女性不进入劳动力市场的替代选择。这种自选择行为使得劳动力市场女性人数少于男性，因此，在特定情况，女性高级主管必须监管男性中层主管，女性主管必须管理男性员工。为了提高女性自身管理级别，女性不得不牺牲自身利益，增加人力资本投资成本和男性补充性工资成本，或者降低自身工资水平，以减少性别歧视。

图 2 – 10 为性别歧视的分层隔离均衡分布，横轴为中层管理者成本 C_S，纵轴为高层管理者成本 C_E，存在补偿性工资成本 C_S^*、C_E^*。如图 2 – 10 所示，女性集中在普通员工，处于中层与高层管理级别的女性更少，同时相对于同一级别男性，女性面对的补充性工资成本更高。因此，女性自选择行为、获取人力资本的成本和性别歧视导致了职业分层的性别隔离分布，即男性多集中在中高层管理级别，而女性多为低级别的普通员工。

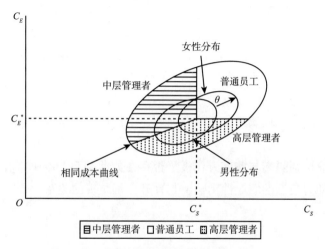

图 2 – 10　存在性别歧视的分层隔离均衡分布

注：在相同成本曲线上，高层管理者和中层管理者的成本相同。

资料来源：Baldwin M L, Butler R J, Johnson W G. A hierarchical theory of occupational segregation and wage discrimination ［J］. Economic Inquiry, 2001, 39（1）: 94 – 110.

2.4.4　职业性别隔离与玻璃天花板

职业性别隔离与玻璃天花板模型提供了关于职业隔离、职业性别分布与晋升歧视的研究思路。该模型由山形等（Yamagata et al., 1997）提出，旨在说明职业晋升歧视是长期存在的影响性别不平等的因素，它天然地与内部劳动力市场职业性别隔离相连，受到职业分布的影响（Rosenfeld & Spenner, 1992）。

山形等（Yamagata et al., 1997）建立了性别隔离与玻璃天花板的模型框架，对男性职业、中性职业、女性职业的晋升程度与晋升歧视进行探讨。

如图 2 - 11 所示，不同职业的性别分布中男女劳动者的晋升程度不同：女性职业由于事业发展少，堆积在底层且收入低；男性职业因女性进入障碍导致女性代表性不足；而中性职业因职业性别隔离的相对弱化，在男女劳动者分布均衡下，晋升歧视更显严重。

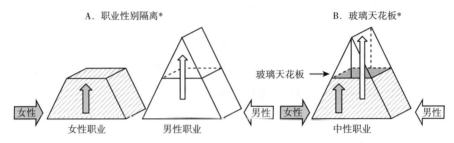

图 2 - 11　考虑职业分布的职业性别隔离与玻璃天花板

资料来源：Yamagata et al. Sex Segregation and Glass Ceilings：A Comparative Statics Model of Women's Career Opportunities in the Federal Government over a Quarter Century 1 ［J］. American Journal of Sociology，1997，103（3）：566 - 632.

职业性别隔离与玻璃天花板模型强调，中性职业的玻璃天花板现象比想象中更严重。

究竟职业性别隔离与玻璃天花板是否存在如此关系？本书将在第 6 章着重分析中国劳动力市场的职业性别隔离与晋升性别歧视的关系。

2.5　理论分析框架

基于人力资本理论、歧视理论与隔离理论的经济学理论基础，本书的理论应用框架如图 2 - 12 所示，即：本书将从职业性别隔离、性别工资差异、雇用性别歧视与晋升性别歧视四方面，结合中国实际性别歧视问题，研究劳动力市场性别歧视的演变及影响因素。

首先，结合职业分布研究职业性别隔离是本书研究的基准框架，采用隔离理论的拥挤假说能够为研究职业性别隔离提供形式化模型。职业性别隔离是劳动力市场两性从事不同职业以及同一职业不同岗位的分割状态，同时职业性别隔离表现出男女的工资收入、福利待遇、雇用机会、晋升渠道等差异。根据市场分割理论，职业性别隔离表现出男女聚集在不平等的就业位置，尤其在当今

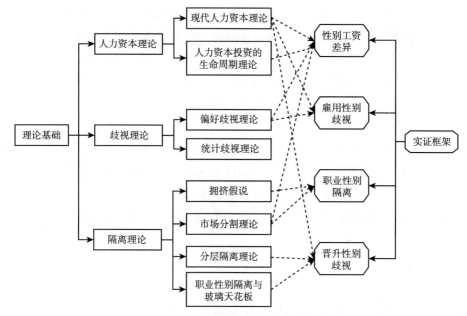

图 2 - 12　本书理论应用的逻辑框架

中国，男女劳动者的就业表现不同于计划经济时期，更多体现为劳动要素与劳动力资源的快速流动，市场同时存在加速与限制男女劳动者集聚的力量，研究中国劳动力市场职业性别隔离的变动趋势，理论指导实践研究，有利于分析劳动力市场结构变化与职业性别隔离的内在演变，从而为后续研究提供基础。

其次，研究性别工资差异的影响因素。采用现代人力资本理论和人力资本投资的生命周期理论，分析中国劳动力市场中男女人力资本投资差异对性别工资的影响，比较个人禀赋变化导致的性别工资差异的演变趋势。进一步，利用工资差异分解方法，将两性工资差异分解为人力资本和个人禀赋导致的工资差异，以及性别歧视和职业隔离导致的工资差异，然后，在隔离理论的市场分割理论和歧视理论的偏好歧视理论指导下，深入研究中国劳动力市场的职业性别隔离变化趋势对两性工资差异的长期影响。

再其次，研究雇用性别差异的影响因素。采用现代人力资本理论分析男女个人禀赋对雇主性别偏好的影响，基于贝克尔偏好歧视理论建立雇用偏好模型，建立符合中国劳动力市场招聘环节的雇用偏好模型，以验证中国劳动力市场是否存在雇用性别歧视以及测量雇主性别偏好的强度变化。此外，结合劳动力市场结构效应，比较中国实际劳动力市场中不同职业性别隔离程度的职业性别分布下雇用偏好差异大小。

最后，研究晋升性别歧视的影响因素。采用现代人力资本理论分析男女个人禀赋对雇主性别偏好的影响，基于贝克尔偏好歧视理论验证中国是否存在晋升性别歧视问题。采用隔离理论的分层隔离理论建立不同职业层级的晋升概率有序模型，分析男女在低层、中层、高层的晋升机会。进一步采用山形等（Yamagata et al.，1997）建立的职业性别隔离与玻璃天花板理论模型，对中国劳动力市场中不同性别类型职业的晋升程度与晋升歧视进行实证探讨，如男性职业、中性职业、女性职业。

　　总体而言，本书在充分总结归纳人力资本理论、歧视理论、隔离理论基础上，通过研究中国实际劳动力市场性别歧视的内涵与外延，以职业性别隔离为基准，以中国实际职业分布为突破口，从职业性别隔离、性别工资差异、雇用性别歧视与晋升性别歧视四方面，研究劳动力市场性别歧视的演变及影响因素。

第 3 章 职业性别隔离的
变化趋势

早在 20 世纪初期，西方学者就发现女性劳动者大量"拥挤"（crowding）在社会地位低、工资收入低、职业声望低的职业里，而那些福利条件好、收入高、声望高的职业往往将女性排除在外（Edgeworth，1922；Fawcett，1918），这种现象被称为职业性别隔离（occupational gender segregation）。大量研究发现，一个国家或地区职业性别隔离的程度越高，男女劳动者在劳动力市场的职业分布越不均衡，所获得的经济和非经济资源就越不平等，性别歧视日益成为阻碍国家或地区社会进步与经济发展的关键问题（Jacobs，1989a，1989b；Charles & Grusky，2004；Hegewish et al.，2010；England，2010；姜向群，2007；李汪洋和谢宇，2015）。因此，研究职业性别变化趋势及成因与后果的意义尤为重要（Hakim，1992）。

遗憾的是，国内外围绕中国职业性别隔离变化趋势的研究结论尚未统一，甚至相悖，回顾文献发现相悖的主要原因是研究方法上的严重缺陷，如职业类别划分过于笼统单一（吴愈晓和吴晓刚，2008；李汪洋和谢宇，2015）。此外，未能考虑社会经济变迁下，性别歧视与职业隔离呈现的更极端的特色：即职业分布呈现集中化趋势却暗含着更尖锐的歧视问题（Levanon & Grusky，2016）。

随着中国社会经济不断发展，中国劳动力市场的职业性别隔离变得更加严重还是有所减缓？劳动力市场结构如何变化？男女职业分布有何差异，在性别隔离程度较弱的职业是否仍然遭受歧视对待？为了回答上述问题，本章将利用 1982～2010 年中国人口普查数据，从总体上分析中国劳动力市场职业性别隔离变化趋势、表现及其成因，从而为政策制定者制定和实施性别平等的公共政策提供科学的依据。

3.1　职业性别隔离变化趋势的研究综述

"职业性别隔离"概念最早由美国著名学者爱德华·格罗斯（Edward Gross）于 1968 年提出，其意思是指：劳动力市场某一性别人群在某一类职业内部或某一些职业上的高度密集，形成与另一性别人群的职业隔离或分割状态。他利用 1900 ~ 1960 年美国人口普查数据（US Census Data）测算了职业性别隔离的变化趋势，开启了定量研究劳动力市场的性别不平等的先河。埃奇沃斯（Edgeworth，1922）和福西特（Fawcett，1918）提出"拥挤假说"[①]，该假说认为劳动力市场的职业性别隔离是存在的，女性工资低于男性是由于女性被限制在狭窄的职业领域，职业隔离是导致其工资差异的主要原因（姜向群，2007；卿石松和郑加梅，2013；陈永伟和周羿，2014）。

职业隔离对劳动力市场的性别差异的影响主要表现为两点。第一，职业隔离的程度直接影响男女间经济收入的分配（Fagan et al.，2003；Perales，2013），一个社会的职业隔离程度越高，男女收入不平等的程度就越大（蔡禾和吴小平，2002）；第二，职业隔离还影响着非经济报酬的分配（如工作条件、职位晋升、社会福利、人力资本投资等）（Charles & Grusky，2004），间接导致男女劳动生产率的差异（Halldén，2015）。因此，职业隔离程度被看作是一国劳动力市场性别平等最主要的指标（England，2010，2012；Grow et al.，2014；童梅和王宏波，2013）。

研究职业隔离变化趋势及其影响能够为实现国家社会公平与性别平等提供参考与方向。西方学者对职业性别隔离的程度与变化趋势进行了详细分析。格罗斯（Gross，1968）测量了 1900 ~ 1960 年美国的职业性别隔离程度和发展趋势，发现美国职业性别隔离程度较高，长期隔离程度并没有显著变化，他建议政府鼓励女性进入职场，市场开放对女性的限制。布劳和亨德里克斯（Blau & Hendricks，1979）研究 1950 ~ 1970 年美国劳动力市场发现，美国大量女性劳动者涌入劳动力市场使得 1950 ~ 1960 年专业化职业女性人数增大，1960 ~ 1970

[①] 伯格曼（Bergmann，1971）对"拥挤假说"进行了形式化处理，参见：Bergmann B R. The effect on white incomes of discrimination in employment [J]. The Journal of Political Economy，1971：294 – 313。

年男女职业分布呈集中化趋势，隔离程度出现短暂的减缓，而这主要归功于雇
主无性别歧视的招聘（"sex-blind" hiring）。兰迪（Randy，1986）发现
1958～1981年美国职业性别隔离和种族隔离呈现下降趋势，其原因是美国从 20
世纪 60 年代以来的经济持续发展以及社会进步①，使得男女在职业获得和工资
获得中受益（Fields & Wolff，1991）。里奇和帕拉（Rich & Palaz，2008）发现，
1972～1990 年土耳其的职业性别隔离程度有所上升，但从 20 世纪 90 年代后出
现下降趋势，其根本原因在于经济发展刺激了女性劳动参与率，女性工资水平
提高。佩拉莱斯（Perales，2013）从人力资本角度研究了 1991～2000 年英国的
职业性别隔离与工资差异问题，即使劳动者技能、生产率无差异，十年间女性
劳动者仍然被排挤到工资收入低的"女性职业"中，传统社会性别角色观念使
得隔离问题愈发突出。汉伯特（Humpert，2014）研究 1992～2004 年德国劳动
力市场发现，长期职业性格隔离呈下降趋势，但在东部地区针对女性的职业隔
离仍然高于西部地区，特别是兼职工作（part-time work）。美国妇女政策研究
所（The Institute for Women's Policy Research，IWPR）发布的研究报告显示，
1972～2009 年美国总体隔离程度逐渐下降，但 21 世纪开始有上升趋势，对于
教育水平要求较低的职业歧视程度加重，但针对高等学历劳动者的歧视并不明
显（Hegewisch et al.，2010）。

目前，学术界关于中国劳动力市场职业性别隔离变化趋势的研究结论尚未
达成共识。一部分学者认为中国职业性别隔离呈现上升趋势，性别不平等现象
日益严重。蔡禾和吴小平（2002）调查了 1985～2000 年中国职业性别隔离状
况②，发现隔离程度逐渐提高，存在性别隔离的职业类型逐渐增加，例如白领
职业对女性的隔离程度远大于蓝领职业。舒晓灵（Shu，2005）使用中国居民
收入调查数据（China Household Income Projects Survey，CHIPS）发现，1978～
1995 年中国职业性别隔离程度虽较低但逐年上升。易定红和廖少宏（2005）
使用《中国劳动统计年鉴》数据发现，1978～2002 年间产业内部的职业性别
隔离程度较大，不同产业之间的隔离有扩大趋势。张成刚和杨伟国（2013）采
用 1989～2009 年中国健康与营养调查数据（China Health and Nutrition Survey，
CHNS）发现，中国职业性别隔离总体水平虽相对较低，但整体呈波动上升趋
势，市场化和人力资本积累影响不同性别劳动者的职业流动导致职业性别隔离

---

　　① 20 世纪 60 年代，美国社会运动蓬勃发展，具有代表性的有黑人民权运动、妇女权力运动、青
年反战运动等。
　　② 蔡禾和吴小平（2002）使用数据来自国家哲学社会科学"九五"重大课题"邓小平关于发展
的理论和体制转换时期我国社会结构现状、变迁与发展趋势"问卷调查。

趋势对男女作用不同。另一部分学者则认为中国职业性别隔离变化情况更为复杂。吴愈晓和吴晓刚（2008）以及李春玲（2009）使用 1982~2000 年国家人口普查数据发现①，20 世纪 80 年代的性别隔离程度有所上升，而 90 年代以后呈下降趋势。李汪洋和谢宇（2015）利用 1982~2010 年国家人口普查数据发现，整体职业隔离程度持续上升，但是非农职业隔离趋势表现为先升后降（何泱泱等，2016）。

中国职业性别隔离变化趋势的复杂性是改革开放以来社会经济发展与时代变迁背景的缩影。吴愈晓和吴晓刚（2008）、李汪洋和谢宇（2015）等站在宏观层面探讨劳动力市场结构变迁，研究发现市场化改革、产业结构变化、城镇化建设、现代化制度与全球化文化、教育的普及以及平等观念的深入和妇女社会地位变化等因素均将影响劳动力市场结构的变迁。传统农工业向现代化产业服务业转型下，催生大量男女职业流动，性别的职业分布呈现集中化趋势，传统以男性主导职业或女性主导职业的"壁垒"逐渐模糊，而更多男女混合的"中性职业"由此壮大（李汪洋和谢宇，2015；李春玲，2009；England，2010；吴愈晓和吴晓刚，2008）。但是，这种职业分布的"中性化"趋势并不等同于性别歧视的弱化，反而在一些性别密集程度低的职业，女性遭受隔离与歧视对待更加严重（Glick，1991；蔡禾和吴小平，2002；童梅和王宏波，2013）。

遗憾的是，学术界对于职业性别隔离变化趋势相关研究过于笼统，缺乏对于职业分布的细化，也缺乏对劳动力市场结构与男女职业选择带来的影响作出阐释。厘清社会经济变迁所带来的职业性别隔离变化问题背后隐藏的原因与机理，将对我国深入推进社会公平与平等制度改革，进一步完善市场转型与产业结构升级，加速劳动力流动与社会经济持续发展具有重要的现实意义和指导意义。因此，对这一课题有必要进行深入研究。

3.2　职业性别隔离演变的研究设计

学术界对中国职业性别隔离的变化趋势与发展状况研究尚无定论，一大关键分歧在于：不同研究数据的选择以及职业类别的差异，影响了两性职业分布情况及其职业性别隔离水平的测量情况。吴愈晓和吴晓刚（2008）指出人口普

---

① 李春玲（2009）还增加了 2005 年全国 1% 人口抽样调查数据。

查数据样本量大、调查范围广、调查对象全面，职业类别采用中国社会最详细和可靠的分类系统，能够准确分析中国职业性别隔离现象。基于此，大量学者采用国家人口普查数据作为研究中国职业性别隔离与职业分布的一线资料（姚先国和谢嗣胜，2006；姜向群，2007；李春玲，2009；张抗私，2009；England et al.，2005；Treiman，2013；李汪洋和谢宇，2015）。

本章采用国家人口普查统计资料（1982 年、1990 年、2000 年、2010 年）分析职业性别隔离变化趋势，以及劳动力市场职业分布的发展趋势。我国国家统计局不同年份的人口普查统计资料采用的国家职业分类标准不一致，为了保证研究的统一性、可比性，本章以"1999 年中国标准职业分类"（CSCO1999）为基准进行了调整，并剔除掉宗教、军人等职业后，保留了农业职业，最终有 62 个中类别的职业[1]。

中国职业性别隔离的变化趋势与发展状况研究尚无定论的另一关键分歧是测量隔离方法的不同，对职业性别隔离指数的选择将影响对隔离事实的判断（杨伟国等，2010）。职业性别隔离测量方法众多，不同评判标准下测量出的职业性别隔离变化趋势易产生分歧（Watts，1998a，1998b；Charles，2003）。因此，采用合适的分析工具尤显重要。总体而言，学术界测量职业性别隔离分为两种方法。一种方法以总和指数法为主，即：将性别和庞杂的职业类别数据转化为简单的指数，通过单一的指数数值表现职业性别隔离的程度，有利于跨时间、跨地区分析职业性别隔离差异与变化趋势；另一种方法是统计描述方法，即：通过对劳动力市场上不同职业间男女参与比例进行描述来反映隔离水平。对职业分布及性别构成进行细节化分析，有效弥补了总数指数方法单一且无法展现出职业性别隔离的更细化分布信息等弱点。因此，本章的研究方法主要有两方面。一方面，比较各类总体隔离指数方法，选取合适的隔离指数进行研究，并采用隔离指数分解方法刻画职业内部与职业间隔离情况；另一方面，通过对劳动力市场职业分布进行界定，采用统计分析方法刻画劳动力市场结构与职业性别隔离程度。

3.2.1　总体隔离指数

邓肯等（Duncan & Duncan，1955）发明了相异指数，又称为邓肯指数

---

① 本章的"全职业"包含农业职业在内的 62 个职业中类，职业分类以《1999 年中国标准职业分类（CSCO1999）》为准，其中，剔除了军人、宗教职业者以及其他无法识别从业人员。另外，本章中的"非农职业"指排除农业职业以外的职业。

(index of dissimilarity，简称 D 指数)，最早用于测量不同种族群体在不同职业类别中的分布程度，后来被广泛应用于职业性别隔离领域，成为最常用的测量指标。D 指数构造了"反事实框架"，其核心思想是：假设某一性别的劳动者职业不变的情况下，为了保持男女劳动者在各类职业的分布相同，那么，另一性别的劳动者中有多少比例需要改变职业。

假设劳动力市场存在 i 个职业，女性就业总人数以及在职业 i 的人数分别为 F 和 F_i，男性就业总人数以及在职业 i 的人数分别为 M 和 M_i，就业总人数以及在职业 i 的人数为 T 和 T_i。

D 指数范围为 $[0,1]$，当指数为 0，代表男性和女性在各种职业中分布相同，即不存在职业性别隔离；当指数为 1，则表示所有职业都是完全隔离的。为了保持男女职业分布均衡，D 指数计算公式如下：

$$D = \frac{1}{2} \sum_{i=1}^{T} \left| (F_i/F) - (M_i/M) \right| \tag{3.1}$$

D 指数能够反映两性在不同职业类型中分布的不均衡程度，隔离指数值越大，职业间总体性别隔离程度越严重，同时隔离指数值还表示需要该数值对应百分比的女性（或男性）改变现有职业，才能完全消除隔离。D 指数对职业规模赋予不同权重，导致其对职业规模变动比较敏感，当分析单位是职业而非个人时，D 指数对不同职业赋予不同权重的方法便不适用，即隔离指数变动不仅由职业内部的性别构成，还受到不同职业间相对规模的影响。当大量劳动者涌入某一性别隔离较高的职业时，该职业相对规模扩大，即使职业内部的隔离保持不变，D 指数依旧会增大。

对此吉布斯（Gibbs，1965）提出了标准化的"相异指数"（size-standardized index of dissimilarity，简称 Ds 指数），即假定每个职业的相对规模一样，对所有职业赋予相同权重，其公式如下：

$$Ds = \frac{1}{2} \sum_{i=1}^{T} \left| \left[(F_i/T_i)/\sum_{i=1}^{T} (F_i/T_i) \right] - \left[(M_i/T_i)/\sum_{i=1}^{T} (M_i/T_i) \right] \right|$$

$$\tag{3.2}$$

Ds 指数排除了职业规模变动的影响，有效反映出各职业性别构成的变化，广泛适用于时间序列数据进行跨阶段比较（Grusky & Charles，1998），但该指数代表所有职业规模相同情况下的职业隔离程度，对劳动力性别比例变化较敏感，容易忽视地区间劳动力性别比例差异，虽不适合跨国或跨地区研究，但对同一地域内不同时间变化的隔离程度有较好的反映。

卡梅尔和麦克拉克伦（Karmel & MacLachian，1988）定义了卡梅尔—麦克拉克伦指数（简称 I_p 指数），该指数研究无隔离的理想状态，即为了保持职业结构不变，每一个职业性别比率须与总体就业性别比率相同。令 $F/T = a$，即女性占总就业量的比重，I_p 指数公式如下：

$$I_p = \left(\frac{1}{T}\right) \sum_{i=1}^{T} |F_i - a T_i| = \left(\frac{1}{T}\right) \sum_{i=1}^{T} |(1-a) F_i - a M_i| \qquad (3.3)$$

I_p 指数与 D 指数关系为 $I_p = 2a(1-a)D$。相对 D 指数而言，I_p 指数通过复杂的分解过程，更能测量职业隔离程度在规模上的变化，但仍不能较好解决跨地区比较问题。

为了比较不同国家或地区的职业性别隔离程度，查尔斯和格伦斯基（Charles & Grusky，1995）建立对数乘法模型并提出了关联 A 指数（global association index，以下简称 A 指数），A 值越大表明职业性别隔离程度越高。他们比较了土耳其、瑞士、瑞典、希腊、英国、美国、日本等国家的职业性别隔离程度，发现国家间差异较大。A 指数的具体公式如下：

$$A = \exp \left\langle \left(\frac{1}{T}\right) \sum_{i=1}^{T} \left\{ \ln(F_i/M_i) - \left[\left(\frac{1}{T}\right) \sum_{i=1}^{T} \ln(F_i/M_i) \right] \right\}^2 \right\rangle^{1/2} \qquad (3.4)$$

综合以上几类性别隔离指数发现，D 指数直观反映隔离程度，但对职业规模变化较为敏感，职业性别组成的异质性和职业分布的变化容易导致测量有偏（杨伟国等，2010）；Ds 指数用于测量跨时间的职业隔离程度，分析隔离的长期变化趋势研究更适用；I_p 指数与 D 指数计算出职业性别隔离变化趋势大致相同，测量职业结构变化更胜一筹，但仍存有争议（Watts，1998a）；A 指数重在分析跨地区间的隔离，不受职业规模和劳动力性别比例变动的影响，但对不同职业分类变化较为敏感（Watts，1998b）。因此，本章将采用 Ds 指数作为主要研究隔离指数方法，并比较其他指数结果。

3.2.2 隔离指数分解

总数指数方法虽能够测度职业性别隔离的总体水平，但该方法无法比较不同国家、地区、群体间的隔离水平差异。总数指数方法仅通过综合性单一数值无法展现出职业性别隔离的更细化信息，如职业性别隔离的内部结构及不同职业间男女变动情况（杨伟国等，2010）。

基于此，布劳和亨德里克斯（Blau & Hendricks，1979）对隔离指数进行分解：一是职业内部性别构成变动部分，二是不同职业间规模变动部分。考虑到时间 t 变动下，他们将 D 指数变形为 S 指数：

$$S_t = \frac{1}{2} \sum_i \left| \frac{q_{it} T_{it}}{\sum_i q_{it} T_{it}} - \frac{p_{it} T_{it}}{\sum_i p_{it} T_{it}} \right| \tag{3.5}$$

式中，$p_{it} = \frac{F_{it}}{T_{it}}$ 表示职业 i 在时间 t 男性人数占总体的比例，$q_{it} = (1 - p_{it}) = \frac{M_{it}}{T_{it}}$ 表示职业 i 在时间 t 女性人数占总体的比例。

考虑两期 $t = [1,2]$，则式（3.5）分解为两部分：

$$COMP = \frac{1}{2} \left[\sum_i \left| \frac{q_{i2} T_{i1}}{\sum_i q_{i2} T_{i1}} - \frac{p_{i2} T_{i1}}{\sum_i p_{i2} T_{i1}} \right| - \sum_i \left| \frac{q_{i1} T_{i1}}{\sum_i q_{i1} T_{i1}} - \frac{p_{i1} T_{i1}}{\sum_i p_{i1} T_{i1}} \right| \right]$$
$$\tag{3.6}$$

$$MIX = \frac{1}{2} \left[\sum_i \left| \frac{q_{i1} T_{i2}}{\sum_i q_{i1} T_{i2}} - \frac{p_{i1} T_{i2}}{\sum_i p_{i1} T_{i2}} \right| - \sum_i \left| \frac{q_{i1} T_{i1}}{\sum_i q_{i1} T_{i1}} - \frac{p_{i1} T_{i1}}{\sum_i p_{i1} T_{i1}} \right| \right]$$
$$\tag{3.7}$$

$COMP$ 代表职业内部性别构成的变化效应（the composition effect），即当不同职业的规模保持不变时，两期隔离指数的变化仅源自职业内部性别构成变化。MIX 代表不同职业间规模的变化效应（the mix effect），即控制职业内部的性别构成时，隔离指数变化仅来源于不同职业间在两期内职业类型的规模发生的显著变化。值得注意的是，为了可比性而考虑时间的职业内部性别构成和职业规模均应以初始年份为基准进行权重调整。当 MIX 和 $COMP$ 采用相同权重（例如初始年份权重）时，这两类效应相加并不等于隔离 S_t 指数，而式（3.8）中 $INTER$ 代表了两类效应的交互作用（the interaction effect）。

$$INTER = S_t - COMP - MIX \tag{3.8}$$

3.2.3 职业分布及边界界定

除了总数指数方法外，另一种常用测量职业性别隔离的方法是统计描述的方法，即通过对劳动力市场上不同职业间男女参与比例进行描述来反映隔离水平。对职业分布及性别构成进行细节化分析，有效弥补了总数指数方法的弱点。统计描述主要包括职业结构、两性在各职业分布中的比率等，本章将职业分布具体分为两部分：一是根据职业性别构成划分，其主要目的是详细反映劳动力市场的性别构成、职业间与不同职业的性别构成及相对规模；二是根据职业工种属性划分，职业工种属性包含在职业性别划分的性别类型职业之中。

1. 按照职业的性别构成划分

按照职业的性别构成划分劳动力市场职业分布是本章研究的重点内容，这类方法又称为"性别类型职业"（gender-typed occupations），最早见于社会学研究中，以此说明传统社会性别分化造成的"性别刻板职业结构"（Jacobs，1989a，1989b；Glick，1991；Chan，1999；Reskin，2009；Perales，2013）。经济学领域使用性别类型职业刻画以男性为主导职业与以女性为主导职业隔离的经济影响，例如哈基姆（Hakim，1992）曾就"劳动力性别分化"（sexual division of labor）为主题探索两性不同职业分布的原因及后果。

里蒂纳（Rytina，1981）最早对于职业的性别类型进行界定：以男性分布为主的职业称为"男性职业"，以女性分布为主的职业称为"女性职业"，介于两者之间的第三类职业即"中性职业"或"混合职业"。以不同性别类型职业中女性就业人数占劳动力的比重，作为职业的"性别"边界。通过比较不同性别职业类型中女性就业人数占各职业中总体就业人数的比重，可以观察到劳动力市场上不同职业隔离程度的规模，从而可以避免总和指数的单一性。

界定性别类型职业的优点在于，弥补职业性别隔离指数无法展现隔离细节化信息的缺点，如职业性别隔离的内部结构、劳动力市场的性别构成、不同职业的性别构成和规模等，揭示隔离水平变化的内在分布与特征（Rytina，1981；Jacobs & Powell，1985；Hakim，1993；吴愈晓和吴晓刚，2008，2009；童梅和王宏波，2013；李汪洋和谢宇，2015）。

根据国内外文献，本章汇总了职业的性别类型边界，详见表 3 - 1。

表 3 - 1 　　　　　　　性别类型职业的边界汇总（指标：性别比[①]）

文献	男性职业	中性职业	女性职业
Jusenius（1977）	<33.1%	—	≥43.1%
Cohen et al.（1987）	<31%	—	≥51%
Rytina（1981），Rytina & Bianchi（1984）	<20%	40% ~ 60%	≥60%

文献	男性职业	中性职业	女性职业
Goodman（1981），Breiger（1981），Jacobs（1989a，1989b），Anker（1998）	<30%	30%~70%	≥70%
Bridges（1988）	≤35%	40%~60%	≥65%
Fields & Wolff（1991）	<20%	20%~60%	≥60%
Rosenfeld & Spenner（1992）	<30%	30%~60%	≥60%
Chan（1999）②	<30%	30%~60%	60%~90%
Hakim（1992）	<30%	30%~50%	≥50%
Hakim（1993）	<25%	25%~55%	≥55%
Reskin（2009）	<40%	40%~60%	≥60%
Hegewisch et al.（2010）	≤25%	25.1%~74.9%	≥75%
柴禾和吴小平（2002）③	≤20%	21%~40%	41%~60%
吴愈晓和吴晓刚（2008），童梅和王宏波（2013），李汪洋和谢宇（2015）	<30%	30%~70%	≥70%
何泱泱等（2016）	<25%	25%~55%	≥55%

注：①性别比＝各职业女性就业人数÷各职业总体就业人数×100%，百分比值作为边界值。②Chan（1999）将性别比≥90%的职业称为"高度女性职业"。③柴禾和吴小平（2002）用性别比划分（对女性的）职业性别隔离严重程度：≤20%为"严重性别隔离职业"，21%~40%为"一般性别隔离职业"，41%~60%为"基本无性别隔离职业"。

国外常用划分方法是：性别比边界小于30%作为传统的男性职业，性别比边界大于70%作为传统的女性职业，介于两者之间为中性职业或混合职业。国内学者大多沿袭此划分方法（吴愈晓和吴晓刚，2008；童梅和王宏波，2013；李汪洋和谢宇，2015）。

然而，本章通过对国家人口普查数据的职业性别分布研究发现，国际常用划分方法不太符合中国实际的职业性别构成。国家人口普查数据显示，1982~2010年，女性性别比超过70%的职业不超过5个，如裁剪缝纫工人、纺织针织印染工人、经济业务人员等，按照国际惯用分类方法难以满足国内实际的职业性别构成情况，亦难以揭示中国职业隔离水平变化的内在构成和演化特征。因此，本章选用何泱泱等（2016）的方法，性别比边界小于25%作为男性职业，性别比边界大于或等于55%作为女性职业，性别比边界介于25%和55%之间作为中性职业。

图3-1展示了1982~2010年间中国职业性别构成的分布直方图与分布曲

线，可以看出职业中女性构成比例（即性别比）集中分布在25%～50%之间，由此，按照哈基姆（Hakim，1993）和何泱泱等（2016）采用的边界定位标准更为合适①：

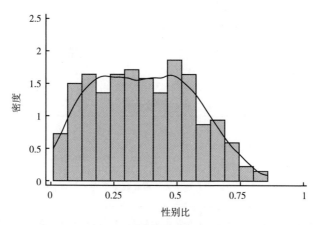

图3-1 1982～2010年全职业的性别构成分布

注：1. "全职业"包含农业职业在内的62个职业中类，具体职业分类以《1999年中国标准职业分类（CSCO1999）》为准，剔除了军人、宗教职业者以及其他无法识别从业人员。

2. 性别比＝各职业女性就业人数÷各职业总体就业人数×100%。

资料来源：1982～2010年的国家人口普查数据。

一般而言，国外学术界认为"中性职业"具有隔离程度相对较低的特点，通过对性别类型职业的边界界定，可以清晰地将职业性别隔离程度按照轻重程度进行划分，并研究不同类型职业的隔离情况与职业分布变动情况。

2. 按照职业的工种属性划分

这类方法是目前学术界较常见的方法，即将职业按照工种属性划分为管理类型、服务类型、办事类型、技术类型、生产类型、农业类型等。李春玲（2009）根据职业工种属性按照各自社会经济特点，将管理类型和技术类型视为中高层白领，办事类型为低层白领，服务类型视为半白领或半蓝领，生产类型和农业类型为蓝领。格伦斯基和查尔斯（Grusky & Charles，1998）比较了比利时、法国、德国、意大利、葡萄牙、瑞典、瑞士、英国、美国及日本等10国20世纪90年代初期的性别隔离程度，虽然各国隔离程度不尽相同，但在职业分布中，女性多在办事类、服务类、低级技工等社会经济地位较低的职业高

———————————

① 本书采用30%～70%进行检验发现，满足70%以上"女性职业"的职业种类过少，如图3-1所示。国内外学术界对于职业性别分布的边界线并无统一标准，更多采用当地实际情况进行相关界定，因此，本章通过1982～2010年国家人口普查数据进行中国职业性别分布边界的检验发现，25%～55%边界界定比较符合中国实际。

度聚集，男性则集中在管理者、高级技师、专业人员等较高级别职业。无独有偶，蔡禾和吴小平（2002）研究发现，中国劳动力市场中女性在白领职业——如管理类及技术类职业——遭受到的职业隔离程度远远大于蓝领职业，如办事类和服务类的职业隔离程度，而且这种差别正逐渐扩大（Glick，1991；刘德中和牛变秀，2000；童梅和王宏波，2013）。

以《1999 年中国标准职业分类（CSCO1999）》作为基准，本章将职业类型按照工种属性进行划分，详见表 3 - 2。

表 3 - 2   职业工种类型

工种类型	职业大类	职业中类
管理类型	国家机关、党群组织、企业、事业单位负责人	中国共产党中共委员会和地方各级组织负责人、国家机关及其工作机构负责人、民主党派和社会团体及其工作机构负责人、事业单位负责人、企业的负责人
技术类型	专业技术人员	科学研究人员、工程技术人员、卫生专业技术人员、经济业务人员、法律专业技术人员、教学人员等
办事类型	办事人员和有关人员	行政办公人员、安全保卫和消防人员、邮政和电信业务人员等
服务类型	商业、服务业人员	购销人员、仓储人员、餐饮服务人员、医疗卫生服务人员等
农业类型	农、林、牧、渔、水利业生产人员	种植业生产人员、林业生产及野生动植物保护人员、水利设施管理养护人员等
生产类型	生产、运输设备操作人员及相关人员	勘测及矿物开采人员、机械制造加工人员、纺织针织印染人员、运输设备操作人员及相关人员、检验计量人员等

注：以《1999 年中国标准职业分类标准（CSCO1999）》（GB/T 6565 - 1999）为准，剔除了军人、宗教职业者以及其他无法识别从业人员，余下共计 62 个职业。

3.3 职业性别隔离演变的现状分析

3.3.1 职业性别隔离的总体水平及发展趋势

（1）1982 ~ 2010 年整体职业性别隔离的指数变化情况。如图 3 - 2 所示，中国的劳动力市场始终存在着职业性别隔离的现象。图中比较了不同测量隔离指数方法，可以看出，D 指数与 I_p 指数曲线表明中国劳动力市场的职业隔离程度逐渐加深，这似乎与部分学者研究发现基本一致（蔡禾和吴小平，2002；Shu，2005；易定红和廖少宏，2005）。然而，标准化的 Ds 指数曲线则显示为下降趋势，特别是 20 世纪 90 年代后期下降趋势明显。A 指数不受职业规模和劳动力性别比例变动的影响，曲线同样表现为隔离程度的下降趋势。值得注意的是，D 指数受职业规模影响较严重，容易导致测量误偏，不能准确测量职业性别隔离程度变化趋势（Charles & Grusky，1995）。

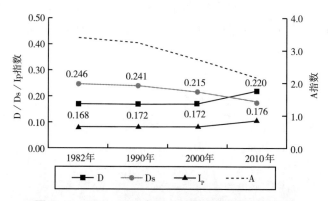

图 3 – 2　1982 ~ 2010 年职业性别隔离指数变动趋势

注：隔离指数值越大代表劳动力市场职业性别隔离程度越严重。
资料来源：1982 ~ 2010 年的国家人口普查数据。

由于 Ds 指数排除了职业规模随时间变化的影响，能较准确反映职业性别隔离水平变化情况，所以本章以标准化 Ds 指数作为分析隔离变化的测量工具。研究发现，中国劳动力市场职业隔离程度呈下降趋势，1982 ~ 1990 年降幅较小，1990 年以后职业性别隔离程度降幅较大。

图 3 – 2 表明，中国整体职业性别隔离程度较低且长期呈下降趋势。具体而言，1982 年的职业性别隔离指数值是 0.246，1990 年是 0.241，2000 年下降幅度较大，为 0.215，到 2010 年隔离指数是 0.176。这意味着，1982 年约 25% 的男女劳动者需要改变自身职业才能消除性别隔离现象，到 2010 年，如果要消除职业的性别隔离，仅 17.6% 的男性或女性需要改变现有职业就可满足两性职业均衡分布。

（2）非农职业性别隔离水平。改革开放以来，我国经济结构转型、产业结构升级，传统农业在国民经济中的比重不断降低，工业、服务业发展迅速，农业对劳动力的吸纳能力与速度大幅度缩水。随着城镇化步伐加速，大量农村人口涌入非农职业和城市转移。非农职业的劳动力市场供给与需求加速变化时，考察非农职业的性别隔离变动趋势有利于分析竞争性更高的非农劳动力市场的歧视与隔离现状及问题。

图3-3报告了1982~2010年中国非农职业性别隔离指数变化趋势。可以看出，非农职业的性别隔离经历了一个先升后降的过程，呈倒U型结构（吴愈晓和吴晓刚，2008；李春玲，2009；李汪洋和谢宇，2015）。Ds指数曲线表明，20世纪80年代中国非农职业出现短暂的小幅度上升现象，从1982年的0.208上升为1990年的0.218，但从20世纪90年代后呈现持续的下降趋势；到2010年隔离指数下降为0.154，这也意味着在非农职业领域，仅15.4%的男性或女性改变现有职业就可消除职业的性别隔离，比起整体职业的17.6%而言非农职业的性别隔离程度更低。

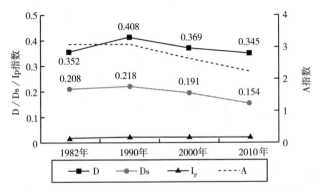

图3-3 1982~2010年非农职业性别隔离指数变动趋势

资料来源：1982~2010年的国家人口普查数据。

无论从职业性别隔离的总体水平还是非农职业性别隔离的变动上，结论基本一致：中国劳动力市场始终存在性别隔离趋势，且随着时代发展，隔离趋势逐渐降低，男女职业间的性别隔离问题有所下降。这跟中国经济与社会的发展息息相关，中国自1990年以来，经济水平保持持续增长态势，全球化的推进、跨国公司大量涌入、市场经济可持续发展给予中国强大的国家竞争力，社会进步极大刺激中国推进平等与发展的动力，劳动力市场需求的增长与就业机会平等的提高促进了隔离程度的下降。

（3）职业性别隔离变化的分解。为了分析职业性别隔离的细化信息，如职业性别隔离的内部结构及不同职业间男女变动情况，布劳和亨德里克斯（Blau & Hendricks，1979）将职业性别隔离指数的变化分解为两部分：一是职业内部性别构成的变化，二是不同职业间规模的变化。表3-3报告了1982~2010年我国职业性别隔离指数的分解信息，同时报告了全职业和非农职业的变化效应。全职业的隔离指数实际变化同图 3 - 2 中 D 指数的变化数值，呈现上升趋势。但是 D 指数反映职业性别隔离真实水平有些偏颇，因此，重点剖析非农职业的分解变化。

表 3 - 3　　　　　　1982～2010 年职业性别隔离指数变化的分解

职业类型	时期	实际变化	职业内部性别构成变化效应	职业间规模变化效应	交互效应
全职业	1982～1990 年	+ 0. 37	- 0. 23	+ 0. 20	+ 0. 40
	1990～2000 年	+ 0. 03	- 1. 52	+ 2. 05	- 0. 50
	2000～2010 年	+ 4. 76	- 1. 70	+ 7. 33	- 0. 87
非农职业	1982～1990 年	+ 5. 62	+ 4. 37	+ 1. 20	+ 0. 05
	1990～2000 年	- 3. 90	- 3. 12	+ 0. 79	- 1. 57
	2000～2010 年	- 2. 34	- 2. 16	- 0. 14	- 0. 04

注：1. "全职业"包含农业在内的 62 个职业中类，职业分类以《1999 年中国标准职业分类（CSCO1999）》为准，其中，剔除了军人、宗教职业者以及其他无法识别从业人员。此外，"非农职业"指排除农业以外的职业。
　　2. "实际变化"列为两期职业性别隔离指数差值，如 1982～1990 年为 1982 年和 1990 年间的职业性别隔离指数差值。
　　3. "职业内部性别构成变化效应"列为当各职业的规模保持不变时，源自两期职业内部性别构成变化差值。
　　4. "职业间规模变化效应"列为控制职业内部的性别构成时，源自不同职业间在两期内职业类型相对规模发生变化的差值。
　　5. "交互效应"列为实际变化减去职业内部性别构成的变化效应和职业间规模的变化效应的差值。
　　资料来源：1982～2010 年的国家人口普查数据。

由表 3 - 3 可知，在非农职业中，性别隔离的实际变化经历先升后降的过程。1982～1990 年，非农职业的性别隔离指数变化（ + 5. 62）动力来自职业内部性别构成变化效应，职业内部性别隔离上升了 4. 37。1990～2000 年和 2000～2010 年，隔离指数呈现下降趋势，实际变化分别下降了 3. 90 和 2. 34，很大程度上源自职业内部性别隔离水平的递减，职业内部性别构成变化效应分别降低了 3. 12 和 2. 16。1982～2010 年间，不同非农职业间相对规模效应很小，职业内部与外部的交互效应也很小，职业隔离水平先升后降的主要原因来自职业内部性别构成的变化效应。

改革开放最初十年间，随着国有企业改制、农村经济改革、户口限制的放松等，大量劳动者涌入非农职业，造成了职业内部男女构成变动大的失衡状态，以男性为主的劳动力占据绝大部分劳动力市场，性别隔离程度有所上升。

自 20 世纪 90 年代以来，全球化带来的平等观念、外资企业的引进、市场经济进一步的改革，使得劳动力市场供需逐渐趋于稳定，非农职业内部性别分布趋于平衡，性别隔离趋于下降。由此看出，性别构成的变化对职业性别隔离变化趋势有重要意义，对性别不平等是最有实质影响力的指标。下一小节将借助性别类型职业考察职业隔离指数的变化趋势，通过比较男性职业、中性职业、女性职业内部的隔离程度，考察职业内部性别构成效应和职业间相对规模效应。

3.3.2　基于性别类型职业的隔离水平及发展趋势

性别类型职业是基于各职业内部的女性比例（即性别比）对所有职业进行分类。男性职业以男性为主导，对女性劳动者有较强的职业隔离，女性职业以女性为主导，对男性同样存在职业隔离，因而，中性职业对男女劳动者的隔离程度相对较低（Jacobs & Powell，1985）。值得注意的是，中性职业并不等于不存在职业隔离或者隔离程度的弱化。通过比较这三类职业在不同时期的隔离水平及其发展趋势，有利于为进一步分析职业内部与职业间性别分布及其内在演变提供基础。

图 3 - 4 比较了性别类型职业中男性职业、中性职业、女性职业的隔离水平及其总体隔离水平的发展趋势。1982～2010 年总体职业隔离水平呈现下降趋势，变动原因在于以男性主导的职业隔离程度的降低，和以女性主导的职业隔离程度呈波动式的下降。然而，中性职业的隔离水平却呈现微降后迅速上升的趋势。

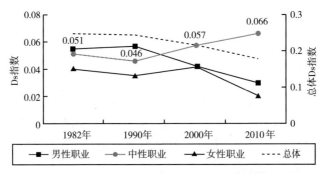

图 3 - 4　1982～2010 年性别类型职业的隔离指数变动趋势

资料来源：1982～2010 年的国家人口普查数据。

图 3 - 5 具体分析了每个时期性别类型职业的隔离程度及其随时代发展下

各类性别类型职业的变化趋势。1982 年男性职业隔离程度最严重（0.054），其次为中性职业（0.051）、女性职业隔离程度最低（0.040）；1990 年男性职业隔离程度有所上升（0.056），中性职业隔离与女性职业隔离程度下降（0.046、0.035）；2000 年后，男性职业隔离程度减弱（0.041），反之中性职业隔离程度迅速上升至第一位（0.057）；到了 2010 年，中性职业隔离一跃成为最严重问题，高居第一位（0.066）远远超过男性职业和女性职业。

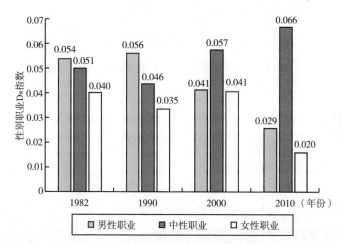

图 3 - 5　1982 ~ 2010 年性别类型职业的隔离指数变动趋势比较

资料来源：1982 ~ 2010 年的国家人口普查数据。

非农职业中职业的性别类型表现及其发展趋势与前述无异，随着时代变迁，越来越多的职业呈现出中性化趋势，但中性职业的隔离程度也越来越严重，见图 3 - 6 和图 3 - 7。

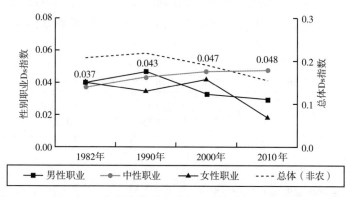

图 3 - 6　1982 ~ 2010 年性别类型职业的隔离指数变动趋势（非农职业）

资料来源：1982 ~ 2010 年的国家人口普查数据。

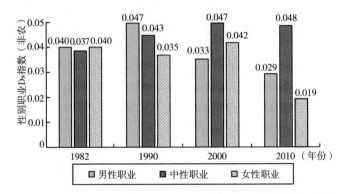

图 3 - 7　1982 ~ 2010 年性别类型职业的隔离指数变动趋势比较（非农职业）

资料来源：1982 ~ 2010 年的国家人口普查数据。

职业性别隔离水平的下降趋势是男性职业与女性职业隔离程度的降低所导致的，在中性职业中隔离水平并没有得到好转反而加深了，社会各界须谨慎对待新形势下出现的隔离发展势头。

进一步，比较职业性别构成中男性职业、中性职业、女性职业的职业内部性别构成变化效应和职业间规模变化效应。表 3 - 4 汇报了非农职业下三类性别职业指数的变化分解。1982 ~ 2010 年隔离水平呈持续下降的是女性职业，其下降幅度之大，源自女性职业内部性别构成的变化。非农职业中男性职业经历隔离程度先升后降的过程，职业内部性别构成变化效应与职业间规模变化效应起到同样关键的作用。排除了农业后，中性职业隔离指数变化呈波动式发展，改革开放最初十年间中性职业隔离程度上升，1990 ~ 2000 年间大幅度下降，到了 2000 年后又有回升势头，主要变动效应是职业内部性别构成变化效应与职业间规模变化效应共同影响的结果。因此，1982 ~ 2010 年非农职业隔离水平呈现先升后降的关系，这与男性职业、中性职业的变化分解息息相关。

表 3 - 4　　1982 ~ 2010 年性别类型职业的隔离指数变化分解（非农职业）

性别类型 职业	时期	实际变化	职业内部性别 构成变化效应	职业间规模 变化效应	交互效应
	1982 ~ 1990 年	+ 1.83	+ 2.28	+ 1.10	- 1.55
男性职业	1990 ~ 2000 年	+ 3.97	+ 3.51	+ 0.59	- 0.13
	2000 ~ 2010 年	- 1.83	- 2.85	+ 0.85	+ 0.17

性别类型 职业	时期	实际变化	职业内部性别 构成变化效应	职业间规模 变化效应	交互效应
中性职业	1982~1990 年	+7.52	+4.30	+2.20	+1.02
	1990~2000 年	-6.44	-4.38	-1.76	-0.30
	2000~2010 年	+1.90	+2.37	+0.50	-0.97
女性职业	1982~1990 年	-10.40	-8.80	-1.25	-0.35
	1990~2000 年	-10.90	-9.96	-1.77	+0.83
	2000~2010 年	-4.81	-3.60	-0.58	-0.63

资料来源：1982~2010 年的国家人口普查数据。

3.3.3　职业分布变化趋势与职业性别隔离

为了更详细说明职业性别隔离变动的内在演变规律，本章进一步分析了职业的工种属性和职业的性别类型，通过查看整体与不同职业内部性别构成的变动，可以清晰了解以下问题：哪些职业在发生何种变化？这些变化具体如何一步一步演变而来？职业分布是否呈现集中化趋势与中性化趋势？这是否意味着隔离与歧视的弱化？男女职业分布有何差异？女性是否更多拥挤在社会经济地位低的职业？

前面已经证实，劳动力市场职业性别隔离一直存在，长期下整体隔离出现降低趋势，职业内部性别构成差异较大，而职业性别隔离水平的下降趋势是男性职业与女性职业隔离程度的降低所导致的，在中性职业中隔离水平并没有得到好转反而更加严重。

1. 职业分布的集中化与中性化趋势

随着时间发展，职业分布是否是由男性职业与女性职业的两端逐渐向中性职业集中呢？图 3-8 描述了职业性别隔离的集中化趋势。图中展示了 1982~2010 年各时期性别比（女性在职业中的构成情况）的分布图形。1982 年性别比呈现右拖尾，说明当时中国社会各职业中女性比例较低，女性劳动者受到职业隔离与歧视对待现象较普遍。1990 年，性别比分布曲线出现两个"驼峰"，即 M 型结构，说明 20 世纪 90 年代一部分女性劳动者开始涌入隔离程度相对低的职业中，而另一部分女性劳动者仍在隔离较严重的社会经济低的职业就业。2000 年，性别比逐渐向中间聚拢，但分布曲线较平缓，到了 2010 年，性别比分布曲线集中化趋势更加明显，中性职业更多吸纳了男女劳动者的参与，同时曲线逐渐向右移动，更加证实了职业分布的集中化趋势和中性化趋势。

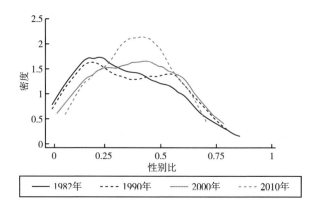

图 3 - 8　1982 ~ 2010 年职业分布的集中化趋势

资料来源：1982 ~ 2010 年的国家人口普查数据。

性别类型职业的相对规模发展趋势再次证实了上述发现。图 3 - 9 显示，男性职业的人数占所有劳动者的比例大幅度下降，1982 年占 38.7%，到 2010 年的 24.2%，减少了近 14 个百分点。中性职业的相对规模不断扩展，从 1982 年的 43.5% 增加到 2010 年的 58.1%。女性职业的相对规模最低且基本维持不变。总体而言，改革开放以来，中性职业的数量和规模不断上升，男性职业不断减少，职业的性别分布日趋平衡。在非农职业中同样得到上述结论，鉴于篇幅不赘述。

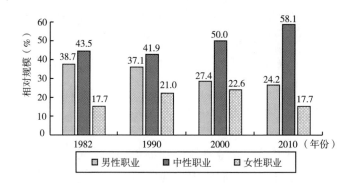

图 3 - 9　1982 ~ 2010 年性别类型职业的相对规模

资料来源：1982 ~ 2010 年的国家人口普查数据。

研究发现，职业分布的中性化趋势更多来自男性职业的中性化，即女性的进军使得以往男性主导的职业发生了变化，女性职业尚未出现中性化趋势，即男性依旧没有进入这些领域。

2. 职业分布的中性化并不等同于性别不平等的好转

到底是哪些职业类型女性逐渐进军，男性逐渐撤退？哪些职业男女仍然分别占据"高地"？如果女性处于的"高地"是社会经济地位较低的职业，而男性"高地"恰恰是社会经济地位较高的职业，那么职业性别隔离水平的下降并不能说明社会性别不平等的好转，反而是性别不平等的一种新型表现形式（李汪洋和谢宇，2015）。

（1）职业工种属性的性别分布。透过职业的工种属性，可以来看男女所占比例最多的职业有哪些，而哪些职业是女性比例上升最快的，哪些职业是女性无法进入的。图 3 - 10 是 1982 ~ 2010 年职业工种属性的性别分布，分别报告了服务类型、生产类型、技术类型、办事类型、农业类型、管理类型的男性与女性劳动者所占比例。如图所示，男性在所有职业类型的比例均高于女性劳动者，男性所占比例最高职业是管理类型，约82% 管理类职业的劳动者是男性，而女性仅占 17.8%。女性所占比例最多的职业是服务类型，其女性劳动者也仅占 42.5%。国内外研究发现，管理类型职业往往是社会经济地位好、收入待遇好的白领职业（white collar occupations），而服务类型职业恰恰是社会经济地位低、福利待遇差、技能含量低的蓝领职业（blue collar occupations）（Reskin，1993；England，2010；王美艳，2005）。

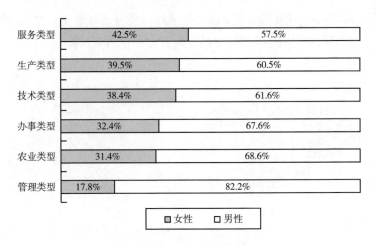

图 3 - 10　职业工种属性的男女分布

资料来源：1982 ~ 2010 年的国家人口普查数据。

通过比较 1982 年和 2010 年男性或女性劳动者在六大职业类型的比例，可以说明同一性别内部的职业分布情况。如图 3 - 11 所示，1982 年，男性劳动者就业比例前三项职业为管理类型（20.4%）、农业类型（17.8%）、办事类型

（16.9%），女性劳动者就业比例前三项职位依次为生产类型（22.5%）、服务类型（20.2%）、技术类型（19.4%）。

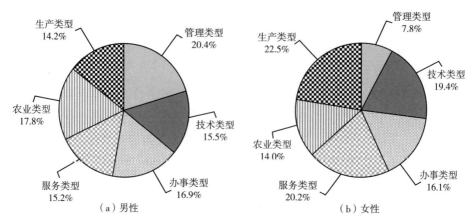

图 3 - 11　1982 年职业工种属性的男女分布

资料来源：1982 年的国家人口普查数据。

　　如图 3 - 12 所示，2010 年，男性劳动者就业比例前三项职业为管理类型（20.1%）、农业类型（16.9%）、生产类型（16.7%），女性劳动者就业比例前三项职位依次为服务类型（22.0%）、技术类型（19.0%）、生产类型（16.6%）。纵观 1982～2010 年，管理类型职业依旧是男性劳动者占领的"高地"，而女性劳动者由生产类型职业向服务类型职业转变，符合产业结构发展时代背景。

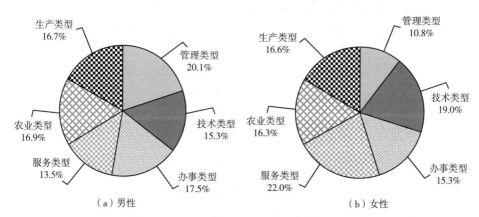

图 3 - 12　2010 年职业工种属性的男女分布

资料来源：2010 年的国家人口普查数据。

　　下面考虑更详细的职业分布，将职业的工种属性与性别类型职业相结合，比较男性职业、女性职业与中性职业的隔离程度、性别结构以及职业分布。

图 3-13 报告了男性职业、女性职业与中性职业中不同工种属性的隔离程
度，可以看出，中性职业的隔离水平普遍高于其他两类性别职业，尤以管理类
型的隔离指数最高（0.059）。男性职业的隔离水平位于第二位，内部不同工作
性质的职业隔离程度却不尽相同，虽然管理类型、技术类型、办事类型的隔离
指数并不高（0.046、0.047、0.047），但是女性职业中管理类型与办事类型基
本没有隔离指数数据，意味着这两类工种属性的职业因女性占比低，根本没有
管理类型和办事类型的职业进入"女性职业"的范围，对女性劳动者存在较为
严重的职业隔离现象。

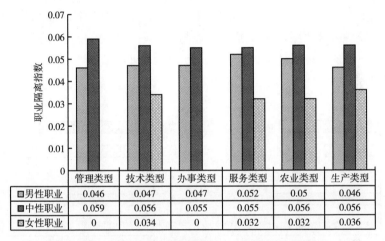

	管理类型	技术类型	办事类型	服务类型	农业类型	生产类型
□ 男性职业	0.046	0.047	0.047	0.052	0.05	0.046
■ 中性职业	0.059	0.056	0.055	0.055	0.056	0.056
▨ 女性职业	0	0.034	0	0.032	0.032	0.036

图 3-13　职业分布的隔离程度：工种属性与性别类型

资料来源：1982~2010 年的国家人口普查数据。

表 3-5 报告了职业分布的性别结构比，旨在说明各职业中女性比例占同
一职业男性比例的百分比，当百分比小于 100%，说明职业中男性占据大多数，
当百分比大于 100%，则女性劳动者更多。纵观全职业，六个职业类型均以男
性为主要劳动者，管理类型女性占比最低（22.8%）。男性职业中仅 21.2% 女
性从事服务类型职业；中性职业中女性劳动者人数增加，但是管理类型依旧限
制女性劳动者进入；女性职业中女性劳动者人数最高，管理类型与办事类型的
空白表明对女性劳动者存在较为严重的职业隔离现象。

表 3-5　　　　　职业分布的性别结构比：工种属性与性别类型　　　　单位：%

工种属性	全职业	男性职业	中性职业	女性职业
管理类型	22.8	15.5	37.2	—
技术类型	77.2	18.7	65.9	165.3

续表

工种属性	全职业	男性职业	中性职业	女性职业
办事类型	54.8	16.6	72.1	—
服务类型	88.0	21.2	87.7	155.6
农业类型	58.6	14.1	67.0	168.0
生产类型	96.0	18.5	71.7	228.5

注：性别结构比 = 各职业中女性占比/各职业中男性占比。
资料来源：1982 ~ 2010 年的国家人口普查数据。

图 3 - 14 和图 3 - 15 分别是剔除农业后男性职业和中性职业的职业工种分布情况比较。由这两图可知，男性职业与中性职业显示，男性的职业"高地"均是社会经济地位较高的管理类型，而女性的职业"高地"均为社会经济地位较低的服务类型。

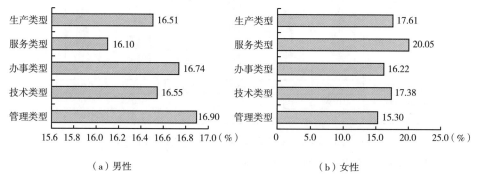

（a）男性　　　　　　　　　　（b）女性

图 3 - 14　非农男性职业的职业工种分布

资料来源：1982 ~ 2010 年的国家人口普查数据。

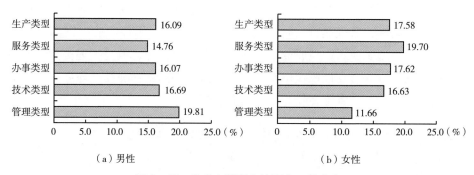

（a）男性　　　　　　　　　　（b）女性

图 3 - 15　非农中性职业的职业工种分布

资料来源：1982 ~ 2010 年的国家人口普查数据。

　　图 3 - 16 是剔除农业后女性职业的职业工种分布情况。由图可知，由于女性职业基本属于社会经济地位较低的职业，因此位于女性职业的男性劳动者与女性劳动力更多也是从事同样低收入、低福利待遇的生产类型与服务类型。

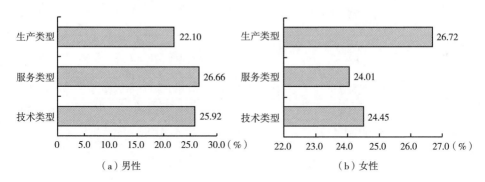

图 3 - 16　非农女性职业的职业工种分布

资料来源：1982 ~ 2010 年的国家人口普查数据。

　　（2）性别构成比例最大的前五种职业分析。考察 1982 ~ 2010 年男女各自性别构成比例最大的职业到底是什么。如表 3 - 6 所示，1982 年，男性构成比例最大的职业除了包括传统观念所认为的富有男子气概的职业，如飞机和船舶技术人员（98.4%）、石料切割和雕刻工、运输设备操作工外，还包括一些高级别职业，如国家机关及其工作机构负责人（94.3%）、企事业单位及其工作机构负责人（91.1%）；女性构成比例最大的职业多为低级别的专业技术类型职业，如裁剪缝纫工人（85.9%）、纺织针织印染工人（76.5%）等。随着经济体制改革和第三产业的发展，到了 2010 年，女性构成比例最大的职业逐渐变为商业与服务类型职业，如经济业务人员（70.5%）、饭店、旅游及健身娱乐场所服务人员（64.6%），或人力资本要求高的职业，如卫生技术人员（61.4%）；同样，男性职业也多为专业技术要求高的职业，如机械设备修理人员（89.1%），以往管理类型职业由于平等观点与竞争机制的引入，不断有受教育水平高的女性加入其中（李汪洋和谢宇，2015）。

表 3 - 6　　　　　　**1982 ~ 2010 年性别构成比例最大的前五种职业**　　　　　单位:%

年份	排名	男性构成比例最大的职业		女性构成比例最大的职业	
		职业名称	男性占比	职业名称	女性占比
1982	1	飞机和船舶技术人员	98.4	裁剪缝纫工人	85.9
	2	国家机关及其工作机构负责人	94.3	纺织、针织、印染工人	76.5

年份	排名	男性构成比例最大的职业		女性构成比例最大的职业	
		职业名称	男性占比	职业名称	女性占比
1982	3	石料切割和雕刻工	92.0	科学技术管理人员和辅助人员	70.8
	4	企事业单位及其工作机构负责人	91.1	橡胶和塑料制品生产工人	69.4
	5	运输设备操作工	90.7	印刷工人和有关人员	65.1
1990	1	飞机和船舶技术人员	98.2	裁剪缝纫工人	82.7
	2	运输设备操作工	93.5	纺织、针织、印染工人	78.4
	3	石料切割和雕刻工	93.4	皮革、皮毛制造及制品制作工人	69.2
	4	国家机关及其工作机构负责人	92.1	检验、计量、试验、分析人员和有关人员	68.0
	5	建筑工人	91.3	橡胶和塑料制品生产工人	67.4
2000	1	运输设备操作人员及有关人员	93.2	纺织、针织、印染人员	78.5
	2	工程施工人员	92.2	裁剪、缝纫和皮革、毛皮制品加工制作人员	74.0
	3	中国共产党中央委员会和地方各级党组织负责人	90.3	工艺、美术品制作人员	71.4
	4	机械设备修理人员	90.2	饭店、旅游及健身娱乐场所服务人员	70.4
	5	飞机和船舶技术人员	90.2	电子元器件与设备制造、装配、调试及维修人员	66.7
2010	1	运输设备操作人员及有关人员	93.0	经济业务人员	70.5
	2	安全保卫和消防人员	90.0	纺织、针织、印染人员	69.2
	3	机械设备修理人员	89.1	裁剪、缝纫和皮革、毛皮制品加工制作人员	66.1
	4	工程施工人员	87.7	饭店、旅游及健身娱乐场所服务人员	64.6
	5	勘测及矿物开采人员	87.6	卫生技术人员	61.4

资料来源：1982～2010 年的国家人口普查数据。

综上所述，20 世纪 90 年代以来，职业分布呈现集中化与中性化趋势，中性职业的规模逐渐增加的同时隔离程度也逐渐提高。一方面，一些技能水平要求较高、市场回报和社会声望较高的技术类型职业吸纳更多女性劳动者，一些传统男性职业隔离水平也在下降；另一方面，社会经济地位高的管理类型职业仍然被男性占据，而更多女性依旧停留在社会经济地位低的服务类型与办事类型职业。这些是中国社会经济发展下出现的新型隔离形式，须警惕职业中性化趋势并不等同于隔离与歧视的弱化。

3.4　本章小结

3.4.1　结论

研究劳动力市场性别差异问题，须站在宏观时代背景下，考虑社会经济发展带来的动态演变机制。研究职业隔离变化趋势及其影响能够为实现国家社会公平与性别平等提供参考与方向。本章利用 1982 ~ 2010 年中国人口普查数据，克服已有研究对于研究数据与研究方法的不足，采用更符合中国实际的总体隔离指数与职业分布统计描述方法相结合，对劳动力市场结构与男女职业选择带来的影响作出阐释，把握职业性别隔离的发展趋势，旨在提供一种对当今中国性别不平等现状及变化的基准研究（benchmark research）。主要得出以下结论：

首先，中国劳动力市场始终存在职业性别隔离，随着时代发展隔离趋势逐渐降低，男女职业间的性别隔离问题有所下降。具体而言，1982 年约 25% 的男女劳动者需要改变自身职业才能消除性别隔离现象，到了 2010 年，只须约 18% 的男性或女性改变现有职业就可满足两性职业分布均衡状态。另外，非农职业的性别隔离程度相对较低，其隔离水平经历了一个先升后降的过程，呈倒 U 型结构。通过对职业隔离指数的分解，本章发现倒 U 型结构是职业内部性别构成的变化效应与不同职业间的相对规模效应共同作用的结果，其中职业内部性别构成的效应起到主要作用，即男女劳动者职业分布差异与内在变化影响了职业隔离全局的演变。性别构成的变化对职业性别隔离变化趋势有重要意义，对性别不平等是最有实质影响力的指标。

其次，通过剖析职业的性别构成及其变化发现，职业分布呈现集中化趋势。以性别为主导的职业的规模相对减小，越来越多的职业呈现出集中化和中性化趋势，职业的性别分布日趋平衡。男性职业的人数占所有劳动者的比例大幅度下降，1982 年占 38.7%，到 2010 年为 24.2%，减少了近 14 个百分点。中性职业的相对规模不断扩展，从 1982 年的 43.5% 增加到 2010 年的 58.1%。职业分布的中性化趋势更多来自男性职业的中性化，即女性的进军使得以往男性主导的职业发生了变化，但女性职业尚未出现中性化趋势。

最后，职业分布的集中化与中性化趋势并不意味着性别歧视与隔离的弱化。研究发现，总体职业隔离水平的下降趋势，主要源于以男性主导的职业与以女性主导的职业隔离程度的下降，但中性职业的隔离水平并没有得到好转反而更加严重。一方面，一些技能水平要求较高、市场回报和社会声望较高的职业，如技术型职业，吸纳了更多女性劳动者，传统男性职业隔离水平不断下降；另一方面，社会经济地位高的管理类型职业仍然被男性占据，而更多女性依旧停留在社会经济地位低的服务类型与办事类型职业。那些福利待遇好、职业声望高、工资收入高的职业对女性的职业隔离现象更加严重，女性劳动者被无形的"玻璃天花板"所隔绝。

3.4.2 讨论

本章尝试以经济发展宏观角度探讨职业隔离趋势变化的原因：社会进步与经济结构转型是职业性别隔离缩小的主要原因。自改革开放以来，中国经济的迅速发展带来的是社会进步和人民生活水平的提高，劳动力市场两性就业平等程度提高，职业性别隔离逐渐降低。图 3 - 17 描绘了经济发展与职业隔离的关系。由于经济发展具有周期性，人均 GDP 增长呈波动式增长，20世纪 80 年代中国经济发展趋势由缓慢上升到急剧下降，90 年代经历了由经济的快速复苏到缓慢下降的过程，在 2000 年以后，社会经济水平保持持续增长态势。以人均 GDP 增长率的线性拟合线作为社会经济发展的长期预期，可以发现，社会平等程度随经济发展逐渐增强，性别隔离程度呈现下降趋势。

经济总产出的增长不仅能提高工资水平的增长，也能给劳动者提供更多就业机会，缩小劳动力市场的性别分化，从而降低职业性别隔离程度。同时，职业性别隔离程度的降低亦能促进社会经济的持续发展，达到"联动反映"：职业内部与不同职业间对性别限制的改善，将加速劳动力资源流动，男女劳动者不受职业制约下，能够提高自身劳动生产率，进而促进经济增长。

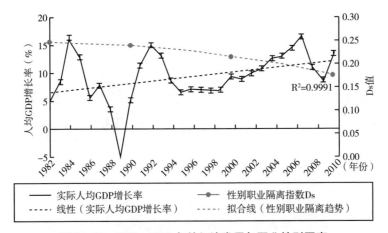

图 3 – 17　1982 ~ 2010 年的经济发展与职业性别隔离

注：1. 实际人均 GDP 增长率，以 1982 年物价消费指数 CPI 为基期，进行了价格水平的调整。

　　2. 辅纵坐标为采用标准化隔离指数 Ds 的职业性别隔离指数。

　　3. 图中 R^2 代表职业性别隔离的拟合程度，$R^2 = 0.9991$ 说明隔离指数较好反映出中国真实水平，"多项式"代表性别职业隔离指数 Ds 的拟合趋势曲线。

资料来源：1982 ~ 2010 年的《中国统计年鉴》。

随着市场化经济体制改革与产业结构变化，传统农业和工业规模缩减，现代化服务业快速增长，带来了劳动力市场人力资本流动，女性逐渐进入传统男性主导的职业，职业分布也逐渐向集中化与中性化趋势发展。但是中性化并不意味着性别不平等的好转，本章发现，中性职业的职业隔离程度更加严重，工资收入高、福利待遇好的职业仍然限制着女性的进入，职业内部社会经济地位高的岗位女性晋升问题严重，女性停留在不同职业中低层次的岗位上，"天花板效应"与"黏地板效应"（glass ceiling and sticky floors effect）依旧是当今中国乃至世界职业性别隔离的极端表现（Levanon & Grusky，2016）。

那么，职业性别隔离的变化如何影响着性别工资差异？职业分布的中性化是否带来了工资回报的变化？是否减少了男女工资不平等？不同性别构成的职业对于女性就业与晋升有何影响？性别隔离程度较低的中性职业是否代表女性更易进入或更易升迁？这些亟待解决的问题，将在接下来的章节一一解答。

第4章 职业性别隔离对工资差异的影响及变化

随着社会进步与经济发展，中国经济结构逐渐由传统农工业向现代化产业结构转型，正是在市场化、全球化、一体化的时代格局下，性别平等问题已成为衡量一个国家或地区社会公平与进步的重要标准。2015年9月27日，国家主席习近平参加联合国全球妇女峰会发表《促进妇女全面发展 共建共享美好世界》主题讲话，再次重申社会性别平等与妇女发展的重要意义，他指出，"推动妇女参加社会和经济活动，能有效提高妇女地位，也能极大提升社会生产力和经济活力"[①]。那么，如何让妇女有效发挥个体人力资本价值？如何让妇女在劳动力市场获取一席之地？笔者认为，就业就是为女性通过自身职业价值参与社会经济活动，获取社会经济地位，进而赢得社会性别平等的重要渠道。

劳动力市场的性别歧视直接表现为女性在职业内部或不同职业间受到歧视待遇或职业排挤，例如女性择业难、就业层次低、晋升性别壁垒等，间接则表现为男女工资差异。根据国际非营利性组织世界经济论坛（World Economic Forum）2015年发布的《全球性别差距报告》，目前女性收入水平仅相当于十年前的男性，2015年全球社会各阶层的女性平均工资仅为男性工资的52%，这意味着全面消除性别差距还需118年甚至更久[②]。

前面章节就中国职业性别隔离变化及发展进行了相关探讨，研究发现，长期职业性别隔离逐渐下降，职业分布呈现集中化趋势，以男性主导的职业与以女性为主导的职业隔离程度下降，但是中性职业的隔离水平并没有得到好转反而更加严重。那么，中国劳动力市场的职业性别隔离对于长期性别工资差异变

① 习近平在全球妇女峰会上的讲话（全文）[EB/OL]．（2015－09－28）[2023－10－12]．http：//news.xinhuanet.com/politics/2015－09/28/c_128272780.htm.

② World Economic Forum. 10 Years of the Global Gender Gap Report [EB/OL]．（2015－11－15）[2023－10－12]．https：//www.weforum.org/agenda/2015/11/10－years-of-the-global-gender-gap.

化有何影响？劳动力市场职业分布的集中化与中性化趋势又怎样影响两性职业
选择和工资获得？随着职业的性别构成变化，以男性主导的职业、以女性主导
的职业以及中性职业间工资差异到底如何？本章将利用2003年和2013年中国
综合社会调查数据（CGSS）研究性别工资差异变化趋势，重点探讨职业性别
隔离对于性别工资差异的影响，并以职业分布视角研究男女的不同职业选择和
工资决定要素，分析个人禀赋回报、性别歧视与职业性别隔离对于两性工资差
异的影响及变化。

4.1　性别工资差异的研究综述

　　歧视研究最早始于19世纪西方国家，经历工业革命后西方劳动力市场迅
速扩张，工资作为劳动力价格和劳动者价值的体现，也不断增长，但是学者们
发现两性间工资报酬不对等的现象较严重。前新古典经济理论学派将妇女在劳
动力市场地位低下的主要争论焦点集中在性别工资差异方面。直至当今，探讨
性别工资差异及其变化趋势仍是研究性别不平等的核心话题。

　　人力资本理论认为教育是影响工资收入的重要因素之一，早期女性受教育
程度低进而影响女性的就业选择，导致女性从事低收入和低社会经济地位的工
作（Becker，1964；Mincer，1974）。大量实证研究证实两性人力资本差异对
男女工资差异起到至关重要的作用。随着全球范围内教育普及，男女教育差
异逐渐缩小，特别是20世纪中后期的欧美发达国家男女教育平等化政策体
制保障下，女性找到好工作的机会大大增加，从而减少劳动力市场上男女间
的工资差异（ILO，2016）。经历了一个世纪多的经济发展与社会进步，世界
各国教育扩张速度加快，然而早期学者预测的性别工资差异极大缩小的现象
并没有发生，长期性别不平等现象仍然存在且逐渐扩大。根据世界银行报告显
示，即使控制个体特征与工作环境，男女间教育差异缩小甚至在部分国家发生
"逆转"，即女性受教育程度远远高于男性，但是各国内部性别工资差异依旧很
大，性别歧视对于工资差异的解释力度增加（World Bank，2012）。国际非营
利性组织的《全球性别差距报告》数据显示，自2006以来，全球145个经济
体中男女教育差异缩小的国家比例高达78%，2006~2015年间仅约32个国家
男女受教育程度差异扩大，但是世界各国受教育女性人数的增长并未明显提升

女性工作职位与收入①。

难道教育等人力资本投资对于长期改善两性工资差异的作用逐渐失效（Goldin & Katz，2008）？其实不然，学者们对性别工资差异进行分解研究发现，个人禀赋对于工资差异的作用存在，但工资差异更多由一些不可解释的部分影响着（Oaxaca，1973；Blinder，1973）。有学者认为，性别歧视与职业隔离是这些不可解释部分的重要组成部分（Brown et al.，1980）。即使拥有同等受教育水平与相同的劳动生产率，性别分割依旧迫使女性进入低附加值的岗位（Chen et al.，2013）。职业是劳动者获得收入的主要渠道以及社会地位的体现，因而忽视劳动力市场的职业隔离将造成对于性别不平等问题的低估。职业性别隔离成为影响两性收入不平等的主要因素。

2014 年，哈佛大学克劳迪娅·戈尔丁（Claudia Goldin）教授发表题为《伟大的性别融合：最后的篇章》（A Grand Gender Convergence：Its Last Chapter），文中指出自 20 世纪以来美国劳动力市场的男女劳动者在劳动参与率、工作与家庭环境、工作时间及生命周期内预期劳动参与时间、高等教育与职业教育水平、专业选择、职业分布等方面差异缩小，两性工资回报差异也逐渐缩小（Goldin，2014）。性别差异的收敛趋势主要源于女性劳动者人力资本生产率的提高，特别是职业对于女性发展的重要性。例如，以职业导向的专业选择使女性教育回报率提高，或工作经验的提高拓宽了女性就业面和劳动参与率等。这似乎意味着美国社会性别不平等的终结即将到来，伟大的性别融合即将在 21 世纪发生。然而，直到 2010 年美国女性年平均工资只占男性的 77%，比起 2000 年仅提高 3%。戈尔丁教授强调，工资差异消失的最后篇章离不开职业结构的优化。

国外文献已证实，随着经济发展和社会进步，世界各地性别工资差异逐渐缩小（Fields & Wolff，1991；Oostendorp，2009；Perales，2013）。但是不能仅以此推断当今性别工资差异发展趋势，少数学者提醒，性别工资差异有回升势头（England et al.，2012）。国际劳动组织（International Labour Office，ILO）发布的《全球工资报告：工资和公平增长》数据表明，全球两性间平均工资差异有所下降，特别是 2008 年以后大多数国家在经济危机时期性别工资差距下降幅度较大（ILO，2012）。然而，性别工资差异变小并不一定意味着女性劳动者的工资状况有所改善，更大程度上是由于男性劳动力市场状况相对于女性更

---

① World Economic Forum. 10 Years of the Global Gender Gap Report ［EB/OL］. （2015 – 11 – 15）［2023 – 10 – 12］. https：//www. weforum. org/agenda/2015/11/10 – years-of-the-global-gender-gap.

恶化，即以男性为主导的行业受经济危机更严重，如制造业、加工业等。大量研究也证实，经济发展对减少性别工资差异作用有限（Dar & Tzannatos，1999；Blau & Kahn，2003；Hert et al.，2008；Ñopo et al.，2011）。

相对于国外男女工资差异逐渐缩小的现状，中国性别工资差异却持续扩大（Zhang et al.，2008；Appleton et al.，2014；李春玲和李实，2008；王天夫等，2008）。学者们从经济与社会角度分析工资差异扩大的原因，总结有以下几个方面：第一，宏观经济层面，经济发展的不平衡（Ng，2007；陈斌开等，2009）与市场转型导致女性更多从事低收入的工作（张丹丹，2004；Shu，2005；Démurger et al.，2007；陈纯槿和李实，2013；李实等，2014；贺光烨和吴晓刚，2015）；第二，全球化与对外开放更利于男性就业和获取更高收入，如出口、外资引进及贸易开放加速以男性为主导的行业发展（Chen et al.，2013；Appleton et al.，2014；刘斌和李磊，2012；陈昊，2013；李宏兵等，2014）；第三，社会层面，社会分层以及传统的性别角色观念，使得女性社会资本与社会网络有限，限制其就业（王天夫等，2008；程诚等，2015；虢超和丁建军，2014）；第四，个人层面，男女人力资本差异导致工资差异（Gustafsson & Li，2000），如劳动者受教育水平差异（刘泽云，2008；邓峰和丁小浩，2012）、健康禀赋差异（王鹏和刘国恩，2010）。

除此之外，学者们站在劳动力市场分割理论视角分析隔离对于性别工资差异的影响。有分析认为，市场分割极大地阻碍劳动力流动，女性被排挤至低收入的劳动力市场（Tong & Yang，2011；邓峰和丁小浩，2012），包括行业分割（王美艳，2005；陈钊等，2010；王湘红等，2016）、部门分割（葛玉好，2007；Zhang et al.，2008；亓寿伟和刘智强，2009）、职业分割（Meng，1998；吴愈晓和吴晓刚，2009；邓峰和丁小浩，2012；郭凤鸣和张世伟，2012；卿石松和郑加梅，2013）。何泱泱等（2016）控制了地区、行业与部门等因素后发现，市场歧视与职业隔离是影响职业内部与不同职业间性别工资差异的主要因素（Wang & Cai，2008；葛玉好和曾湘泉，2011），随着长期职业隔离程度的降低，教育与工作经验等人力资本对男女工资差异的解释力度增强，歧视与隔离程度逐渐好转。但是，该研究缺乏考虑男女职业选择差异带来的影响，更重要的是忽视了对于劳动力市场结构的变迁及其职业分布变化的讨论。

事实上，中国劳动力市场发展尚不成熟，职业隔离将会在相当长时期存在，这势必会对性别工资差异产生影响。正如戈尔丁教授将职业结构的优化作为美国社会消除性别差异的重要一环，当今中国在经济发展与市场化改革、产业结构升级、城镇化扩张、现代化与全球化、教育的普及以及社会平等观念的深入和妇女社会地位变化等多方面均受到影响，劳动力市场结构也日益复杂，传统以男性或女性主导的职业"壁垒"逐渐模糊，相对地，男女混合的中性职业日趋壮大。

国内研究缺乏对于劳动力市场结构变化对性别工资差异的考量。男女的职业分布呈现集中化与中性化趋势，但是中性化并不意味着性别歧视的改善。进一步研究发现，中性职业的职业性别隔离程度更加严重，社会经济地位高、福利待遇好的职业限制着女性的就业选择，职业内部隔离程度较高，女性仍从事着中低层次岗位工作。上述这些现状也终将反映在性别的工资回报差异上，因此，本章通过实证分析职业性别隔离及职业结构变化对于性别工资差异的影响，拓展我国性别不平等领域的研究，对文献进行有益的补充。

4.2 职业性别隔离影响工资差异的研究设计

4.2.1 工资决定模型设计

基于人力资本理论，明瑟（Mincer，1958，1974）建立了工资收入决定模型，旨在解释劳动者工资收入与其所受正规教育和工作经验之间的关系。此后，模型广泛应用于工资差异的影响因素分析中，具体方程如下：

$$\ln W_{it} = X_{it}\beta_t + \mu_{it} \tag{4.1}$$

式中，$\ln W_{it}$ 表示个体 i 在 t 期的对数化年工资水平；X_{it} 代表个体 i 在 t 期时个体特征向量，如教育水平、工作经验、年龄等；β_t 是测量相应个体特征的回归系数；μ_{it} 是随机误差项，且 $\mu_{it} \sim N(0, \sigma^2)$。

考虑到个体就业选择和职业选择可能具有非随机性，忽略样本选择的非随机性将不可避免地造成选择偏差问题（selection bias），最终造成估计结果的高估或低估，因而需要对样本选择偏差进行修正（Heckman，1979）。根据赫克曼两步估计法，引入个体的就业选择（或职业选择）模型：

$$P_{it}^* = Z_{it}\delta_t + \upsilon_{it}, P_{it} = \begin{cases} 1 & if \quad P_{it}^* > 0 \\ 0 & if \quad P_{it}^* \leq 0 \end{cases} \tag{4.2}$$

式中，P_{it}^{*} 表示不可观测的决定个体 i 在 t 期是否参与劳动的变量，P_{it} 表示个体参与劳动的状态（1 表示参与，0 表示不参与），Z_{it} 表示可观测的决定个体选择的特征向量，δ_{t} 测量相应回归系数，$\upsilon_{it} \sim N(0,1)$ 服从标准正态分布的随机扰动项。

赫克曼（Heckman，1979）指出，μ_{it} 和 υ_{it} 是未观测到的个体异质性，且 μ_{it} 和 υ_{it} 存在相关关系，令 $\mu_{it} = \rho_{t}\upsilon_{it} + \varepsilon_{it}$，代入方程（4.1），则个体 i 在 t 期时选择就业且有工资收入的期望方程可以表示为：

$$E(\ln W_{it} \mid X_{it}, Z_{it}) = X_{it}\beta_{t} + \rho_{t}E(\upsilon_{it} \mid Z_{it}, P_{it}^{*} = 1)$$

$$= X_{it}\beta_{t} + \frac{\rho_{t}\phi(Z_{it}\hat{\delta}_{t})}{\Phi(Z_{it}\hat{\delta}_{t})}$$

$$= X_{it}\beta_{t} + \rho_{t}\lambda_{it} \qquad (4.3)$$

式中，$\lambda_{it} = \dfrac{\phi(Z_{it}\hat{\delta}_{t})}{\Phi(Z_{it}\hat{\delta}_{t})}$ 被称为逆米尔斯比（inverse Mills ratio），$\phi(\cdot)$ 和 $\Phi(\cdot)$ 分别是标准正态分布的概率密度函数和累积分布函数。当 $\rho_{t} \neq 0$ 时，直接估计方程式（4.3）将会产生样本选择偏误。

因此，需要将逆米尔斯的估计量作为解释变量加入工资决定模型中，以修正样本选择偏差：

$$\ln W_{it} = X_{it}\beta_{t} + \rho_{t}\lambda_{it} + \tau_{it} \qquad (4.4)$$

式中，ρ_{t} 表示样本偏差修正项 λ_{it} 的系数，$\tau_{it} \sim N(0,\sigma^{2})$。

人力资本理论认为，个体人力资本水平是影响个体劳动参与的重要影响因素，同时个体的报酬取决于人力资本，其中教育水平和工作技能是主要因素（Mincer，1974）；生命周期理论认为，个体参与劳动的概率在整个生命周期内不断变化，男女参与就业及工资回报的生命周期不同（Polachek，1975，2008）；家庭劳动供给理论认为，个体婚姻状况会影响个体就业选择，研究发现家庭状况及婚姻状况也对个体收入产生影响；区域经济理论认为，不同地区因文化、社会形态及经济发展不一致，对个人就业选择与工资获得将会产生影响，同时存在城乡差异。综上所述，男女劳动参与的主要影响因素如下：教育水平、年龄、年龄平方、婚姻状况、户籍、地区等。

值得注意的是，当今中国劳动力市场发展并不充分，加之改革开放以后劳动力市场的复杂化特性，使得考虑劳动力市场结构及其变化对于分析性别工资差异发展趋势有重要意义。劳动力市场分割理论认为，劳动力市场结构和职业分布并不一致，存在对于个体就业的隔离因而影响到个体劳动参与，同时实证研究也证实职业选择将会影响个体的工资差异（Meng & Miller，1995；Meng，1998；Wang & Cai，2008；Chi & Li，2014；陈永伟和周羿，2014）。为了更好地分析职业的性别分布情况，按照第 3 章对于职业的性别构成的界定，以便进一步探索职业隔离对性别工资差异的影响：以男性分布为主的职业称为"男性职业"，以女性分布为主的职业称为"女性职业"，介于两者之间的第三类职业即"中性职业"。研究发现，"劳动力的性别分化"（sexual division of labor）是造成劳动力市场不同职业分布的原因，同时将影响两性工资（Hakim，1992）。

考虑到劳动力市场性别隔离对工资的影响，在修正样本偏差后的工资决定模型基础上，引入三大性别类型职业：男性职业、中性职业、女性职业，具体估计模型如下：

$$\ln W_{it} = \beta_{1t} f(age_{it}) + \beta_{2t} exp_{it} + \beta_{3t} edu_{it}$$
$$+ \sum_m \beta_{mt} dum_{it} + \sum_n \beta_{nt} occ_{it} + \mu_{it}^* \qquad (4.5)$$

式中，$f(age)$ 代表年龄及年龄平方的非线性方程，exp 代表工作经验，edu 表示受教育水平即学历的虚拟变量，dum 代表个人婚姻状况、性别、户籍、行业、地区等的虚拟变量，occ 表示三大性别类型职业的虚拟变量，测量不同职业的隔离对工资差异的效果。$\mu_{it}^* = \rho_t \lambda_{it} + \tau_{it}$ 为修正样本偏差后的扰动项。

4.2.2 工资差异分解

歧视经济学认为，除了个体特征差异（如人力资本投资差异等）影响不同人群的工资外，还存在歧视对工资差异的影响（Tong & Yang，2011；邓峰和丁小浩，2012；Zhang et al.，2008；Meng，1998；Wang & Cai，2008；葛玉好和曾湘泉，2011）。由于歧视的不可观测特性，无法直接测量歧视"价格"，因而，欧哈卡（Oaxaca，1973）和布林德（Blinder，1973）将性别工资差异分解为可解释的部分（如个体禀赋）以及不可解释的部分，后者常被视为歧视，这种方法构造被称为欧哈卡 - 布林德（Oaxaca-Blinder）分解方法。但是欧哈卡 - 布林德分解未考虑男女在职业分布的差异，导致了性别工资差异的低估。在此基础上，布朗等（Brown et al.，1980）将职业隔离因素考虑到工资分解中，从职业获得角度估计性别职业分布，从而分离出针对性别的职业进入障碍而产生的不平等，这一方法称为布朗分解。

布劳和亨德里克斯（Blau & Hendricks，1979）指出，研究职业性别隔离的长期趋势及其影响需要从两个方面着手考虑：一是职业内部；二是不同职业间。因此，布朗等（Brown et al.，1980）将职业隔离因素考虑到工资分解中，从职业获得角度估计性别职业分布，从而分离出针对性别的职业进入障碍。

　　具体而言，布朗分解将男女工资差异细分为职业内部和不同职业间的差异，视个体职业分布为内生变量，采用两阶段过程和多元选择模型，估计男女在"无障碍"职业选择下的进入概率，从而通过明瑟工资方程估计男女在各职业中的工资函数。布朗分解强调男性和女性职业隔离对工资差异的影响，构造出"反事实"框架（counterfactual framework），即女性面临着与男性群体同样的职业结构，即无歧视职业结构。

　　因此，布朗等（Brown et al.，1980）的研究方法是，首先利用职业选择概率模型预测男女劳动者在无歧视职业结构中的选择机制，再采用明瑟工资决定模型估计每类职业的男女工资，将性别工资差异分解为职业内部和不同职业间两部分。研究方法公式化如下：

　　根据方程（4.1）对男性和女性的工资进行回归，使用 m 代表男性，f 代表女性，则男女工资的估计方程分别为[①]：

$$\ln \bar{W}^m = \bar{X}^m \hat{\beta}^m$$

$$\ln \bar{W}^f = \bar{X}^f \hat{\beta}^m$$

男女工资差异可以表示为男性工资减去女性工资的差值，即：

$$\ln \bar{W}^m - \ln \bar{W}^f = \bar{X}^m \hat{\beta}^m - \bar{X}^f \hat{\beta}^f \tag{4.6}$$

　　使用职业选择模型，即多元概率模型（multiple logit model），个体 i 在 t 期时选择职业 j 的概率可以表示为：

$$P_{ijt} = \frac{e^{Z_{it}\delta_{jt}}}{\sum_j e^{Z_{it}\delta_{jt}}} \tag{4.7}$$

式中，Z_{it} 表示影响个体 i 在 t 期职业选择的特征变量，δ_{jt} 测量职业 j 在 t 期的回归系数。

　　考虑职业选择的男女工资差异，则方程式（4.6）变形为：

――――――――――

　　① 选择偏差修正后的工资方程（4.4）与方程（4.1）的分解方法一致，故以最简化的方程（4.1）进行分解方法介绍，本章实证分析的性别工资分解是选择偏差修正后男女工资差异的布朗分解结果。

$$\ln \bar{W}^m - \ln \bar{W}^f = \sum_j (P_j^m \ln \bar{W}_j^m - P_j^f \ln \bar{W}_j^f)$$

$$= \sum_j P_j^f (\ln \bar{W}_j^m - \ln \bar{W}_j^f) + \sum_j \ln \bar{W}_j^m (P_j^m - P_j^f)$$

$$= \sum_j P_j^f (\bar{X}_j^m \hat{\beta}_j^m - \bar{X}_j^f \hat{\beta}_j^f) + \sum_j \ln \bar{W}_j^m (P_j^m - P_j^f)$$

$$= \underbrace{\sum_j P_j^f (\bar{X}_j^m - \bar{X}_j^f) \hat{\beta}_j^m}_{职业内部个人禀赋差异(PD)} + \underbrace{\sum_j P_j^f \bar{X}_j^f (\hat{\beta}_j^m - \hat{\beta}_j^f)}_{职业内部性别工资歧视(WD)}$$

$$+ \underbrace{\sum_j \ln \bar{W}_j^m (P_j^m - \hat{P}_j^f)}_{不同职业间个人禀赋差异(QD)} + \underbrace{\sum_j \ln \bar{W}_j^m (\hat{P}_j^f - P_j^f)}_{职业性别隔离(OD)}$$

(4.8)

式中，P_j 为男女在职业 j 分布的概率，$\hat{P}_j$ 是假设两性职业分布一致时，女性进入职业 j 的预期概率。

布朗工资分解包含以下四部分：

第一，职业内部个人禀赋差异（the portion attributable to differences in the characteristics of men and women，PD），反映职业内部因教育水平、年龄、工作经验等个人特征不同导致的男女工资差异。

第二，职业内部性别工资歧视（the portion due to differences in coefficients of the earnings regressions between men and women，WD），反映职业内部由不可解释因素导致的男女工资差异，而不可解释因素多来自职业内部的性别歧视。

第三，不同职业间个人禀赋差异（the portion due to differences in qualifications for the occupations，QD），反映不同职业间因个人禀赋不同导致的男女工资差异。

第四，职业性别隔离（the portion attributable to differences in the structure of occupational attainment between men and women，OD），反映不同职业间因工作属性对男女的职业或岗位隔离导致的男女工资差异，也称为职业性别隔离导致的男女工资差异。

总体而言，布朗分解把工资差异细分为职业内部与不同职业间，因此不可解释因素导致工资差异划分为职业内部的性别歧视与职业性别隔离。

4.2.3　具体数据选取

本章所使用的数据来自中国综合社会调查（以下简称 CGSS），CGSS 横跨

2003～2021 年，地域涵盖我国 31 个省、自治区和直辖市的城镇和农村。该数据以 18 岁及以上的人口为调查对象，提供了充分的社会经济信息，除了包含个人基本特征，教育、工作经验等人力资本特征，工资收入和工作时间等就业信息，还包含详细的职业、行业类型。CGSS 最大特点是它在设计之初（2003年）的职业、行业代码与同年官方标准——第五次国家人口普查保持一致，对隔离长期趋势分析较吻合，有利于根据前面章节划分的职业性别分布研究职业隔离与工资差异。

本章选取 2003 年和 2013 年的数据作为研究范围，原因如下：第一，符合研究性别工资差异变化及发展的需要。CGSS 以 2003 年作为基线，对中国各省区市（除港澳台地区以外）10000 多家庭住户进行调查，在 2013 年按照基线问卷内容对原始家庭进行了回访，这有利于分析间隔十年间人群职业变迁和工资变化。第二，符合职业分类及行业分类与中国标准统一。该数据在 2003 年采取第五次国家标准职业分类（1999 年官方公布的《中华人民共和国职业分类标准》），避免了职业划分标准不一致，从而影响对职业性别隔离的测量，以及对于职业分布的划分①。第三，国家人口普查数据欠缺分析所需信息，而 CGSS 对全国进行抽样调查，满足研究的普遍性和适用性，提供以个人为单位的全面信息，有利于分析个人工资差异与长期变化，从而弥补普查数据存在的问题。

本章关心处于就业年龄段人群的职业状况与工资情况，因此对数据中低于 18 周岁（成年）和高于 60 周岁（退休年龄）的样本予以剔除，剔除掉仍在学校读书尚未进入劳动力市场的人群，同时剔除职业信息缺失的样本，保留从事农业生产的样本，经过整理后形成有效样本。2003 年共有 5170 个样本，其中女性 2713人，占 52.48%；2013 年数据保留了 8575 个样本，女性 4298 人，占 50.12%。

4.2.4 关键变量设定

1. 被解释变量：工资

劳动经济学认为工资是劳动价格和劳动者价值的体现，是衡量劳动力市场需求与供给均衡的标准。歧视经济学将男女工资差异作为衡量性别不平等的直观指标。

---

① CGSS 2003 年采用"1999 年中国国家标准职业分类"（GB/T 6565 - 1999），同时按照国际标准职业分类 ISCO88 进行匹配；2013 年虽然采用国际标准职业分类 ISCO88，但是根据 CGSS 给出的职业编码转换方法，对其进行职业分类转换。为了方便比较，本书以"1999 年中国国家标准职业分类"（GB/T 6565 - 1999）为基准，对 CGSS 数据的职业类型进行了调整。

考虑到对数工资分布接近正态分布、估计偏误小的优点，选取居民年平均工资的对数作为被解释变量，并以 2003 年受访者所在省区市的物价消费水平 CPI 为基期，进行价格水平调整。

2. 核心变量：职业的性别构成

经济学领域使用性别类型职业刻画男性职业与女性职业相隔离的经济影响，例如哈基姆（Hakim，1992）曾就"劳动力性别分化"为主题探索两性不同职业分布的原因及后果。男性职业以男性为主导，对女性劳动者有较强的职业隔离；女性职业以女性为主导，对男性同样存在职业隔离；中性职业对男女劳动者的隔离程度相对较低（Jacobs and Powell，1985）。

通过第 3 章对国家人口普查数据的职业性别分布进行详细分析发现，按照以下性别比划分性别类型职业更符合中国实际：性别比边界小于等于 25% 作为男性职业，性别比边界大于等于 55% 作为女性职业，性别比边界介于两者之间为中性职业（何泱泱等，2016）。

因此，本章沿用国家人口普查数据的性别类型职业划分标准，对 CGSS 数据的职业类型与分布进行匹配，即 2003 年数据按照国家人口普查 2000 年三大性别类型职业划分标准，2013 年数据按照国家人口普查 2010 年实际划分标准。

3. 控制变量

参考已有文献，本章将个体特征变量纳入模型作为解释变量，包括性别、年龄、户口、婚姻状况、工作经验、受教育程度、行业与地区等（Mincer，1958，1974）。处理教育变量时，采用教育水平划分不同学历，包括小学及以下、初中、高中、大专及以上；处理工作经验变量时采用工作年限作为代理变量；还控制了受访者工作单位所有制性质，按照国际划分标准，划分为公立、私立、外企及其他。此外，本章还探讨了职业分布的另一种形式：职业的工种属性，按照第 3 章的研究设计，将职业细分为管理类型、服务类型、办事类型、技术类型、农业类型和生产类型。

详细的变量定义见表 4 – 1。

表 4 –1　　　　　　　　　　　　变量的定义

变量类别	变量名称	变量解释
被解释变量	工资	年实际平均工资的对数形式，以 2003 年受访者所在省区市的消费水平 CPI 为基期进行价格水平调整（单位：元）
核心变量：职业的性别构成	男性职业	如果劳动者职业属于男性职业，变量值为 1，否则为 0；男性职业的性别比≥55%

变量类别	变量名称		变量解释
核心变量：职业的性别构成	中性职业		如果劳动者职业属于中性职业，变量值为 1，否则为 0；中性职业的性别比为（25%，55%）
	女性职业		如果劳动者职业属于女性职业，变量值为 1，否则为 0；女性职业的性别比≤25%
控制变量	男性		男性 =1，女性 =0
	年龄		受试者问卷调查时的年龄（周岁），选取 18~60 岁的就业年龄区间；并控制年龄的平方项
	城市户口		是 =1，否 =0。"城市户口"指城镇常住户口*、当地有效城镇户口，如蓝印＼自理口粮户口*、非农业户口#、居民户口（以前是农业户口或以前是非农户口）#
	已婚		是 =1，否 =0。"已婚"包括已婚*、初婚有配偶#、离婚后再婚*、丧偶后再婚*、再婚有配偶#
	教育水平	小学及以下	是 =1，否 =0。"小学及以下"包括小学、未受过正式教育*、私塾或扫盲班#
		初中	是 =1，否 =0
		高中	是 =1，否 =0。"高中"包括高中、职高或技校*、中专*
		大专及以上	是 =1，否 =0。"大专及以上"包括大学专科（非全日制或全日制*、成人高等教育或正规高等教育#）、大学本科（非全日制或全日制*、成人高等教育或正规高等教育#）、研究生及以上
	工作经验		受试者的工作年限，从受试者第一份工作时间计算*，或采用受试者问卷调查时所回答的非农工作时间、务农工作时间#（单位：年）
	工作单位所有制性质	公立	是 =1，否 =0。"公立"包括国有或国有控股#、集体所有或集体控股#、党政机关*
		私立	是 =1，否 =0。"私立"包括私有/民营或私有/民营控股#、个体经营*
		外企	是 =1，否 =0。"外企"包括外企所有或外资控股#、港澳台资或港澳台资控股#、三资企业*（主要依据国家纳税形式划分）
		其他	是 =1，否 =0

变量类别	变量名称		变量解释
控制变量	职业的工种属性	管理类型	是 =1，否 =0。根据中国人口普查《1999 年中国标准职业分类》的职业中类，"管理类型"为国家机关、党群组织、企业、事业单位负责人
		技术类型	是 =1，否 =0。"技术类型"为专业技术人员
		办事类型	是 =1，否 =0。"办事类型"为办事人员和有关人员
		服务类型	是 =1，否 =0。"服务类型"为商业、服务业人员
		农业类型	是 =1，否 =0。"农业类型"为农、林、牧、渔、水利业生产人员
		生产类型	是 =1，否 =0。"生产类型"为生产、运输设备操作人员及相关人员
	行业		受试者所在行业虚拟变量
	省份		受试者所在省份虚拟变量
	地区	东部	是 =1，否 =0。根据中国行政区域划分，"东部地区"包括北京市、天津市、上海市、河北省、辽宁省、江苏省、浙江省、福建省、山东省、广东省、河南省
		中部	是 =1，否 =0。"中部地区"包括吉林省、黑龙江省、安徽省、江西省、河南省、湖北省、湖南省
		西部	是 =1，否 =0。"西部地区"包括山西省、内蒙古自治区、广西壮族自治区、重庆市、四川省、贵州省、云南省、西藏自治区、陕西省、甘肃省、青海省、宁夏回族自治区、新疆维吾尔自治区

注：1. 变量设定根据 CGSS 数据 2003 年和 2013 年的问卷调查进行整理汇总。

2. *代表出现在 2003 年调查问卷，#代表出现在 2013 年调查问卷，未标识表明同时出现在 2003 年和 2013 年调查问卷。

3. "职业的性别构成"变量中男性职业、女性职业和中性职业划分依据是性别比，即女性就业人数占职业总人数的比例。

资料来源：2003 年和 2013 年的中国综合社会调查。

4.3　职业性别隔离影响工资差异的现状分析

表 4-2 分别报告了 2003 年和 2013 年的描述性统计结果，同时提供分男女群体的特征及相关差异检验结果。研究发现，男女劳动者在人口特征、职业分

布和工资均存在较大的差别，总体而言，女性劳动者年龄偏小、受教育程度较低、工作经验较低、工资水平较低、社会经济地位较低。

表 4 - 2　　　　　　　　　　　全样本描述性统计结果

变量		2003 年				2013 年			
		全样本	女性	男性	组间差异检验（t 检验）	全样本	女性	男性	组间差异检验（t 检验）
年龄（年）		40.26	39.84	40.73	− 0.891 ***	41.36	41.21	41.51	− 0.304
城市户口		0.921	0.911	0.933	− 0.022 ***	0.443	0.425	0.46	− 0.035 ***
已婚		0.838	0.841	0.834	0.007	0.812	0.839	0.785	0.053 ***
教育水平	小学及以下	0.142	0.166	0.115	0.051 ***	0.251	0.308	0.193	0.115 ***
	初中	0.333	0.345	0.321	0.024 *	0.323	0.311	0.335	− 0.025 **
	高中	0.319	0.314	0.324	− 0.009	0.226	0.199	0.254	− 0.054 ***
	大专及以上	0.206	0.175	0.24	− 0.065 ***	0.2	0.182	0.218	− 0.036 ***
工作经验（年）		20.93	20.27	21.58	− 1.313 ***	19.03	19.45	18.63	0.817 ***
工作单位所有制性质	公立	0.757	0.756	0.758	− 0.002	0.489	0.473	0.505	− 0.032 **
	私立	0.198	0.193	0.202	− 0.009	0.476	0.492	0.459	0.033 **
	外企	0.018	0.019	0.018	0	0.035	0.034	0.035	− 0.001
	其他	0.027	0.032	0.022	0.010 **	0.0005	0.001	0	0.001
地区	东部	0.49	0.481	0.5	− 0.019	0.408	0.403	0.414	− 0.011
	中部	0.269	0.264	0.274	− 0.01	0.305	0.326	0.285	0.04 ***
	西部	0.241	0.255	0.225	0.03 **	0.286	0.272	0.301	− 0.029 ***
工资（元）		9827	7992	11757	-3.8×10^3 ***	19789	14000	25000	-1.1×10^4 ***
样本量		5170	2713	2457	—	8575	4298	4277	—

注：＊、＊＊、＊＊＊分别表示在 10%、5% 和 1% 水平上显著。
资料来源：2003 年和 2013 年的中国综合社会调查。

分年份来看，2003 年，女性劳动者较年轻，城市户口较少，工作单位所有制性质上男女并无明显差异。女性受教育程度较低，其中女性初中及以下学历显著多于男性，但女性大专及以上学历显著少于男性。更重要的是，女性工资水平显著低于男性，2003 年平均年工资为 9827 元，男性年平均工资 11757 元，而女性平均仅获得 7992 元，远比男性低 3765 元。2013 年，女性劳动者拥有城市户口的概率低于男性，已婚概率高于男性。受教育程度方面，越来越多的低学历女性从事社会经济地位低的工作。女性劳动者只有小学及以下学历的概率显著大于男性，高学历（大专及以上）群体里男性具有显著性优势。虽然高等教育女性比例十年间仍然较低，但是男女教育差异逐渐缩小，随着社会发展，高学历女性群体的比例在增加，她们受歧视程度逐渐降低（刘泽云，2008；England et al.，2012；Treiman，2013）。工作方面，女性平均工作经验与男性的差距虽仍显著，但十年间亦在缩减，男女工资报酬差异增加，到2013年女性平均工资比男性低11000元，另外，女性劳动者在公立性质的工作单位就业者显著少于男性，男性在国有部门、集体所有部门、党政机关的比例约为51%，略高于女性，而女性在私有或民营部门的人数显著高于男性劳动者，但差距较小，约3.3%，男女劳动者在外企的人数差异并不显著。

结果显示，劳动力市场仍以低学历女性为主，女性社会经济地位较低的事实并没有改善，整体工资水平虽不断提高，但性别工资差距也逐渐拉大。2003年平均男性年工资收入比女性高出约47%，这一差距在2013年提升到78%，2003年女性工资约为男性工资的68%，到了2013年女性平均工资仅为男性工资的56%，劳动力市场性别工资差异逐渐扩大[1]。

值得注意的是，表4-2中城市户口人群在2003年为94%，2013年降为42%，同时高等学历（大专及以上）人群在2003年为21%，2013年并无明显变化。原因在于2003年CGSS调查样本集中在城市居民，而2013年增加了约50%农村样本[2]。对此，将单独以非农职业的城市户口居民为研究对象进行相关稳健性分析。

4.3.1　性别工资差异逐渐扩大

进一步比较2003年和2013年的性别工资分布，不难发现，男女工资分布都存在显著差异，女性的工资分布曲线明显偏左，即向左拖尾（left trail），表明女性多从事低工资收入的工作，获得高工资水平的可能性要远远低于男性（见图4-1）。

随着社会经济发展，男女的工资水平均有所提高，但性别工资差距也逐渐拉大。2003年，性别工资分布差距相对较小，男女工资水平集中程度较高，男女群组内部的工资差异较小，即同一性别中工资收入高的群体与工资收入低的

---

① 性别工资差异比率＝（男性工资－女性工资）/女性工资×100%；女性占男性工资比率＝女性工资/男性工资×100%。

② 中国社会综合调查2003年以城市居民为调查对象，样本共计5923人。2013年以家庭为调查对象，包含城乡居民，样本共计11505人。

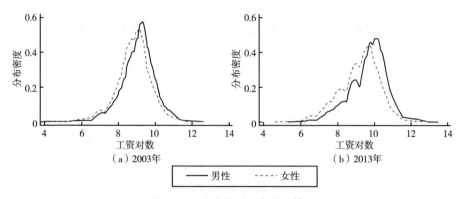

图 4 - 1　总体性别工资差异情况

注：工资取对数形式。
资料来源：2003 年和 2013 年的中国综合社会调查。

群体差异并不大。然而，2013 年性别工资分布曲线波动较大，男女群体内部工资差异大，最低工资群体与最高工资群体的差距拉大，工资收入不平等程度逐渐加重。对比 2003 年和 2013 年发现，男性工资水平在高收入人群的比例大于女性的趋势逐步增长，女性在低收入水平的比例越来越多，10 年间性别间工资差异扩大趋势显著。

为了检验性别工资差异扩大化趋势的稳健性，采用城市样本，即从事非农职业的城市居民，考察 2003~2013 年间男女工资分布情况，如图 4 - 2 所示。图 4 - 2 显示，城市性别工资差异扩大化程度更加明显，10 年间男性劳动者的工资分布远远高于女性劳动者，中高收入人群比例显著高于女性，低收入工资更多由女性劳动者提供，性别不平等现象严重化。

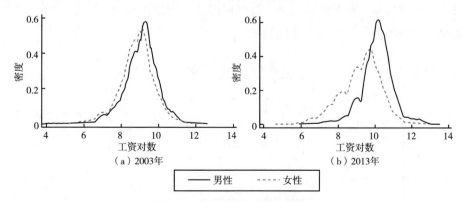

图 4 - 2　城市性别工资差异情况

注：城市样本只包含城市户口且从事非农职业的居民。
资料来源：2003 年和 2013 年的中国综合社会调查。

4.3.2 职业隔离逐渐缩小，职业分布呈中性化趋势

表 4-3 报告了总体性别职业的隔离分布及其趋势。总体而言，职业隔离逐渐缩小。2003 年，女性在性别隔离程度较低的中性职业比重为 57.4%，到了 2013 年约为 63.3%，显著提高；不仅如此，以男性或女性主导的职业整体缩小，劳动力逐渐集中于中性职业，更加表现在职业内部男女劳动力比例的一致性方面，性别职业隔离分布逐渐缩小，说明职业性别隔离程度逐渐降低。男女劳动力在各自性别职业的比例降低，职业分布更加集中，越来越多女性从事以往称为"男性职业"的工作，如从事药品生产、水利设施管理等，又如女性在"中性职业"的比重逐渐上升，例如担任事业单位或企业的高层。

表 4-3 <center>总体职业隔离情况</center>

职业分布	2003 年				2013 年			
	全样本	女性	男性	组间差异检验（t 检验）	全样本	女性	男性	组间差异检验（t 检验）
男性职业	0.327	0.202	0.447	−0.248 ***	0.247	0.104	0.377	−0.273 ***
中性职业	0.527	0.574	0.476	0.094 ***	0.542	0.633	0.458	0.175 ***
女性职业	0.147	0.224	0.077	0.153 ***	0.212	0.263	0.165	0.098 ***

注：*** 表示在 1% 水平上显著。本章使用隔离指数测量也发现下降趋势，故不赘述。
资料来源：2003 年和 2013 年的中国综合社会调查。

在此基础上，本章按照城乡分类，将城市样本提取出来进行验证。表 4-4 报告了城市样本的职业隔离趋势，数据同样证实了职业隔离的缩小趋势，以及职业分布的集中化趋势与中性化趋势。

表 4-4 <center>城市职业隔离情况</center>

职业分布	2003 年				2013 年			
	城市样本	女性	男性	组间差异检验（t 检验）	城市样本	女性	男性	组间差异检验（t 检验）
男性职业	0.325	0.194	0.449	−0.255 ***	0.224	0.109	0.328	−0.219 ***
中性职业	0.52	0.566	0.477	0.090 ***	0.507	0.557	0.462	0.095 ***
女性职业	0.155	0.24	0.074	0.165 ***	0.269	0.334	0.21	0.124 ***

注：*** 表示在 1% 水平上显著。城市样本只包含从事非农职业的城市户口居民。
资料来源：2003 年和 2013 年的中国综合社会调查。

前面章节曾通过国家人口普查数据的性别类型职业的相对规模变化考察 1982~2010 年间男性职业、女性职业与中性职业的发展趋势。同样，图 4-3 报告了中国综合社会调查于 2003 年和 2013 年职业性别构成的相对规模变化，以验证前期研究结果。由图 4-3 可知，2013 年相较于 2003 年，男性职业和女性职业的相对规模减小，2003 年男性职业的相对规模约 32.20%，女性职业约 21.02%，到了 2013 年男性职业的相对规模减小到 31.25%，女性减为 18.09%。中性职业由 2003 年的 46.44% 提高到 2013 年的 49.34%。总体而言，中性职业的数量与规模不断上升，性别导向的职业数量与规模不断减少，职业的性别分布日趋平衡。在城市样本中同样得到上述结论，鉴于篇幅不赘述。

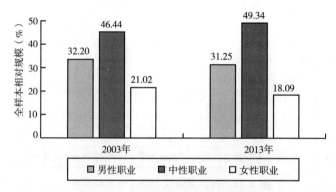

图 4-3　性别类型职业的相对规模

资料来源：2003 年和 2013 年的中国综合社会调查。

研究结果与前期发现一致，无论是总体还是城市，职业隔离趋势逐渐降低，职业分布逐渐集中和中性化，其主要源自以性别导向的职业的中性化。男性职业的中性化主要由于女性的进军，女性向白领职业扩张是 20 世纪 90 年代以来的发展趋势（李春玲，2009），同时女性开始进入一些传统以男性为主的生产类职业，反映出传统性别分工观念的弱化（李汪洋和谢宇，2015）。但女性职业的中性化却是更多女性取代男性从事更为低端社会经济地位的职业，这类中性化也表明性别不平等的深化，因而需要对劳动力市场职业分布流动造成的工资差异进行深入分析。

4.3.3 职业分布的中性化不等同于歧视的弱化

职业分布的中性化并不等同于性别不平等的弱化，相反，男女工资差异在某些隔离程度较低的职业可能更大。为此，下面分析不同性别类型职业的男女工资差异在 2003～2013 年间的表现及变化。如图 4－4 所示，2003 年以男性为主导的职业性别工资差异最大，男性比女性平均多获得 4257 元，即使在以女性为主导的职业中，男性仍然比女性多赚取 2892 元，相对职业分布较均衡的中性职业男女工资差异最低，约 2543 元。随着中国经济增长及市场化改革深入，在各类职业中两性间工资差异普遍扩大化，男性职业性别工资差异增长约 52%，女性职业中工资差异增长约 79%，中性职业的性别工资差异扩大化趋势最严重，增长幅度高达 81%。根据职业分布的发展趋势知，职业分布朝着均衡分布的中性职业发展，传统男性职业和女性职业的缩小，使得中性化趋势日益明显，但是中性职业的性别工资差异也日益严重，性别不平等问题较严峻。

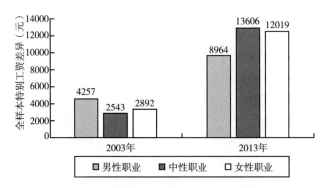

图 4－4　性别类型职业的工资差异情况

资料来源：2003 年和 2013 年的中国综合社会调查。

进一步考察中性职业男性与女性工资分布的变化。图 4－5 中性职业的性别工资差异扩大化趋势明显，2003 年男性工资分布略右偏于女性工资分布，且男女内部工资分布差异不大，到了 2013 年，男性劳动者的工资分布远远高于

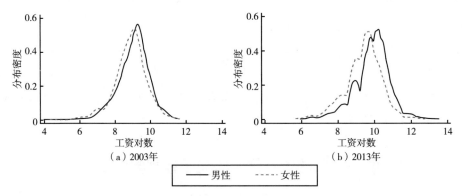

图 4－5　中性职业的性别工资差异情况

资料来源：2003 年和 2013 年的中国综合社会调查。

女性劳动者，中高收入人群比例显著高于女性，再次证实了中性化并不代表性别不平等的弱化。

4.4　职业性别隔离影响工资差异的实证分析

4.4.1　总体性别工资差异的影响因素及变化

为了考察 2003～2013 年性别工资差异的影响因素发生何种变化，本书分别估计了 2003 年和 2013 年的工资决定方程。回归图 4 - 6 直观报告了 2003 年和 2013 年性别工资差异影响因素的作用及差异结果：女性的教育回报高于男性，特别是高等学历的男女工资差异较小；不同职业的男女工资回报差异较大，2003～2013 年间男女职业分布逐渐集中于中性职业，职业隔离逐渐降低；私立性质的工作单位有效提高了男性劳动者的工资水平，但对女性并不显著；年龄、工作经验对工资的效果不明显。

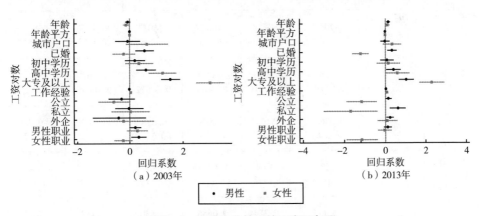

图 4 - 6　全样本分性别的工资回归图

资料来源：2003 年和 2013 年的中国综合社会调查。

为了能更好研究性别工资的影响因素以及对男女各自的差异，表 4 - 5 进行了全样本以及分男性、女性群体的比较。使用省份与行业的固定效应方法，控制不同地区、不同行业对工资差异的干扰。

表 4 - 5 　　　　　　　　　　　　　　**总体工资决定方程回归结果**

变量		2003 年			2013 年		
		（1）全样本	（2）男性	（3）女性	（4）全样本	（5）男性	（6）女性
男性		0.746 *** (0.0871)	—	—	1.033 *** (0.0889)	—	—
年龄		- 0.0505 (0.0378)	- 0.0352 (0.0495)	- 0.117 ** (0.0580)	0.126 *** (0.0363)	0.127 *** (0.0409)	0.0729 (0.0595)
年龄平方		0.0007 * (0.0004)	0.0005 (0.0005)	0.0016 ** (0.0006)	- 0.0016 *** (0.0001)	- 0.0019 *** (0.0004)	- 0.0007 (0.0007)
城市户口		0.340 (0.247)	- 0.0821 (0.247)	0.686 (0.427)	0.129 (0.124)	- 0.00503 (0.110)	0.236 (0.227)
已婚		0.175 (0.143)	0.679 *** (0.182)	- 0.154 (0.212)	- 0.389 *** (0.123)	0.421 *** (0.127)	- 0.893 *** (0.215)
教育水平（以小学及以下为对照组）	初中	0.0802 (0.161)	0.0717 (0.188)	0.197 (0.269)	0.123 (0.183)	- 0.0764 (0.155)	0.259 (0.296)
	高中	0.527 *** (0.162)	0.293 (0.187)	0.831 *** (0.271)	0.295 (0.195)	0.0600 (0.169)	0.317 (0.330)
	大专及以上	1.470 *** (0.167)	0.943 *** (0.188)	2.160 *** (0.290)	1.160 *** (0.206)	0.400 ** (0.187)	1.799 *** (0.351)
工作经验		0.0185 (0.0117)	- 0.00439 (0.0140)	0.0375 ** (0.0183)	0.0531 *** (0.00672)	0.0300 *** (0.00695)	0.0852 *** (0.0122)
工作单位的所有制性质（以其他为对照组）	公立	- 0.636 *** (0.204)	- 0.519 *** (0.155)	- 0.568 * (0.293)	- 0.818 ** (0.362)	—	- 0.719 (0.607)
	私立	0.0238 (0.236)	0.150 (0.194)	0.0311 (0.370)	- 0.648 * (0.346)	0.290 *** (0.0984)	- 0.440 (0.595)
	外企	- 0.171 (0.396)	- 0.377 (0.425)	0.0686 (0.609)	- 0.850 * (0.459)	0.443 * (0.239)	- 1.110 (0.831)
性别类型职业（以女性职业为对照组）	男性职业	0.143 (0.155)	- 0.257 (0.166)	0.383 (0.262)	0.378 *** (0.144)	0.181 (0.136)	0.337 (0.303)
	中性职业	- 0.0811 (0.145)	- 0.428 *** (0.164)	0.0115 (0.197)	0.0101 (0.122)	- 0.121 (0.113)	0.0424 (0.209)

续表

变量		2003 年			2013 年		
		(1) 全样本	(2) 男性	(3) 女性	(4) 全样本	(5) 男性	(6) 女性
地区（以中部为对照组）	东部	2.541 *** (0.396)	2.345 *** (0.518)	2.675 *** (0.588)	1.668 *** (0.344)	1.876 *** (0.353)	1.628 *** (0.431)
	西部	0.526 (0.649)	1.686 *** (0.550)	2.719 *** (0.619)	1.609 *** (0.421)	1.463 *** (0.449)	−0.762 (1.080)
省份		是	是	是	是	是	是
行业		是	是	是	是	是	是
常数		4.682 *** (1.148)	7.289 *** (1.303)	3.067 * (1.766)	3.183 ** (1.607)	2.591 (2.616)	4.107 ** (2.050)
样本量		3932	2010	1922	3390	1705	1685
R^2		0.186	0.179	0.231	0.255	0.263	0.294

注：* 、** 、*** 分别表示在10% 、5% 和1% 水平上显著。括号里的数值为稳健标准误。

资料来源：2003 年和2013 年的中国综合社会调查。

表4 – 5 显示，2003 ~ 2013 年间，性别工资差异逐渐拉大，2003 年男性劳动者的工资收入比女性约多75% ，2013 年性别工资差异提高至103% 。首先，分析工资收入影响因素。发现教育对工资收入的影响较明显，教育水平越高，工资收入越高，特别是大专及以上的高等学历的工资回报率较高。工作经验的影响效果随时间逐步增大，但作用力度仍小于教育回报。年龄对工资收入的影响较弱，年龄对工资收入可能存在边际递减效应。接着，对比教育对男女工资水平回报的差异及其长期变化趋势。教育对女性工资水平的回报高于男性，女性受教育程度越高，回报越大，长期而言亦是如此（刘泽云，2008）。随着社会经济发展和基础教育建设的加强，女性受教育的机会增加，但长期而言，越来越多的高等学历劳动者涌入劳动力市场，高等教育回报对性别工资的作用逐渐趋同，即女性的高等教育收益率有回落趋势。

进一步，表4 – 6 报告了不同性别类型职业的工资影响因素，比较男性职业组、中性职业组、女性职业组下各大影响因素对工资的作用效果。结果显示，各大职业分布中，男性工资均显著高于女性劳动者，2003 ~ 2013 年间这一差距逐渐扩大，其中男性职业与中性职业的性别工资差异扩大程度最高，2013 年男性在传统以男性主导的职业中工资约高于女性149% ，即使在职业性别构成较集中的中性职业，男女工资差异仍为106% 。在各大性别类型职业中教育收益率最高，特别是高等教育回报。2003 ~ 2013 年的10 年间工作经验的工资回报也显著提高；工作单位所有制类型对各类职业中工资回报并无显著影响，甚至在公立性质部门工资回报更低。另外，地区经济发展的不平衡导致东部地区的各类职业工资回报显著更高。

表 4-6 分性别类型职业的工资决定方程回归结果

变量		2003 年			2013 年		
		（1）男性职业	（2）中性职业	（3）女性职业	（4）男性职业	（5）中性职业	（6）女性职业
男性		0.697 *** (0.181)	0.729 *** (0.118)	1.033 *** (0.238)	1.488 *** (0.269)	1.061 *** (0.131)	0.597 *** (0.142)
教育水平（以小学及以下为对照组）	初中	-0.245 (0.231)	0.334 (0.256)	0.798 (0.619)	-0.0864 (0.268)	0.272 (0.283)	-0.0274 (0.447)
	高中	0.158 (0.237)	0.755 *** (0.259)	1.574 ** (0.619)	0.202 (0.282)	0.335 (0.309)	0.352 (0.464)
	大专及以上	1.004 *** (0.233)	1.878 *** (0.270)	1.924 *** (0.655)	0.686 * (0.362)	1.115 *** (0.324)	1.815 *** (0.468)
工作经验		0.0122 (0.0164)	0.0274 (0.0177)	0.0432 (0.0486)	0.0446 *** (0.0142)	0.0625 *** (0.0105)	0.0355 ** (0.0138)
工作单位的所有制性质（以其他为对照组）	公立	-0.600 (0.409)	-0.655 *** (0.249)	0.668 (1.288)	-2.219 ** (1.106)	—	-0.885 (0.824)
	私立	0.00164 (0.425)	-0.143 (0.331)	1.021 (1.435)	-1.965 * (1.096)	-0.102 (0.172)	-0.108 (0.762)
	外企	-0.323 (0.781)	0.0753 (0.507)	0.146 (1.541)	-2.385 * (1.269)	-0.288 (0.479)	-0.755 (0.944)
地区（以中部为对照组）	东部	1.831 *** (0.659)	0.877 * (0.511)	2.204 ** (1.117)	0.259 (0.291)	1.554 *** (0.398)	1.331 ** (0.525)
	西部	1.704 ** (0.733)	-0.313 (0.813)	2.945 (2.136)	-0.177 (0.584)	1.642 *** (0.528)	0.932 (0.856)
常数		6.028 *** (1.839)	5.956 *** (1.589)	3.276 (3.051)	11.80 *** (1.789)	1.596 (1.861)	2.737 (2.156)
样本量		1289	2047	596	795	1682	913
R^2		0.212	0.211	0.361	0.291	0.277	0.337

注：*、**、***分别表示在10%、5%和1%水平上显著。括号里的数值为稳健标准误。控制年龄及年龄平方、城市户口、已婚变量。控制省份与行业的固定效应，因篇幅关系未报告。

资料来源：2003 年和 2013 年的中国综合社会调查。

4.4.2　分性别的职业选择行为和工资决定要素

表 4 - 7 报告了女性和男性在职业选择过程中考虑的影响因素，以揭示两性如何进入不同职业分布中以及 2003 ~ 2013 年这 10 年间男女职业选择有何变化？结果发现，以女性职业为参照组，年龄、城市户口、婚姻状况对男女职业选择无显著差异。从人力资本投资角度看，女性受教育程度越高或工作经验越多，选择男性职业的概率越低，对男性而言并无此影响；就部门所有制形式看，女性在男性职业中选择公立部门概率较低，在中性职业中选择哪个部门的影响并不显著；就地区而言，男性更倾向于选择位于东部地区的男性职业和中性职业。总体上，无论个体自身特征还是人力资本对于男女选择职业影响效果均偏小，说明劳动力市场职业分布差异以及导致职业隔离与歧视的主要压力可能来自劳动力需求方——雇主偏好与歧视，更需要对劳动力市场雇用方的行为进行经济学分析。

表 4 - 7　　分性别的职业选择方程估计结果（以女性职业为参照组）

变量		女性				男性			
		2003 年		2013 年		2003 年		2013 年	
		（1）男性职业	（2）中性职业	（3）男性职业	（4）中性职业	（5）男性职业	（6）中性职业	（7）男性职业	（8）中性职业
年龄		-0.027 (0.06)	-0.13*** (0.05)	0.024 (0.06)	-0.036 (0.04)	-0.011 (0.08)	-0.027 (0.08)	-0.007 (0.05)	-0.07 (0.05)
年龄平方		0.0006 (0.0007)	0.002*** (0.0005)	-1.34×10^{-5} (0.0007)	0.0005 (0.0005)	-0.0002 (0.0009)	8.46×10^{-5} (0.0009)	-0.0001 (0.0006)	0.0007 (0.0005)
城市户口		-0.0104 (0.307)	0.136 (0.291)	0.270 (0.220)	0.212 (0.142)	-0.832 (0.614)	-0.948 (0.619)	-0.0884 (0.173)	-0.056 (0.169)
已婚		0.348 (0.230)	0.199 (0.172)	-0.246 (0.236)	-0.0779 (0.155)	0.441 (0.31)	-0.0372 (0.299)	0.265 (0.195)	-0.00645 (0.183)
教育水平（以小学及以下为对照组）	初中	-0.72*** (0.264)	-0.31 (0.231)	0.23 (0.267)	0.04 (0.183)	-0.13 (0.355)	0.29 (0.362)	0.21 (0.252)	0.13 (0.254)
	高中	-1.09*** (0.27)	-0.59** (0.232)	-0.06 (0.289)	-0.17 (0.193)	-0.49 (0.351)	0.03 (0.357)	-0.096 (0.259)	0.21 (0.257)
	大专及以上	-1.35*** (0.311)	-0.63** (0.251)	-1.04*** (0.339)	-0.83*** (0.213)	-1.05*** (0.363)	-0.02 (0.365)	-0.95*** (0.273)	-0.503* (0.268)
工作经验		-0.0298* (0.02)	-0.0106 (0.01)	-0.0165 (0.012)	-0.0151* (0.008)	0.0345 (0.023)	0.0359 (0.023)	-0.0133 (0.01)	-0.0113 (0.009)

变量		女性				男性			
		2003 年		2013 年		2003 年		2013 年	
		(1) 男性职业	(2) 中性职业	(3) 男性职业	(4) 中性职业	(5) 男性职业	(6) 中性职业	(7) 男性职业	(8) 中性职业
工作单位的所有制性质（以其他为对照组）	公立	-1.5 *** (0.552)	-1.56 *** (0.473)	-1.11 (1.444)	12.91 (512.4)	-1.07 (1.041)	-1.42 (1.024)	-0.45 (0.369)	-0.22 (0.358)
	私立	0.58 (0.572)	-1.49 *** (0.501)	-0.697 (1.443)	13.43 (512.4)	-0.15 (1.061)	-1.61 (1.047)	-0.21 (0.374)	-0.029 (0.362)
	外企	-0.951 (0.789)	-1.319 ** (0.615)	-0.0124 (1.508)	13.88 (512.4)	-1.097 (1.185)	-1.539 (1.157)	— 	—
地区（以中部为对照组）	东部	-0.17 (0.175)	-0.07 (0.132)	0.19 (0.198)	-0.003 (0.127)	0.22 (0.208)	0.34 * (0.206)	0.45 *** (0.169)	0.48 *** (0.161)
	西部	0.25 (0.195)	-0.06 (0.155)	0.086 (0.247)	-0.01 (0.155)	-0.129 (0.236)	0.052 (0.233)	0.24 (0.194)	0.017 (0.189)
常数		1.897 (1.28)	5.33 *** (1.05)	-0.78 (1.84)	-11.72 (512.4)	3.55 * (1.91)	4.23 ** (1.89)	1.52 (1.11)	2.71 ** (1.06)
样本量		2135	2135	1906	1906	2216	2216	1891	1891
准 R^2		0.086	0.086	0.035	0.035	0.048	0.048	0.027	0.027

注：*、**、*** 分别表示在10%、5%和1%水平上显著。括号里的数值为稳健标准误。控制年龄及年龄平方、城市户口、已婚变量。模型采用多元概率估计方法（multinomial logit model）。

资料来源：2003 年和 2013 年的中国综合社会调查。

表4-8 和表4-9 分别给出了女性和女性的工资决定要素。对比发现男女在工资的决定上存在比较大的差异。2003 年时，年龄对中性职业和女性职业的工资存在边际递减效应，但 2013 年年龄的作用效果减弱，根据生命周期理论可知，女性生命周期内工资分布波动性较大，女性劳动者进入或退出劳动力市场导致工资差异较大（Polachek，2008）。拥有城市户口的女性在女性职业中获得高工资可能性更强；已婚对女性在中性职业的工资影响为负，已婚男性在各类职业中都获益（Hegewisch et al.，2010），这与家庭经济学观点基本相似，已婚女性家庭时间更多而男性工作时间更多。女性受教育程度不同将影响女性在各类职业的工资获得，10 年间高等教育女性工资收益率远高于男性，特别是中性职业和女性职业中回报率更大；工作经验有利于增加男女工资；男性在私企与外企的中性职业和男性职业获得高工资，那些社会经济地位高、职业声望高、工资收入高的职业更多被男性占据。

表 4 - 8　　　　　　　　　　**女性的工资决定方程回归结果**

变量		2003 年			2013 年		
		(1) 男性职业	(2) 中性职业	(3) 女性职业	(4) 男性职业	(5) 中性职业	(6) 女性职业
教育水平（以小学及以下为对照组）	初中	- 0.881 * (0.507)	0.602 (0.392)	0.784 (0.825)	- 0.301 (1.157)	0.389 (0.401)	0.107 (0.626)
	高中	0.0181 (0.582)	1.138 *** (0.399)	1.531 * (0.824)	0.347 (1.203)	0.409 (0.461)	0.510 (0.679)
	大专及以上	1.754 ** (0.723)	2.779 *** (0.419)	2.186 ** (0.872)	1.803 (1.583)	1.551 *** (0.498)	2.537 *** (0.675)
	工作经验	0.0546 * (0.0278)	0.0634 ** (0.0278)	0.0485 (0.0628)	0.145 ** (0.0656)	0.0866 *** (0.0166)	0.0709 *** (0.0249)
工作单位的所有制性质（以其他为对照组）	公立	- 0.595 (0.752)	- 0.635 * (0.352)	0.750 (1.439)	- 1.963 (1.992)	1.039 (0.822)	- 1.746 (1.392)
	私立	- 0.457 (0.816)	- 0.266 (0.517)	1.061 (1.677)	- 1.587 (2.265)	0.803 (0.807)	- 0.522 (1.351)
	外企	2.283 (1.603)	- 0.0773 (0.832)	0.258 (1.931)	- 4.699 (3.093)	—	- 0.209 (1.467)
地区（以中部为对照组）	东部	1.383 (1.475)	2.679 *** (0.735)	1.694 (1.129)	1.077 (2.269)	1.776 *** (0.612)	1.133 (1.102)
	西部	1.940 (1.549)	1.494 ** (0.759)	6.167 ** (2.557)	- 0.400 (2.843)	1.378 (0.934)	- 0.231 (1.706)
逆米尔斯比		0.853	1.074 *	1.973 **	0.582 *	1.498 ***	1.251 **
样本量		380	1094	448	183	932	570
R²		0.358	0.265	0.392	0.612	0.315	0.371

　　注：*、**、*** 分别表示在10%、5%和1%水平上显著；括号里的数值为稳健标准误。控制年龄及年龄平方、城市户口、已婚变量。控制省份与行业的固定效应，省略常数项不报告。

　　资料来源：2003 年和 2013 年的中国综合社会调查。

表4-9 男性的工资决定方程回归结果

		2003 年			2013 年		
变量		（1）男性职业	（2）中性职业	（3）女性职业	（4）男性职业	（5）中性职业	（6）女性职业
（以小学及以下为对照组）教育水平	初中	0.0951 (0.286)	0.0307 (0.310)	1.008 * (0.591)	-0.00309 (0.203)	0.0641 (0.325)	-0.223 (0.269)
	高中	0.294 (0.294)	0.306 (0.309)	1.504 ** (0.606)	0.201 (0.235)	0.0211 (0.357)	0.0582 (0.298)
	大专及以上	0.996 *** (0.284)	1.061 *** (0.325)	1.975 *** (0.632)	0.480 (0.310)	0.329 (0.370)	0.787 *** (0.290)
	工作经验	0.00290 (0.0237)	-0.00691 (0.0191)	0.0879 (0.0530)	0.0264 ** (0.0132)	0.0395 *** (0.0132)	0.0173 (0.0107)
工作单位的所有制性质（以其他为对照组）	公立	-0.440 (0.397)	-0.268 (0.180)	0.344 (0.609)	—	—	-0.153 (0.253)
	私立	0.385 (0.426)	0.138 (0.282)	—	0.444 ** (0.200)	0.188 (0.170)	—
	外企	-0.895 (0.851)	0.628 (0.415)	-0.888 (0.959)	0.583 * (0.344)	0.676 ** (0.265)	-1.448 (1.323)
地区（以中部为对照组）	东部	1.125 (0.773)	0.561 *** (0.216)	0.0548 (0.804)	1.309 (1.623)	0.934 *** (0.275)	2.126 ** (0.953)
	西部	0.978 (1.293)	-1.271 (1.022)	0.457 (2.700)	1.113 (1.670)	0.882 ** (0.447)	1.425 (1.032)
逆米尔斯比		-1.386 **	-0.875	-0.692	-1.683 ***	-1.023 *	-0.965
样本量		909	953	148	612	750	343
R^2		0.221	0.263	0.568	0.287	0.337	0.549

注：*、**、***分别表示在10%、5%和1%水平上显著；括号里的数值为稳健标准误。控制年龄及年龄平方、城市户口、已婚变量。控制省份与行业的固定效应，省略常数项不报告。

资料来源：2003年和2013年的中国综合社会调查。

此外，表4-8和表4-9根据赫克曼（Heckman，1979）修正选择偏误，采用男女的职业选择结果修正工资决定方程，根据逆米尔斯比结果发现，对男

性而言，选择男性职业的决策效果远大于其他职业，而对女性工资的决定则是
和女性参与劳动力市场经济活动密切相关，女性职业和中性职业的影响显著。

4.4.3　性别工资差异分解及变化

根据分性别的职业选择行为和工资决定要素，表4-10报告了实际与预测
的男女职业分布情况及差异，采用反事实法，即保持男性与女性在各类性别类
型职业的分布一致时，分析男女各自应变动的比例。

表4-10　　　　　　　　　　职业分布：实际、预测及变动比例　　　　　　　　单位：%

项目	2003 年			2013 年		
	男性职业	中性职业	女性职业	男性职业	中性职业	女性职业
实际职业分布						
男性	44.91	48.00	7.09	37.73	45.78	16.49
女性	20.16	57.42	22.42	10.39	63.32	26.29
预测职业分布						
男性	46.55	47.11	6.34	38.95	42.39	18.66
女性	17.12	58.89	24.00	11.04	55.10	33.86
职业分布变动比例						
男性	1.64	-0.89	-0.75	1.22	-3.39	2.17
女性	-3.04	1.47	1.58	0.65	-8.22	7.57

注：职业分布变动比例是指为了达到预测标准，实际职业分布须变动的比率。
资料来源：2003 年和2013 年的中国综合社会调查。

采用布朗分解比较2003 年与2013 年的总体性别工资差异及其变化趋势，
表4-11报告了性别工资差异分解结果，并计算了长期变化率。表4-10的结
果为表4-11的布朗分解结果提供了分析基础。整体而言，2003~2013 年间性
别工资差异上升了85%，男女工资差异扩大。

表4-11　　　　　　　　　　总体性别工资差异的分解

项目	2003 年		2013 年		变化率（%）
	数值	分解（%）	数值	分解（%）	
原始的性别工资差异	1.4665	—	2.7159	—	85.20
职业内个人特征差异（PD）	0.2080	14.19	0.7701	28.36	99.90

项目	2003 年		2013 年		变化率
	数值	分解（%）	数值	分解（%）	（%）
职业内性别歧视（WD）	0.9537	65.03	1.3653	50.27	-22.70
职业间个人特征差异（QD）	0.0116	0.79	0.1193	4.39	457.56
职业性别隔离（OD）	0.0827	5.64	0.0532	1.96	-65.23

资料来源：2003 年和 2013 年的中国综合社会调查。

由表 4-11 的性别工资差异分解结果，可知：

（1）职业内部与职业间的工资差异分解结果与原因并不相同。第一，职业内部男女"同工不同酬"的现象频繁，职业内部性别歧视是其工资差异最主要原因（Brown et al.，1980；Meng，1998），几乎能够解释总体性别差异的 1/2 以上。第二，职业内部个人特征差异引起工资差异，同一职业内男女在教育、工作经验、个人能力等禀赋差异影响着工资回报。第三，职业间差异导致的性别工资差异较弱，相对而言，隔离对工资差异的影响强于职业间禀赋效应，例如某些职业或岗位在招聘或晋升过程中只限男性。

（2）研究性别工资差异的变化趋势发现：第一，长期的性别工资差异在拉大，但职业内部因性别歧视直接导致的工资差异逐渐减少，降幅约 23%。第二，职业内部因个人禀赋差异而导致工资差异逐渐提高，增幅接近 100%。第三，职业间个人禀赋效应解释力增强，虽然其作用力仍很低，但是 2003~2013 年的 10 年间个人特征的回报率上升幅度高达约 458%，说明不同职业更加重视专业化、技术化的人才。第四，不同职业间对性别的隔离程度下降幅度最高，职业隔离程度的降低不仅表现为劳动力市场性别的职业分布逐渐缩小，更体现在职业隔离对性别工资差异的影响效果逐渐降低。总体而言，职业内部和不同职业间由歧视和隔离导致的性别工资差异局面逐渐好转。

4.4.4　稳健性检验

为了更加稳健地分析职业隔离与性别工资差异，以从事非农职业的城市户口人群为研究对象进行稳健性检验。表 4-12 报告了城市样本的描述性统计结果。城市性别工资差异呈扩大趋势，2003 年男女工资差异比率为 49%，2013 年男女工资差异比率增加至 57%，但相对于表 4-2 的全样本而言，城市的性别工资差异较小。另外，城市高等学历人群整体呈上升趋势，2013 年高等学历人群比例增加约 72%，其中，女性群体增加 84%，男性群体增加 60%。

表 4 - 12　　　　　　　　　　城市样本描述性统计结果

变量		2003 年				2013 年			
		城市样本	女性	男性	组间差异检验（t 检验）	城市样本	女性	男性	组间差异检验（t 检验）
年龄		40. 42	39. 93	40. 95	- 1. 026 ***	41. 22	41. 23	41. 2	0. 03
已婚		0. 835	0. 836	0. 833	0. 003	0. 764	0. 79	0. 741	0. 049 ***
教育水平	小学及以下	0. 121	0. 136	0. 104	0. 033 ***	0. 07	0. 086	0. 055	0. 030 ***
	初中	0. 322	0. 336	0. 307	0. 029 **	0. 223	0. 24	0. 207	0. 033 **
	高中	0. 332	0. 332	0. 333	- 0. 001	0. 321	0. 313	0. 329	- 0. 015
	大专及以上	0. 225	0. 196	0. 256	- 0. 061 ***	0. 386	0. 361	0. 409	- 0. 048 ***
工作经验		21. 09	20. 36	21. 81	- 1. 455 ***	17. 93	16. 7	19. 02	- 2. 314 ***
工作单位所有制性质	公立	0. 789	0. 79	0. 789	0. 001	0. 616	0. 622	0. 61	0. 012
	私立	0. 168	0. 164	0. 173	- 0. 009	0. 342	0. 338	0. 346	- 0. 008
	外企	0. 018	0. 019	0. 018	0. 001	0. 041	0. 039	0. 043	- 0. 004
	其他	0. 024	0. 028	0. 021	0. 007	0. 0004	0. 001	0	0. 001
地区	东部	0. 501	0. 495	0. 506	- 0. 011	0. 572	0. 567	0. 577	- 0. 009
	中部	0. 266	0. 259	0. 273	- 0. 014	0. 234	0. 247	0. 223	0. 024 *
	西部	0. 233	0. 246	0. 22	0. 025 **	0. 194	0. 186	0. 201	- 0. 015
工资		10015	8285	12000	-3.5×10^{3}***	27569	21000	33000	-1.2×10^{4}***
样本量		4647	2397	2250	—	3709	1775	1934	—

注：城市样本为从事非农职业的城市户口居民。*、**、*** 分别表示在 10%、5% 和 1% 水平上显著。

资料来源：2003 年和 2013 年的中国综合社会调查。

从事非农职业的城市居民的职业选择受个人禀赋、部门特征的影响，存在男女差异。表 4 - 13 给出了城市样本分性别的职业选择方程估计结果，对比发现，与女性职业相比，女性教育水平越高选择男性职业的可能性越低，男性教育水平越低选择中性职业的可能性越高，相反结果恰恰能够解释男女在不同职业类型中从事着"分层"工作（job ladder），工作层次越好，女性越被排挤。因此性别不平等现象较严重。

表 4 – 13   **城市样本分性别的职业选择方程估计结果**

（以女性职业为参照组）

变量		女性				男性			
		2003 年		2013 年		2003 年		2013 年	
		（1）男性职业	（2）中性职业	（3）男性职业	（4）中性职业	（5）男性职业	（6）中性职业	（7）男性职业	（8）中性职业
教育水平（以小学及以下为对照组）	初中	-0.85 *** (0.283)	-0.396 (0.247)	0.176 (0.460)	-0.127 (0.317)	-0.202 (0.370)	0.354 (0.378)	0.0758 (0.392)	0.685 * (0.415)
	高中	-1.21 *** (0.287)	-0.65 *** (0.248)	-0.197 (0.453)	-0.61 ** (0.307)	-0.589 (0.364)	0.0757 (0.372)	0.176 (0.384)	0.88 ** (0.407)
	大专及以上	-1.48 *** (0.324)	-0.7 *** (0.264)	-1.08 ** (0.492)	-1.14 *** (0.323)	-1.11 *** (0.375)	0.05 (0.379)	-1.0 *** (0.385)	-0.062 (0.405)
工作经验		-0.023 (0.017)	-0.007 (0.02)	-0.012 (0.015)	-0.02 ** (0.011)	0.042 * (0.02)	0.047 * (0.02)	-0.02 (0.01)	-0.016 (0.01)
工作单位的所有制性质（以其他为对照组）	公立	-1.47 *** (0.559)	-1.35 *** (0.478)	13.67 (1, 570)	13.82 (737.6)	-1.139 (1.041)	-1.316 (1.027)	-0.383 (0.398)	0.027 (0.393)
	私立	0.447 (0.583)	-1.39 *** (0.511)	13.93 (1, 570)	14.35 (737.6)	-0.07 (1.067)	-1.38 (1.056)	-0.28 (0.406)	0.195 (0.401)
	外企	-0.888 (0.803)	-1.060 * (0.633)	14.22 (1, 570)	14.43 (737.6)	-1.181 (1.187)	-1.452 (1.161)	—	—
样本量		1982	1982	1218	1218	2067	2067	1235	1235
准 R^2		0.070	0.070	0.043	0.043	0.047	0.047	0.029	0.029

注：城市样本为从事非农职业的城市户口居民。* 、** 、*** 分别表示在 10% 、5% 和 1% 水平上显著。括号里的数值为稳健标准误差。控制年龄及年龄平方、已婚、地区分组等变量；省略常数项。模型采用多元概率估计方法。

资料来源：2003 年和 2013 年的中国综合社会调查。

表 4 – 14 和表 4 – 15 分别报告了城市女性和男性的工资决定要素。由表 4 – 14 可知，在男性职业中，初中学历女性的工资水平显著较低，高等学历男性工资水平显著较高；在中性职业中，女性受教育程度越高工资回报越高，但女性的教育回报优势正在逐渐减弱，随着高等学历的女性劳动者增加，劳动力市场竞争性增强，学历回报作用减弱。对男性而言，工作经验的效果虽不如教育回报，但工作经验带给男性的工资回报逐渐增加（见表 4 – 15），但对于女性工作经验回报力不强（见表 4 – 14）。

表 4-14　　　　　　　　城市女性的工资决定方程回归结果

变量		2003 年			2013 年		
		（1）男性职业	（2）中性职业	（3）女性职业	（4）男性职业	（5）中性职业	（6）女性职业
教育水平（以小学及以下为对照组）	初中	-1.200**(0.559)	0.555(0.412)	0.116(0.820)	-0.291(1.726)	0.364(0.555)	-0.525(0.710)
	高中	-0.382(0.645)	1.139***(0.412)	0.929(0.820)	0.322(1.746)	0.541(0.594)	-0.230(0.694)
	大专及以上	1.168(0.741)	2.744***(0.430)	1.549*(0.867)	2.048(2.201)	1.387**(0.682)	1.580**(0.750)
工作经验		0.0688**(0.0328)	0.0549*(0.0292)	0.0529(0.0655)	0.0552(0.0905)	0.109***(0.0212)	0.0887***(0.0304)
工作单位的所有制性质（以其他为对照组）	公立	-0.813(0.782)	-0.741**(0.344)	0.705(1.422)	—	—	-1.626(1.601)
	私立	-0.545(0.860)	-0.283(0.530)	1.182(1.712)	0.704(0.763)	0.113(0.379)	-0.526(1.525)
	外企	1.787(1.576)	-0.451(0.847)	0.105(1.952)	-3.917(2.518)	-1.092(0.989)	-0.0634(1.626)
逆米尔斯比		0.714	1.37**	1.262***	0.538*	1.81***	1.37**
样本量		331	1036	432	120	570	400
R^2		0.413	0.262	0.383	0.818	0.357	0.374

注：城市样本为从事非农职业的城市户口居民。*、**、***分别表示在10%、5%和1%水平上显著。括号里的数值为稳健标准误差。控制年龄及年龄平方、已婚、地区分组等变量；控制省份与行业的固定效应，省略常数项不报告。

资料来源：2003 年和 2013 年的中国综合社会调查。

表 4-15　　　　　　　　城市男性的工资决定方程回归结果

变量		2003 年			2013 年		
		（1）男性职业	（2）中性职业	（3）女性职业	（4）男性职业	（5）中性职业	（6）女性职业
教育水平（以小学及以下为对照组）	初中	-0.0673(0.287)	-0.00214(0.337)	1.007*(0.603)	0.325(0.468)	0.735(0.943)	-0.418(0.592)
	高中	0.206(0.294)	0.250(0.338)	1.368**(0.610)	0.531(0.458)	0.856(0.919)	0.0578(0.617)
	大专及以上	0.947***(0.291)	1.000***(0.355)	1.862***(0.625)	0.972*(0.545)	0.955(0.922)	0.694(0.570)
工作经验		0.000253(0.0264)	-0.0126(0.0234)	0.105*(0.0538)	0.0370(0.0307)	0.0494**(0.0223)	0.0238*(0.0132)

变量		2003 年			2013 年		
		(1) 男性职业	(2) 中性职业	(3) 女性职业	(4) 男性职业	(5) 中性职业	(6) 女性职业
工作单位的所有制性质（以其他为对照组）	公立	-0.515 (0.419)	-0.347 * (0.186)	1.476 ** (0.663)	-0.760 * (0.423)	-0.944 ** (0.431)	-0.404 (0.278)
	私立	0.313 (0.451)	0.0788 (0.299)	1.239 (0.931)	-0.161 (0.383)	-0.514 (0.373)	—
	外企	-1.004 (0.937)	0.463 (0.436)	—	—	—	-1.534 (1.391)
逆米尔斯比		-1.17 **	-0.525	-1.03	-1.23 ***	-1.16	-0.837
样本量		842	896	143	361	488	252
R^2		0.236	0.271	0.578	0.380	0.376	0.601

注：城市样本为从事非农职业的城市户口居民。*、**、*** 分别表示在10%、5% 和1% 水平上显著。括号里的数值为稳健标准误。控制年龄及年龄平方、已婚、地区分组等变量；控制省份与行业的固定效应，省略常数项不报告。

资料来源：2003 年和2013 年的中国综合社会调查。

表4-16 报告了城市人群的性别工资差异分解，城市人群性别工资差异变化率为54.52%，明显小于表4-12 全样本人群的性别工资差异结果。根据分解结果，职业内部性别工资歧视依旧是工资差异最主要的因素，但人力资本禀赋的作用在逐渐上升。长期来看，无论职业内部的性别歧视，还是不同职业间的隔离，对城市男女工资差异的作用逐渐降低。

表4-16　　　　　　　　　　城市性别工资差异的分解

项目	2003 年		2013 年		变化率 （%）
	数值	分解（%）	数值	分解（%）	
原始的性别工资差异	1.3019	—	2.0118	—	54.52
职业内个人特征差异（PD）	0.1971	15.14	0.8787	43.68	188.52
职业内性别歧视（WD）	0.8701	66.83	0.9470	47.07	-29.56
职业间个人特征差异（QD）	0.0314	2.41	0.2201	10.94	354.31
职业性别隔离（OD）	0.0740	5.68	0.0224	1.11	-80.44

注：1. 采用布朗工资分解方法。
　　2. 城市样本为从事非农职业的城市户口居民。
资料来源：2003 年和2013 年的中国综合社会调查。

4.4.5 考虑职业工种属性的性别工资差异变化

本章前几节就性别工资差异的影响因素及变化、男女不同的职业选择和工资决定要素进行了详细分析，通过对职业的性别构成及其分布变化进行分析发现，职业分布呈现集中化和中性化趋势，但中性职业的性别工资差异扩大，不同性别类型职业中影响男女工资的因素差异较大，男性多从事社会经济地位高、职业声望高、工资收入高的职业，女性则相反。上述研究更多围绕职业间差异展开，但是在男性职业、中性职业、女性职业内部结构与性别工资差异到底如何？这需要引入职业的工种属性分类进行分析，即将职业按照工种属性划分为管理类型、服务类型、办事类型、技术类型、生产类型、农业类型等。李春玲（2009）根据职业工种属性按照各自社会经济特点，将管理类型和技术类型视为中高层白领，办事类型为低层白领，服务类型视为半白领或半蓝领，生产类型和农业类型为蓝领。对职业的性别分布内部结构进行分析，有利于理解劳动力市场变化与性别不平等的变化。

表4-17报告了不同性别的各职业工种类型的相对规模。总体来看，生产类型劳动者人数最多，2003～2013年的10年间管理类型与办事类型的相对规模减小，服务类型相对规模增长，女性劳动者更多从事服务类型，而男性劳动者多为生产类型，这两种类型均是劳动力市场较为低层次的就业活动。在中高级别白领中，管理类型的男性更多而技术类型的女性更多，与李汪洋和谢宇（2015）研究结果一致，得益于中国义务教育改革与教育普及。

表4-17   **按职业工种属性划分的相对规模**

工种属性	2003年				2013年			
	全样本（%）	女性（%）	男性（%）	组间差异检验（t检验）	全样本（%）	女性（%）	男性（%）	组间差异检验（t检验）
管理类型	14.4	12.3	16.5	-0.042***	2.4	2.1	2.7	-0.006*
技术类型	16.0	19.9	12.1	0.078***	19.7	23.5	16.2	0.073***
办事类型	13.7	11.5	15.9	-0.044***	2.4	1.7	2.9	-0.012***
服务类型	18.9	23.0	14.9	0.080***	29.4	33.9	25.3	0.087***
农业类型	3.5	4.6	2.5	0.021***	8.1	12.2	4.3	0.079***
生产类型	33.4	28.6	38.1	-0.095***	38.0	26.6	48.5	-0.220***

注：相对规模是不同职业工种类型的劳动者人数分别占全样本、女性群体、男性群体的比重。*、
***分别表示在10%和1%水平上显著。
资料来源：2003年和2013年的中国综合社会调查。

表4-18报告了不同性别在各职业工种的工资水平。由表4-18可知，工资收入最高的当属管理类型、技术类型、办事类型，女性在技术类型工资最高而在农业类型工资最低，男性在技术类型工资最高而在服务类型工资最低，但是就工资获得上，女性在各类职业的工资都远远低于男性。2003～2013年间，工资收益上升幅度最大的集中在办事类型与服务类型，这得益于我国全球化、市场化及经济结构升级，传统农业经济转型，第三产业的发展使处于中低级别职业的劳动者受益，特别是城市化为服务业的发展提供土壤。因此，下面将排除农业类型就城市样本的性别工资差异进行分析。

表4-18　　　　　　　　　按职业工种属性划分的工资回报　　　　　　　　单位：元

工种属性	2003 年				2013 年			
	全样本	女性	男性	组间差异检验（t 检验）	全样本	女性	男性	组间差异检验（t 检验）
管理类型	13236	8973	16421	-7.4×10^3 ***	20466	15366	23828	-8.5×10^3 ***
技术类型	14653	12847	17687	-4.8×10^3 ***	33106	26235	41833	-1.6×10^4 ***
办事类型	12804	12096	13323	-1.20×10^3	35536	37594	34452	3141.163
服务类型	8124	7004	9842	-2.8×10^3 ***	23555	16491	32151	-1.6×10^4 ***
农业类型	6449	4289	10064	-5.8×10^3 ***	6257	3730	13106	-9.4×10^3 ***
生产类型	8306	6683	9488	-2.8×10^3 ***	19467	12640	22778	-1.0×10^4 ***

注：工资使用居民年平均工资总额计算。*** 表示在1%水平上显著。
资料来源：2003年和2013年的中国综合社会调查。

图4-7展示了2003年和2013年不同性别类型职业的工资总额分布情况，按照职业的工种属性划分，发现男性职业与中性职业中工资最高的是技术类型，同时技术类型内部工资变化较大，2003～2013年间技术类型在女性职业中的工资上升幅度较大。但图4-7未能展示各类性别职业内部工资决定要素是否与职业的工种属性相关。

表4-19和表4-20报告了城市男女的工资决定要素，以办事类型为对照组。以女性为分析对象可知（见表4-19），2003年男性职业中管理类型、技术类型与生产类型的工资收入均显著低于办事类型，但2003～2013年间变得不显著，另外中性职业中管理类型与技术类型虽然工资收入较高但并不显著。以男性为分析对象可知（见表4-20），中性职业的管理类型工资显著高于办事类型，服务类型显著较低，但2003～2013年间均不显著。说明职业工种属性在这10年间对城市男女的工资决定影响效果较低。

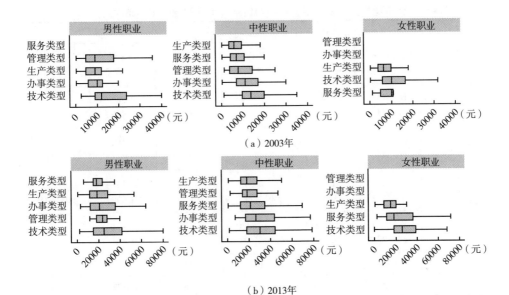

（a）2003年

（b）2013年

图4-7　城市样本分职业工种属性的年工资总额

注：城市样本为从事非农职业的城市户口居民。

资料来源：2003年和2013年的中国综合社会调查。

表4-19　城市女性的工资决定方程回归结果（考虑职业的工种属性）

项目	2003 年			2013 年		
	（1）男性职业	（2）中性职业	（3）女性职业	（4）男性职业	（5）中性职业	（6）女性职业
管理类型	-2.792** (1.369)	0.0161 (0.624)	—	0.851 (2.992)	0.380 (0.910)	—
技术类型	-2.552* (1.543)	0.300 (0.472)	0.0976 (0.491)	1.830 (3.330)	0.446 (0.713)	-0.0579 (0.489)
服务类型	—	-0.178 (0.276)	4.201 (2.748)	1.429 (3.780)	-0.568 (0.750)	—
生产类型	-2.494* (1.269)	-1.151*** (0.373)	—	1.352 (3.769)	-0.491 (0.706)	-0.536 (0.637)
样本量	331	999	432	120	570	400
R^2	0.422	0.277	0.391	0.820	0.367	0.375

注：城市样本为从事非农职业的城市户口居民。职业工种以办事类型为对照组。*、**、*** 分别表示在10%、5%和1%水平上显著；括号里的数值为稳健标准误差。控制教育水平、工资经验、单位所有制形式等变量；控制年龄及年龄平方、已婚、地区分组等变量；控制省份与行业的固定效应，省略常数项不报告。

资料来源：2003年和2013年的中国综合社会调查。

表 4 - 20　　　城市男性的工资决定方程回归结果（考虑职业的工种属性）

变量	2003 年			2013 年		
	（1）男性职业	（2）中性职业	（3）女性职业	（4）男性职业	（5）中性职业	（6）女性职业
管理类型	0.00153 (0.331)	0.660 * (0.359)	—	0.264 (0.600)	0.282 (0.476)	—
技术类型	0.0709 (0.311)	-0.0229 (0.344)	—	0.274 (0.508)	0.162 (0.433)	0.521 (0.447)
服务类型	—	-0.547 * (0.295)	-0.579 (1.171)	0.400 (0.608)	0.127 (0.409)	0.888 (0.540)
生产类型	-0.247 (0.297)	-0.482 (0.294)	-0.0420 (0.460)	0.181 (0.539)	0.164 (0.402)	—
样本量	838	848	143	361	488	252
R^2	0.225	0.279	0.579	0.381	0.377	0.605

注：城市样本为从事非农职业的城市户口居民。职业工种以办事类型为对照组。 * 、 ** 、 *** 分别表示在 10% 、 5% 和 1% 水平上显著；括号里的数值为稳健标准误。控制教育水平、工资经验、单位所有制形式等变量；控制年龄及年龄平方、已婚、地区分组等变量；控制省份与行业的固定效应，省略常数项不报告。
资料来源：2003 年和 2013 年的中国综合社会调查。

　　下面进一步分析各职业工种类型不同性别职业的男女劳动力工资差异及变化。图 4 - 8 为男性职业的性别工资差异。由图 4 - 8 可知，2003 年，性别工资差异最大的是管理类型，男性平均比女性多 8298 元；到了 2013 年，技术类型

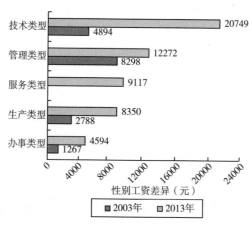

图 4 - 8　男性职业的性别工资差异（城市样本）

注：图中性别工资差异为男性职业中男性平均工资高于女性工资的部分。
资料来源：2003 年和 2013 年的中国综合社会调查。

的工资差异上升最多，男性平均比女性多挣 20749 元，管理类型排在第二位，男性平均比女性多挣 12272 元。这两类职业均属于社会经济地位较高的中高白领职业，也是男性劳动者相对规模较多的职业。

　　下面分析女性职业的性别工资差异及变化。由图 4－9 可知，传统以女性主导的职业中工资差异依旧很大，服务类型职业工资差异由 2003 年的－3520 元增大到 2013 年的 16338 元，意味着这 10 年间女性职业的服务类型男女工资差异由女性多于男性，变化为男性工资远远超过女性平均工资。同时，技术类型与生产类型的工资差异也逐渐扩大。

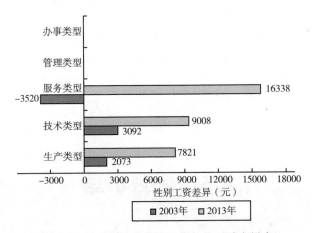

图 4－9　女性职业的性别工资差异（城市样本）

注：图中性别工资差异为女性职业中男性平均工资高于女性工资的部分。

资料来源：2003 年和 2013 年的中国综合社会调查。

　　图 4－10 描绘了 2003～2013 年间中性职业的性别工资差异变化，跟男性职业一样，技术类型性别工资差异最大。意外的是，一般以女性劳动者为主的服务类型职业的性别工资差异变化增大，2013 年男性平均比女性多挣 17122 元，说明即使在技术含量较低、社会经济地位较低的职业，性别不平等现象依旧严重。值得庆幸的是，社会地位较高的管理类型性别工资差异较低，同时办事类型性别工资差异出现"逆转"，2003～2013 年间，女性平均工资由低于男性的 2331 元变为比男性多约 6000 元。

　　本章第 4.3.3 节的结果显示，中性职业的性别工资差异扩大化，根据图 4－10 中性职业内部工资差异结构分解发现，这种扩大化主要源于技术类型性别工资差异增大以及服务类型性别工资差异的扩大。前者以工作技能要求高、教育水平要求高、工资收入高、产业化与现代化程度高为特点，后者以工资收入低、社会经济地位低为特点。

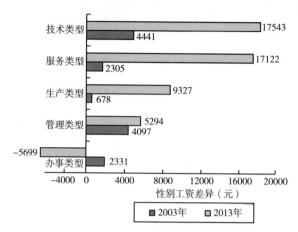

图 4 - 10　中性职业的性别工资差异（城市样本）

注：图中性别工资差异为中性职业中男性平均工资高于女性工资的部分。
资料来源：2003 年和 2013 年的中国综合社会调查。

4.5　本章小结

　　劳动力市场上的性别不平等是普遍存在并长期持续的现象，职业隔离与性别工资差异不仅制约了人力资源的合理流动和优化配置，造成社会职业分布的不平等，还会加大社会福利的净损失，进而影响整个国家的发展。

　　本章利用 2003～2013 年中国综合社会调查数据研究性别工资差异的变化趋势，以及职业隔离与职业分布变化对性别工资差异的影响。主要研究结果如下：

　　首先，长期来看，中国工资水平虽不断提高，但性别工资差距也逐渐拉大，男女工资不平等程度较严重。研究发现，第一，女性劳动者处于劳动力市场弱势地位，年龄偏小、受教育程度较低、工作经验较低、工资水平较低、社会经济地位较低；第二，随着社会发展与教育普及，女性的教育回报高于男性，特别是高等学历的男女工资差异较小，但长期而言，教育回报对性别工资的作用逐渐趋同，即女性的高等教育收益率有回落趋势；第三，稳健性分析发现，城市的性别工资差异虽逐渐拉大，但城市男女工资差异较小，试分析原因为教育回报率对缩短男女工资差异起重要作用，2013 年城市女性高等学历人群比例增加 84% 。

　　接着，本章对性别工资差异进行分解。总体而言，在职业内部和不同职业间，性别歧视和职业隔离导致的工资差异局面逐渐降低，教育、工作经验、个人能力等禀赋导致的工资差异逐渐上升。2003~2013 年间，职业内部歧视导致的男女工资差异下降约 23% ，职业间性别隔离影响下降约 65% ，劳动力市场更加重视专业化、技术化的人才，劳动者可以通过加强自身竞争力得到就业机会。值得注意的是，虽然劳动力市场因性别不平等带来的工资差异一定程度得到缓解，但是性别歧视仍是男女工资差异最主要原因，几乎能够解释工资差异的 1/2 以上。

　　进一步，深入分析职业分布与性别工资差异发现，职业分布中性化趋势日益明显，但是中性职业的性别工资差异也日益严重，性别不平等问题严峻化。中性职业的性别工资差异扩大化是性别不平等严重化的体现，扩大化主要源于服务类型职业和技术类型职业的性别工资差距加剧。一方面，随着社会经济发展及产业结构升级，特别是现代化服务业极速发展的当下，女性劳动者的工资水平依旧位于服务类型职业收入的底层；另一方面，即便现在教育普及促使女性人力资本投资的增加，使得更多女性劳动力进入社会经济地位高的技术类型职业，但是技术类职业内部男女工资差异依旧较大且有不断扩大的趋势。

第5章 雇用性别歧视的
影响因素分析

当今社会已在法律法规层面严格要求雇用环节的性别平等，如联合国的《消除对妇女一切形式歧视公约》（Convention on the Elimination of All Forms of Discrimination Against Women）、国际劳工组织的《关于消除就业和职业歧视的国际公约》（Convention Concerning Discrimination in Respect of Employment and Occupation）、欧盟的《性别平等指令》（Directive on Equal Treatment）、美国的《1964 年民权法》（Civil Rights Act of 1964）、加拿大的《就业平等法》（Employment Equity Act）、《中华人民共和国就业促进法》等，因此，学术界研究雇用性别歧视时难以直接获取雇用环节的歧视证据。库恩和沈凯玲（Kuhn & Shen，2013）收集了 2008～2010 年中国招聘网站 100 多万份招聘广告发现，雇主性别偏好导致雇用环节的性别歧视，雇主偏好女性一般存在年龄、身高、形象等附加要求，而非技能水平，同时性别偏好具有特定职业性质（highly job-specific），即某些职业存在偏好男性或女性现象，不同职业间性别偏好变动占据 1/3。但是，该研究并未对职业的性别分布进行深入分析，笼统研究职业与企业间的雇主性别偏好将低估雇用歧视的影响。

然而，招聘仅是雇用环节的第一关卡，仅研究招聘难以全面测量整体雇用性别歧视与雇主性别偏好，例如，面试环节的"隐形歧视"是否存在？最终雇用环节是否受到雇主性别偏好的影响？面对这些问题，学术界尚没有明确答案。

因此，直接测量雇用环节的雇主性别偏好，是研究雇用性别歧视问题的关键突破口。经济学家贝克尔研究发现，雇用环节的歧视问题主要来源于雇主的性别偏好（Becker，1957）。为了更好地测量雇用环节的雇主性别偏好，本章将延续前面的研究，以职业分布为研究基准，考察不同职业间的雇主性别偏好差异，如男性职业、女性职业和中性职业的雇主性别偏好程度。从而回答下述问题：随着职业分布的中性化趋势，隔离程度较低的中性职业是否仍然存在雇主性别偏好？随着个人异质性的增强、教育水平与技能水平等人力资本投资的提高，雇用歧视是否也逐渐降低？雇用环节的隐形性别歧视又如何表现在不同职业间？

不同于以往的研究，本章研究雇用性别歧视与雇主性别偏好具有三大创新点：第一，本章采用 2003 年和 2008 年中国综合社会调查数据，首次分析劳动者在获得现有工作时所遭遇的雇主性别偏好及其影响因素，为国内外直接研究就业歧视进行有益补充；第二，考虑职业的性别构成的异质性影响及其变化，深入分析男性职业、女性职业、中性职业的雇主性别偏好，试图填补职业性别隔离与雇用歧视的研究空白；第三，考虑雇用环节的"隐性歧视"对雇主性别偏好的影响，有利于深入分析雇用性别歧视的演变及影响因素。

5.1　雇用性别歧视的研究综述

劳动力市场的性别机会平等是女性劳动者赢取社会经济地位平等的基础条件和物质保障。尽管中国以立法的形式来保护劳动力市场女性权益，使之享有与男性平等的就业权利①，现实中这种性别平等的就业权却很难得到实现，就业市场上女性依然处于弱势地位（Webster，2011）。全国妇联公布的《第三期中国妇女社会地位调查主要数据报告》显示，18 岁及以上中国公民中约 10% 的女性劳动者在就业方面遭遇过性别歧视，而男性遭受雇用歧视的比例仅为 4.5%。进一步针对北京、武汉、南京、西安、兰州等 5 大城市超过 5000 个大学生样本的调查结果显示，约 25% 的女大学生在求职过程中曾经遭遇过不平等对待②。

雇用环节的性别歧视损害了人与人之间的机会平等，早已被各国法律和法规明确禁止，但是歧视现象屡屡发生（Petersen & Togstad，2006）。即使招聘岗位中未涉及性别偏好，依然存在隐性就业歧视（杨蕙，2015），主要表现在以下三个方面：第一，"隐蔽化"。由于法律规定招聘单位公然的歧视行为将受到处罚，因此雇用环节的歧视问题更为隐蔽，同时雇主为了避免处罚，给予女性

---

①　《中华人民共和国宪法》（2004 年修正）第四十八条指出："中华人民共和国妇女在政治的、经济的、文化的、社会的和家庭的生活等各方面享有同男子平等的权利。"《中华人民共和国就业促进法》（2008 年）第三条规定："劳动者就业，不因民族、种族、性别、宗教信仰等不同而受歧视。"《中华人民共和国妇女权益保障法》（2005 年修正）第二十三条指出："各单位在录用职工时，除不适合妇女的工种或者岗位外，不得以性别为由拒绝录用妇女或者提高对妇女的录用标准"。《中华人民共和国劳动合同法》等也有保障劳动者享有平等就业权利的法律条款。

②　由全国妇联负责的第三期中国妇女社会地位调查课题组，于 2010 年对全国除港澳台以外的 18～64 岁中国公民进行问卷调查，采用多阶段分层抽样方法共调查 105573 个样本。

劳动者的就业机会将减少，例如在招聘现场只收集简历，事后不再通知女性求职者面试；或面试之后，在后续环节淘汰女性。第二，"区别对待"。雇主并不拒绝雇用女性劳动者，而是将女性安排在那些收入低廉、技术不强、条件较差的所谓"女性职业"，使得女性在就业中获得的收入明显低于男性。第三，"提高雇用门槛"，针对女性设置额外的附加条件，如身高、相貌、年龄、未婚未育等，自然而然刷掉一批女性求职者。

学术界测量雇用歧视的方式可分为直接测量和间接研究。前者通过直接测量企业的雇主性别偏好、招聘员工性别组成等研究性别歧视（Darity & Mason，1998；Neumark，2012；Maurer-Fazio & Lei，2015）。由于大多数国家在法律上规定了就业中的男女平等，因此性别歧视作为一种不合法的行为，很难被直接获取歧视证据进行分析。学者们常使用间接方法，通过测量男女在工资、收入等容易以货币量化的差别研究性别歧视（Becker，1964，1985；Glick，1991；Goldin，1994；Hamermesh and Biddle，1994；Dalla Chiara，et al.，2014；江求川和张克中，2013）。遗憾的是，间接方法存在两大缺点：一是，无法有效解决收入、工资所产生的内生性，即无法有效分离性别歧视产生的真正原因；二是，无法研究雇用环节的雇主性别偏好，性别工资差异产生于雇用后，难以对事前行为进行有效估计。

相对于大量的间接方法而言，国际上直接研究雇用性别歧视的文献较少，主要有两种研究方法：一种是常以研究广告招聘中雇主性别偏好的单向式研究方法（ad-based approach）；另一种是采取电话跟踪回访的双向式研究方法（correspondence-based approach）。

所谓单向式研究方法，就是通过收集报纸招聘广告、网络招聘信息、官方就业数据等方式，研究雇主的雇用偏好。早期学者使用报纸上刊登的广告进行研究。达里蒂和梅森（Darity & Mason，1998）使用1960年美国报纸招聘广告，研究性别歧视问题，但该研究仅进行描述性分析，缺乏统计估计。劳勒和贝（Lawler & Bae，1998）最早采用数据分析方式，通过902份泰国报纸招聘信息研究跨国企业的本土文化对于性别偏好的影响。戈尔丁（Goldin，2006）收集美国妇女劳工协会的数据（Department of Labor Women's Bureau survey），研究雇用政策对于雇主招聘办公人员的性别偏好，研究发现大部分职业偏好招聘男性，另一些职业偏好招聘女性。

双向式研究方法多采用定期跟踪回访，例如电话跟踪回访求职者雇用情况，侧重研究性别和种族的歧视现象（Neumark et al.，1996）。伯特兰和穆莱纳桑（Bertrand & Mullainathan，2004）发表在《美国经济评论杂志》（The

American Economic Review）的文章就曾采用实验经济学研究白人和黑人男女姓名简历回收情况，并以此深入分析美国劳动力市场种族和性别歧视，研究发现，部分雇主仅根据简历上的姓名，判断是否为黑人种族，从而拒绝给予求职者招聘。无独有偶，佩蒂特（Petit，2007）通过实验研究发现，法国劳动力市场存在对于高级别职位的性别和年龄歧视。哈辛克和拉索（Hassink & Russo，2010）将这种招聘环节女性难以进入高层级职业的现象称为"玻璃门效应"（glass door），费尔南德斯和亚伯拉罕（Fernandez & Abraham，2011）、达拉·基娅拉等（Chiara et al.，2014）在此基础上研究了雇用性别歧视。

国内研究雇用环节的歧视现象，多以描述性分析为主（周伟，2008；李璐等，2014；杨蕙，2015），如两性群体人数比例及变化，鲜有研究全面、系统地分析中国劳动力市场雇用歧视（Woodhams et al.，2009），也缺乏对性别歧视与雇主性别偏好深层次的理论分析。谭深（1993）通过分析北京市 100 份报纸招聘广告，发现中国劳动力市场存在性别歧视现象。程胜利和刘艳艳（2004）对804 份山东省报纸招聘广告，尤其是"仅限男性""仅限女性"的招聘广告，进行了详尽的描述性统计分析，发现广告招聘中仍然存在着严重的性别歧视现象，具体表现在女性职位低（王晓华，2003），对女性的年龄限制更加苛刻，以及女性面临更严重的相貌、户籍等歧视。毛海强（2007）选取了 2005 年北京、上海、广州、武汉、成都五省的报纸招聘广告，发现含有歧视性条款的广告约占所有调查广告的66%，其中以学历歧视、经验歧视、年龄歧视为主，而户籍歧视、性别歧视、身高歧视在整体中的比例较少。周伟（2008）研究 1995~2005年间的上海市和成都市的 30 万份报刊招聘广告，发现职业存在性别歧视的招聘广告占总体的1/3，歧视产生原因更多是法律制度上的漏洞导致。李璐等（2014）研究就业歧视的变化趋势发现，2002~2007 年性别歧视比例出现阶段性下降后到 2013 年再次反弹。

最近的研究来自库恩和沈凯玲（Kuhn & Shen，2013），他们使用中国网络招聘广告，发现雇主的性别偏好在很大程度上是因职位而异，很多用人单位同时在一部分职位上要求男性而在其他一部分职位上要求女性。性别偏好的差异有30% 出现在雇主与职业交互作用，约70% 出现在雇主方面，即雇主性别偏好具有显著影响。毛雷尔·法齐奥和雷磊（Maurer-Fazio & Lei，2015）、周翔翼和宋雪涛（2016）采用网络招聘广告回访亦发现中国劳动力市场存在雇用性别歧视。

综上所述，国内外文献从不同角度探讨劳动力市场上雇用性别歧视现象，研究发现职业性别分化较普遍，女性劳动者即使拥有同样的生产力、工作技能，依旧会因性别偏见和刻板印象而遭受求职中的挫败（Gao，2008）。但是，直接测量雇主性别偏好的文献较缺乏，同时围绕职业性别构成与职业性别隔离的雇用歧视研究较为空白（Glick，1991；颜士梅等，2008）。本章将深入剖析雇用环节的雇主性别偏好随着职业分布变化的变化趋势及影响因素。

5.2　雇用性别歧视的研究设计

5.2.1　雇主偏好模型设计

贝克尔（Becker，1964）的偏好歧视理论认为，雇用环节的性别歧视主要由于雇主存在性别偏好，即劳动力市场上雇主偏好男性的期望价值大于偏好女性的期望价值。在此基础上，本章引入职业性别隔离理论，将劳动力市场的职业分割为三大部分：由男性主导的男性职业；由女性主导的女性职业；以及隔离程度较低的"中性职业"（Glick，1991；Jacobs & Powell，1985）。由于存在职业性别隔离，男性主导职业市场将排挤女性求职者，但是对于中性职业市场，劳动力资源要素自动流动较强，理论上男女雇用门槛差异性较少，从而比较不同职业性别分布的雇用歧视问题，更多涉及雇主性别偏好。基于此，本章对库恩和沈凯玲（Kuhn & Shen，2013）的雇主搜寻模型进行改良，该模型能够将雇主搜寻限制于其偏好的性别倾向，与雇主潜在的性别偏好区分开来，形成雇主偏好模型，以此分析雇用环节的性别歧视问题。

雇主偏好模型将劳动力市场的求职者按照性别划分为两组：男性组群（M）与女性组群（F）。雇主需要从两组中选择一类求职者：$G(F,M)$，假设两群人数相同，即 $M = F$。

首先，假设求职者为 j，从事满足雇主要求的"普通"技能工作，则求职者 j 所具有的总工作价值为：

$$U_j = v_G + \varepsilon_j$$

式中，求职者 j 满足"普通"技能工作的招聘总价值 U 来自选择求职者 j 的净价值 v_G，以及服从累积分布（极值 1 型分布）的随机扰动项 ε_j，即满足 $F(\varepsilon_j) = \exp\left[-\exp\left(\dfrac{-\varepsilon_j}{\beta} \right) \right]$，$E(\varepsilon_j) = \beta\gamma$，$\mathrm{Var}(\varepsilon_j) = \dfrac{\beta^2 \pi^2}{\sigma}$。

那么，雇主只招聘男性或女性的总价值期望函数为：

$$U_G^* = v_G + E(\varepsilon_j) = v_G + \beta\gamma \equiv \mu_G + \beta\log(G) \tag{5.1}$$

其中，γ 为欧拉常数（约等于 0.577），β 为个人异质性，例如年龄、教育水平等。令 U_G^* 标准化后等同于 $\mu_G + \beta\log(G)$[①]。

假设雇主面临三种选择：只招聘男性 M；或只招聘女性 F；或男女均招聘的联合组群（B，且 $B = M + F$），即无性别偏好，此时招聘男女的效用一样。

由于求职者人数相同（$M = F$），因此雇主偏好招聘男性的比重为 $\delta = \dfrac{M}{M+F} = \dfrac{M}{B} = \dfrac{1}{2}$，假设进入雇用环节的求职者（即期望取得求职者）的人数为 N，且 $N = \delta$，$B = 0.5B$，由此 $B = 2N$。

雇主招聘的总价值期望函数可以表述为：

$$U_B^* = \beta\log\left[\delta\exp\left(\frac{\mu_M}{\beta}\right) + (1-\delta)\exp\left(\frac{\mu_F}{\beta}\right)\right] + \beta\log(B)$$

$$= \mu_M + \beta\log\left\{1 + \left[\exp\left(\frac{\mu_F - \mu_M}{\beta}\right)\right]\right\} + \beta\log(N) \tag{5.2}$$

那么，男性与女性的总工作价值差异为 $U_M - U_F = \mu_M - \mu_F$。

令 $z = \dfrac{\mu_M - \mu_F}{\beta}$ 表示性别偏好（偏好男性）的标准期望净价值差，因此雇主招聘的总价值期望函数变形为：

$$U_B^* = \mu_M + \beta\log[1 + \exp(-z)] + \beta\log(N) \tag{5.3}$$

考虑雇主存在招聘成本 c，且 c 为固定成本，则雇主招聘的最优利润函数（雇用选择目标函数）：

$$\prod\nolimits_B = U_B^* - 2cN$$

$$= \mu_M + \beta\log\left[1 + \exp\left(\frac{\mu_M - \mu_F}{\beta}\right)\right] + \beta\log(N) - 2cN \tag{5.4}$$

则，雇主性别偏好（偏好男性）的利润函数为：

$$\prod\nolimits_M - \prod\nolimits_B = U_M - cN - (U_B - 2cN)$$

$$= -\beta\log[1 + \exp(-z)] + cN \tag{5.5}$$

---

① 证明公式见 Kuhn P, Shen K. Gender Discrimination in Job Ads: Evidence from China [J]. The Quarterly Journal of Economics, 2013, 128 (1): 287 – 336。

式（5.5）存在三种可能性：

（1）当 $\prod_M - \prod_B > 0$ ，即雇主性别偏好（偏好男性）的利润大，男性创造的价值更大，职业分布以男性为主导，劳动力市场职业多为男性职业。

（2）当 $\prod_M - \prod_B < 0$ ，即雇主性别偏好（偏好男性）的利润小，男性创造的价值更小，职业分布以女性为主导，劳动力市场职业多为女性职业。

（3）当 $\prod_M - \prod_B = 0$ ，说明男女性创造的利润相同，职业分布均衡，劳动力市场的职业多为中性职业，那么考察中性职业的性别歧视多来自雇主偏好。

同样，雇主性别偏好（偏好女性）的利润函数：

$$\prod_F - \prod_B = U_F - cN - (U_B - 2cN)$$
$$= -\beta\log[1 + \exp(z)] + cN \qquad (5.6)$$

亦存在如上三种可能性。

现在，假设雇主要求求职者具有满足该工作的"特殊"技能 θ ，θ 是工作所需要的工作技能指标（工作经验、技能水平等），拥有工作技能 θ 的求职者 j 的总价值将是：

$$\theta U_j = \theta v_G + \theta \varepsilon_j$$

同时，$z = \dfrac{\mu_M - \mu_F}{\theta\beta}$ 为加入工作技能 θ 后的性别偏好（偏好男性）的标准期望净价值差。

为了考察雇主的最优招聘决策，求解方程式（5.5）和式（5.6）：

$$\begin{cases} \max(\prod_M - \prod_B) \\ \max(\prod_F - \prod_B) \end{cases}$$

为了求解均衡点，假设存在招聘歧视发生的门槛值 z^* ，满足最优招聘决策：

$$z^* = -\ln\left[\exp\left(\frac{cN}{\theta\beta}\right) - 1\right]$$

于是，雇主的雇用决策将存在以下三种情况：

（1）当 $z > z^*$ ，雇主只招聘男性，适用于偏好男性的男性职业利润最大化结果。

（2）当 $z < -z^*$，雇主只招聘女性，适用于偏好女性的女性职业利润最大化结果。

（3）当 $-z^* \leqslant z \leqslant z^*$，雇主不存在性别偏好，适用于中性职业利润最大化结果。

因此，当 $z^* > 0$，即 $-\ln\left[\exp\left(\dfrac{cN}{\theta\beta}\right) - 1\right] > 0$ 时，雇主将有以上三种决策，即劳动力市场存在男性职业、女性职业、中性职业三种类型的雇主性别偏好表现。

当 $z^* = 0$，即 $\dfrac{cN}{\theta\beta} > \ln 2$ 时，雇主只有两种决策：只招聘男性（$z^* > 0$）或只招聘女性（$z^* < 0$），即：劳动力市场存在严重的职业性别隔离现象，雇用歧视严重。

由雇用偏好模型知，雇主的招聘决策由四大因子决定：个人异质性 β、工作技能指标 θ、期望应聘人数 N、招聘成本 c。根据库恩和沈凯玲（Kuhn & Shen，2013）预测：提高招聘成本、期望招聘人数将使雇用性别歧视上升；增加个体异质性、工作技能水平将使性别歧视下降；同时存在男性职业、中性职业、女性职业各类因子作用力差异。

假设 i 代表雇用偏好，j 代表应聘者，则雇主偏好男性的相对净价值方程为：

$$z_i = \boldsymbol{x}_i \boldsymbol{b} + v_i \tag{5.7}$$

式中，$\boldsymbol{x}_i$ 代表影响雇主偏好男性的向量，$\boldsymbol{b}$ 为雇主对男性偏好系数，v_i 服从标准正态分布。所以，当 $v_i > z^* - \boldsymbol{x}_i \boldsymbol{b}$ 时，广告只招聘男性；反之亦然。

使用概念单位（Probit）模型，建立本章的雇主性别偏好模型：

$$Prob(雇主偏好男性) \equiv P_M = 1 - \Phi\left(\frac{z_i^* - \boldsymbol{x}_i \boldsymbol{b}}{\sigma_v}\right)$$

$$Prob(雇主偏好女性) \equiv P_F = \Phi\left(\frac{-z_i^* - \boldsymbol{x}_i \boldsymbol{b}}{\sigma_v}\right)$$

$$Prob(雇主无性别偏好) \equiv P_B = \Phi\left(\frac{z_i^* - \boldsymbol{x}_i \boldsymbol{b}}{\sigma_v}\right) - \Phi\left(\frac{-z_i^* - \boldsymbol{x}_i \boldsymbol{b}}{\sigma_v}\right) \tag{5.8}$$

5.2.2　具体数据选取

本章继续使用中国综合社会调查数据（CGSS），CGSS 除了提供详细的个人信息、社会经济信息外，还包括详细的职业信息，如从事的职业与行业类型、兼职工作等。

更重要的是，CGSS 是国内首个支持研究雇用性别偏好的大型微观调查数据库，即使国外文献也鲜有直接研究整体雇用环节的雇主性别偏好与性别歧视问题。CGSS 在 2003 年和 2008 年分别对受访者目前获得这份工作情况进行详细调查，询问受访者在雇用过程中是否面对过雇主明确的性别偏好，如偏好男性或偏好女性，除此之外还询问包括当时工作单位或雇主对求职者的学历要求、年龄要求、技能要求等。因此，本章采用 2003~2008 年的研究数据，重点考察雇主性别偏好及其影响因素。本章关心处于就业年龄段人群的职业状况，因此对数据中低于 18 周岁（成年）和高于 60 周岁（退休年龄）的样本予以剔除，剔除掉仍在学校读书和尚未进入劳动力市场的人群，同时剔除雇主性别偏好信息缺失的样本。经过整理后形成有效样本，2003 年共 2890 个，2008 年共 3750 个。

5.2.3 关键变量设定

1. 被解释变量：雇主性别偏好

直接测量雇主性别偏好的文献较少，研究多集中在雇用的第一个环节——招聘广告（Gao，2008；Woodhams et al.，2009；Kuhn & Shen，2009，2013；谭深，1993；周伟，2008；李璐等，2016）或简历（Bertrand & Mullainathan，2004；Petit，2007；周翔翼和宋雪涛，2016）的歧视问题。

CGSS 2003 年和 2008 年的调查中询问受访者在获得雇用整个过程中的雇主性别偏好，有利于分析整体框架下雇用歧视与雇主性别偏好。按照雇用偏好模型，被解释变量主要分为"偏好男性""偏向女性""无性别偏好"三类。

（1）偏好男性：虚拟变量，当受访者获得现在这份工作时，工作单位或雇主对求职者的性别要求为男性时等于 1，否则为 0。

（2）偏好女性：虚拟变量，当受访者获得现在这份工作时，工作单位或雇主对求职者的性别要求为女性时等于 1，否则为 0。

（3）无性别偏好：虚拟变量，当受访者获得现在这份工作时，工作单位或雇主对求职者无明确性别要求或表明男女均可时等于 1，否则为 0。

2. 控制变量

参考已有文献的研究，本章继续控制个体特征变量，包括性别、年龄、户口、婚姻状况、工作经验、受教育年限、行业与地区，还控制了受访者单位所有制性质、职业的性别构成、职业的工种属性等。

以往文献表明，相对于全职工作的男性而言，女性更多进入社会经济地位低的兼职工作，造成了性别工资差异（Becker，1985），本章加入兼职工作的虚拟变量；为了更全面地考察受试者不同职业间的雇用性别偏好，特别是比较男女在职业社会经济地位低层和职业声望低层的分布情况，本章选取职业社会经济指数（Ganzeboom et al.，1992）和职业声望（Treiman，1977）两个变量。

详细的变量定义见表5-1。

表5-1 　　　　　　　　　　　　　　　　**变量的定义**

变量名称	变量解释
被解释变量：	
雇主性别偏好	
偏好男性	是=1，否=0。询问受访者在获得目前这份工作时是否存在工作单位或雇主对求职者的性别要求。"是"代表要求男性
偏好女性	是=1，否=0。询问受访者在获得目前这份工作时是否存在工作单位或雇主对求职者的性别要求。"是"代表要求女性
无性别偏好	是=1，否=0。询问受访者在获得目前这份工作时是否存在工作单位或雇主对求职者的性别要求。"是"代表无明确说明或男性女性都可以
控制变量：	
男性	男性=1，女性=0
年龄	受试者问卷调查时的年龄（周岁），选取18~60岁的就业年龄；单位：年
城市户口	是=1，否=0。参照第4章和第6章
已婚	是=1，否=0。参照第4章和第6章
教育水平	参照第4章
工作经验	受试者的工作年限；单位：年
兼职工作	是=1，否=0。询问受访者目前工作类型，"是"代表非全日工作和临时性工作[#]，或过去三个月的就业状况中属于半职就业和临时性就业[*]
单位所有制性质	参照第4章
单位规模	单位员工数，单位：人
职业的性别构成	参照第4章
职业的工种属性	参照第4章
职业社会经济	根据国际社会经济指数（International Socio-Economic Index，ISEI）计算的职业社会经济指数
职业声望	根据标准国际职业声望量表（Standard International Occupational Prestige Scale）计算的职业声望得分
行业	控制受试者所在行业虚拟变量
地区	控制受试者所在省份虚拟变量

注：1. 变量设定根据 CGSS 2003 年和 2008 年的问卷调查进行整理汇总。

2. [*]代表出现在 2003 年调查问卷，[#]代表出现在 2008 年调查问卷，未标识表明同时出现在 2003 年和 2008 年调查问卷。

资料来源：2003 年和 2008 年的中国综合社会调查。

5.3 雇用性别歧视的现状分析

  表 5 - 2 报告了 2003 年和 2008 年的描述性统计结果，分无性别偏好、偏好女性与偏好男性的变量统计结果，同时检验了存在性别偏好的变量差异显著性。对比发现，一方面，偏好女性更倾向于选择年龄较轻的低学历人群，更多从事兼职工作及服务类型职业，单位规模较小；偏好男性的年龄层次较广，多偏好学历更高、工作经验丰富的人群，单位规模较大，多以公立性质单位为主，或职业声望更高的管理职业。因此，雇主性别偏好存在不同的附加条件，女性进入高级别职业的雇用门槛比男性更高，存在一定的"玻璃门效应"（Hassink & Russo，2010；Fernandez & Abraham，2011；Chiara et al.，2014），同时，女性更多进入一些低层级别职业从事社会经济地位较低、职业声望较低、工资收入较低的工作，雇用歧视在低层职业表现明显。

表 5 - 2   描述性统计结果

变量		2003 年				2008 年			
		无性别偏好	偏好女性	偏好男性	组间差异检验（t 检验）	无性别偏好	偏好女性	偏好男性	组间差异检验（t 检验）
男性		0.478	0.033	0.957	- 0.924***	0.501	0.018	0.971	- 0.953***
年龄（年）		40.59	33.81	40.06	- 6.251***	39.65	33.45	39.2	- 5.751***
城市户口		0.941	0.863	0.938	- 0.076***	0.656	0.556	0.51	0.046
教育水平	小学及以下	0.108	0.09	0.162	- 0.072**	0.166	0.164	0.255	- 0.09***
	初中	0.317	0.351	0.35	0.001	0.321	0.353	0.347	0.006
	高中	0.354	0.455	0.343	0.112**	0.296	0.378	0.268	0.11***
	大专及以上	0.221	0.104	0.144	- 0.04	0.217	0.105	0.131	- 0.026
工作经验		20.57	14.05	19.78	- 5.727***	19.41	13.13	18.39	- 5.257***
兼职工作		0.144	0.216	0.176	0.04	0.895	0.864	0.783	0.081***
单位所有制性质	公立	0.74	0.572	0.768	- 0.195***	0.525	0.296	0.419	- 0.124***
	私立	0.205	0.337	0.177	0.159***	0.412	0.606	0.487	0.119***
	外企	0.0241	0.053	0.033	0.02	0.034	0.08	0.06	0.02

续表

变量		2003 年				2008 年			
		无性别偏好	偏好女性	偏好男性	组间差异检验（t 检验）	无性别偏好	偏好女性	偏好男性	组间差异检验（t 检验）
单位规模		858.6	705.4	1253	-547.667 *	1086	733.1	1315	-582.3
职业的性别构成	男性职业	0.305	0.098	0.564	-0.466 ***	0.25	0.082	0.526	-0.444 ***
	中性职业	0.543	0.632	0.392	0.240 ***	0.641	0.709	0.427	0.282 ***
	女性职业	0.153	0.27	0.044	0.226 ***	0.109	0.209	0.047	0.162 ***
职业的工种属性	管理类型	0.135	0.069	0.047	0.022	0.088	0.06	0.069	-0.008
	技术类型	0.158	0.163	0.058	0.104 ***	0.158	0.206	0.064	0.142 ***
	办事类型	0.141	0.103	0.178	-0.075 **	0.062	0.043	0.155	-0.113 ***
	服务类型	0.203	0.414	0.163	0.251 ***	0.261	0.486	0.219	0.267 ***
	农业类型	0.0198	0.005	0.012	-0.007	0.013	0.004	0.021	-0.017 *
	生产类型	0.344	0.246	0.543	-0.296 ***	0.418	0.202	0.473	-0.27 ***
职业社会经济地位		41.21	39.61	37.16	2.444 **	42.84	41.02	37.91	3.109 ***
职业声望		38.56	35.3	36.23	-0.93	39.98	37.65	35.91	1.738 *
样本量		2402	211	277	—	3018	286	446	—

注：*、**、*** 分别表示在 10%、5% 和 1% 水平上显著。
资料来源：2003 年和 2008 年的中国综合社会调查。

另一方面，高学历人群的雇主性别偏好并无显著差异，部分私立性质单位偏好女性意愿更强烈，同时技术岗位对于女性偏好也逐渐变强，女性劳动者在职业社会经济地位高的部门工作比例显著高于男性，这意味着雇主性别偏好有好转势头，对个人禀赋、人力资本要求提高或外在就业环境更高将有利于减少雇用歧视（Kuhn & Shen，2013）。

为了更稳健地比较 2003 年与 2008 年雇主性别偏好变化情况，表 5-3 报告了城市样本，即城市户口从事非农职业人群的描述性统计结果。研究发现，城市样本低学历人群的性别偏好逐渐变得不显著，兼职工作的性别偏好差异也不显著；公立性质单位偏好男性显著性增强，而私立性质单位偏好女性显著性提高，但外企并无差异；中性职业无性别偏好的雇用逐渐上升，即具有明显性别偏好的雇用要求下降；技术类型和服务类型职业的偏好女性比例提高，而办事类型和生产类型职业的偏好男性比例提高。另外，职业社会经济地位对于城市人群的性别偏好差异显著性逐渐降低，职业声望对城市人群的雇主性别偏好并无显著影响。

表 5 – 3   **城市样本描述性统计结果**

变量		2003 年				2008 年			
		无性别偏好	偏好女性	偏好男性	组间差异检验（t 检验）	无性别偏好	偏好女性	偏好男性	组间差异检验（t 检验）
男性		0.477	0.033	0.957	− 0.924 ***	0.496	0.013	0.964	− 0.952 ***
年龄（年）		40.76	34.64	40.18	− 5.543 ***	40.85	34.89	39.52	− 4.631 ***
教育水平	小学及以下	0.0961	0.072	0.145	− 0.073 **	0.0919	0.088	0.108	− 0.02
	初中	0.304	0.337	0.355	− 0.018	0.274	0.245	0.3	− 0.055
	高中	0.365	0.475	0.348	0.127 ***	0.34	0.491	0.368	0.123 **
	大专及以上	0.235	0.116	0.152	− 0.036	0.295	0.176	0.224	− 0.048
工作经验（年）		20.73	14.8	19.98	− 5.189 ***	20.77	14.65	19.75	− 5.099 ***
兼职工作		0.142	0.219	0.171	0.048	0.944	0.887	0.924	− 0.037
单位所有制性质	公立	0.767	0.633	0.788	− 0.155 ***	0.65	0.368	0.567	− 0.199 ***
	私立	0.18	0.278	0.156	0.122 ***	0.299	0.555	0.332	0.223 ***
	外企	0.0245	0.056	0.032	0.024	0.0361	0.065	0.074	− 0.009
单位规模		893	768.8	1347	− 578.527 *	1438	509.9	1921	− 1.4e + 03 **
职业的性别构成	男性职业	0.303	0.098	0.567	− 0.470 ***	0.27	0.095	0.571	− 0.476 ***
	中性职业	0.541	0.609	0.385	0.224 ***	0.634	0.722	0.388	0.333 ***
	女性职业	0.156	0.293	0.048	0.245 ***	0.0966	0.184	0.04	0.143 ***
职业的工种属性	管理类型	0.126	0.063	0.046	0.017	0.108	0.063	0.094	− 0.031
	技术类型	0.162	0.189	0.062	0.126 ***	0.197	0.266	0.108	0.158 ***
	办事类型	0.148	0.103	0.187	− 0.084 **	0.074	0.057	0.175	− 0.118 ***
	服务类型	0.206	0.394	0.166	0.228 ***	0.261	0.5	0.211	0.289 ***
	生产类型	0.357	0.251	0.539	− 0.288 ***	0.36	0.114	0.413	− 0.299 ***
职业社会经济地位		41.95	40.52	37.79	2.726 **	45.83	43.59	41.75	1.84
职业声望		39.11	36.52	36.69	− 0.17	43	40.85	38.97	1.875
样本量		2131	181	256	—	1962	159	224	—

注：城市样本为城市户口从事非农类型的样本。* 、** 、*** 分别表示在 10%、5% 和 1% 水平上显著。

资料来源：2003 年和 2008 年的中国综合社会调查。

5.3.1　雇主性别偏好变化研究

图 5 - 1 比较了 2003 年和 2008 年雇主性别偏好差异，由图可知，2003 年偏好男性比例为 9.58%，到 2008 年偏好男性比例上升为 11.89%，5 年间雇主偏好男性提高约 24%。然而，五年间偏好女性比例并无显著变化。

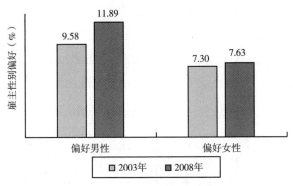

图 5 - 1　雇主性别偏好

资料来源：2003 年和 2008 年的中国综合社会调查。

表 5 - 4 分组比较了雇主性别偏好，以职业的性别分布、职业的工种属性、单位所有制形式考察偏好男性与偏好女性的比例差异。职业的性别分布上，中性职业无性别偏好的雇用比率逐渐上升，即针对性别偏好的雇用要求降低；职业的工种属性上，管理类型与办事类型职业中雇主男性偏好需求增加，而技术类型职业中雇主女性偏好需求大幅度提高，上涨比例超过 30%；单位所有制形式上，公立单位偏好雇用男性，且 2003 ~ 2008 年这 5 年间并未变化，私立单位和外企大幅度偏好男性趋势逐渐降低，但是无论哪种单位所有制形式，5 年间雇用歧视问题依旧存在。

表 5 - 4　　　　　　　　　　雇主性别偏好的分组比较　　　　　　　　单位:%

项目	2003 年		2008 年	
	偏好男性	偏好女性	偏好男性	偏好女性
职业的性别分布：				
男性职业	17.25	2.24	23.28	2.29
中性职业	7.05	8.50	8.23	8.67
女性职业	2.80	12.85	5.16	14.50

项目	2003 年		2008 年	
	偏好男性	偏好女性	偏好男性	偏好女性
职业的工种属性:				
管理类型	3.53	4.12	9.65	5.47
技术类型	3.61	7.95	5.01	10.38
办事类型	11.62	5.30	25.56	4.51
服务类型	7.02	14.05	9.48	13.52
农业类型	6.00	2.00	18.37	2.04
生产类型	14.13	5.05	13.68	3.77
单位所有制形式:				
公立	10.20	5.73	10.10	4.70
私立	7.97	11.63	13.28	10.91
外企	11.69	14.29	17.61	15.49

注：本表以各类分组为研究对象，考察性别偏好所占比重；不同于表 5.2 描述性统计以性别偏好为研究对象，考察各类变量所占比重。

资料来源：2003 年和 2008 年的中国综合社会调查。

5.3.2 雇主性别偏好的影响因素比较：内在禀赋与外在环境

影响雇主性别偏好的因素，到底是内在个人禀赋作用更大，如教育水平、工作经验等人力资本投资，还是外在客观环境限制了雇主性别偏好？为了更好分析雇主性别偏好的影响因素，本章绘制洛伦斯曲线（Lowess curve），即一种半参数方法，有效结合了影响因素的线性和非线性效应，对雇主性别偏好概率进行拟合。

1. 内在禀赋

个人禀赋主要有年龄、受教育水平、工作经验三大要素。图 5 - 2 首先报告了 2003 年和 2008 年年龄对雇主性别偏好概率的影响。如图所示，年龄对雇用偏好影响出现差异，雇主倾向于雇用较年轻的女性劳动者，但女性年龄超过30 岁后，被雇用概率显著低于男性，且随着年龄的增长，被雇主雇用的概率越低。侧面证实，劳动力市场不仅存在对于女性的雇用歧视，还有女性的年龄歧视双重不平等现象（Petit，2007；Chiara et al.，2014）。而对于男性劳动者，年龄歧视表现并不明显，甚至随着男性劳动者年龄增长，男性被雇用概率越来越大。

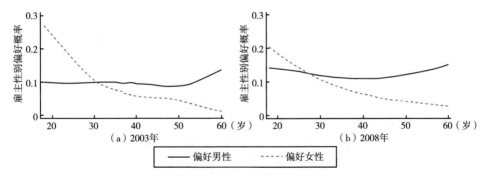

图 5 - 2　全样本年龄对雇主性别偏好的影响

资料来源：2003 年和 2008 年的中国综合社会调查。

下面考察受教育水平对雇主性别偏好概率的影响。图 5 - 3 以受教育年限为影响因素，对比了 2003 年和 2008 年偏好男性与偏好女性的概率变化情况。总体而言，对于低学历女性劳动者存在学历歧视现象，随着男女受教育水平的提高，无性别差异的雇用概率逐渐提高，意味着个人学历对于改善雇用歧视具有较强作用（Kuhn & Shen，2013）。

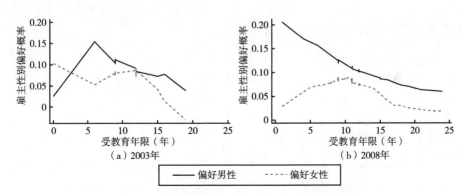

图 5 - 3　全样本受教育水平对雇主性别偏好的影响

资料来源：2003 年和 2008 年的中国综合社会调查。

最后，比较工作经验个人禀赋对于雇主性别偏好概率的影响。如图 5 - 4 所示，2003 年工作经验较少的女性受雇用概率高于男性，随着工作经验要求提高，女性受雇用概率逐渐降低，即存在女性的工作经验歧视，2008 年即使在低工作经验人群，偏好男性比例依旧高于女性，随着男性工作经验的提高，雇主雇用概率出现边际效应，当工作经验超过 10 年，男性劳动者受雇用概率逐渐增强，但女性工作经验的增加并没有使其雇用概率得到提高反而下降。

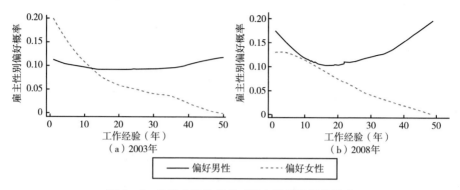

图5-4　全样本工作经验对雇主性别偏好的影响

资料来源：2003年和2008年的中国综合社会调查。

2. 外在环境

外在环境主要有单位规模、职业社会经济地位与职业声望三大要素。首先，比较单位规模的影响效果。图5-5显示，单位规模的扩大将提高雇主偏好男性求职者的概率。2003年的样本中，小规模单位偏好女性求职者比例高于男性，但随着规模的扩大，偏好男性概率明显上升，同时偏好女性概率明显下降，如图5-5（a）所示。2008年样本中，雇用性别歧视问题随着单位规模的提高越发明显，如图5-5（b）所示。

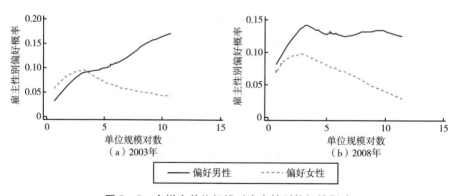

图5-5　全样本单位规模对雇主性别偏好的影响

资料来源：2003年和2008年的中国综合社会调查。

其次，比较职业社会经济指数对于雇主性别偏好的影响。如图5-6显示，职业社会经济地位的外在环境对于雇主性别偏好的影响属于非线性的，即存在职业社会经济地位不同层级对于雇主性别偏好的影响，在层级职业明显偏好男性，即使层级职业依旧存在偏好男性的雇用歧视，但是在层级职业雇用歧视现象改善，外在环境对于雇用歧视现象有一定的改善作用。

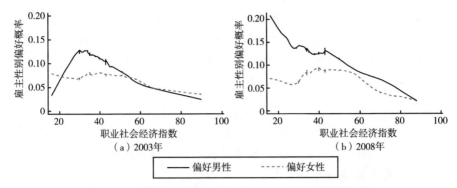

图 5 - 6　全样本职业社会经济地位对雇主性别偏好的影响

资料来源：2003 年和 2008 年的中国综合社会调查。

　　最后，比较职业声望对于雇主性别偏好的影响。图 5 - 7 以职业声望指数大小作为衡量指标，其内涵与图 5 - 6 相似，职业声望对于雇主性别偏好存在非线性影响。在实证分析部分将划分不同层次的职业社会经济地位和职业声望，考虑雇主歧视与雇主性别偏好的异质性影响。

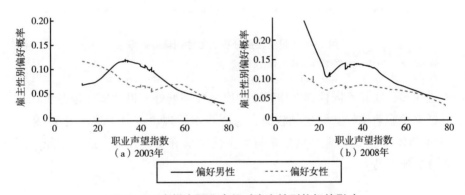

图 5 - 7　全样本职业声望对雇主性别偏好的影响

资料来源：2003 年和 2008 年的中国综合社会调查。

5.3.3　职业性别分布与雇主性别偏好

　　库恩和沈凯玲（Kuhn & Shen，2013）研究发现，雇主的性别偏好在很大程度上是因职位而异，性别偏好具有特定职业性质（highly job-specific），即某些职业存在偏好男性或女性现象。遗憾的是，文献未就职业的性别构成进行深入分析。

　　图 5 - 8 以性别比（女性就业人数在各职业就业人数占比），考察职业性别

分布变化对无性别雇用偏好的影响。由图 5 - 8 可知，性别比与雇主无性别偏好概率间存在倒 U 型关系，性别比小于 25% 时，随着女性劳动者增加，无性别偏好雇用概率提高，当性别比在 25% ~ 65% 时，雇用歧视程度较低，但性别比超过 65% 时又出现无性别偏好概率的下降。根据第 3 章对中国劳动力市场的分析，性别比小于 25% 多以男性职业为主，25% ~ 55% 为中性职业，超过 55% 时则是以女性为主导的职业。由此，在男性职业、中性职业与女性职业间，存在不同的雇主性别偏好，中性职业的雇用歧视程度相对较低，这与本章雇主性别偏好模型的理论假设一致。

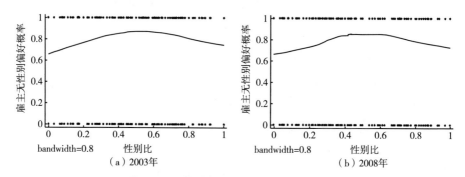

图 5 - 8　职业性别分布的无性别偏好概率

资料来源：2003 年和 2008 年的中国综合社会调查。

进一步，比较不同性别类型职业的雇主性别偏好。男性职业偏好男性比例较高，女性职业偏好女性比例较高，这亦与本章理论假设一致。图 5 - 9 比较 2003 年和 2008 年的职业性别分布与雇主性别偏好变化发现，这 5 年间雇用歧视程度有所好转。

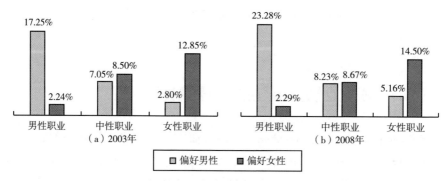

图 5 - 9　全样本不同性别类型职业的性别偏好

资料来源：2003 年和 2008 年的中国综合社会调查。

5.4　雇用性别歧视的实证分析

5.4.1　雇主性别偏好的影响因素估计结果

表 5 - 5 报告了全样本的雇主性别偏好概率单位（Probit）模型估计结果①，分别对偏好男性、偏好女性和无性别偏好的影响因素进行估计，旨在比较 2003 年和 2008 年雇主性别偏好的差异及变化。

表 5 - 5　　　　全样本的雇主性别偏好 Probit Model 估计结果

变量		2003 年			2008 年		
		（1）偏好男性	（2）偏好女性	（3）无性别偏好	（4）偏好男性	（5）偏好女性	（6）无性别偏好
男性		0. 192 *** (0. 0210)	- 0. 136 *** (0. 0151)	- 0. 0464 *** (0. 0151)	0. 25 *** (0. 0143)	- 0. 189 *** (0. 0262)	- 0. 0683 *** (0. 0124)
年龄		0. 00085 (0. 0014)	- 0. 003 *** (0. 0012)	0. 0036 * (0. 0019)	- 0. 00021 (0. 00104)	- 0. 0017 * (0. 00102)	0. 0027 ** (0. 00134)
城市户口		0. 0145 (0. 0227)	- 0. 0259 (0. 0187)	0. 0372 (0. 0273)	- 0. 0198 ** (0. 00862)	- 0. 00285 (0. 00918)	0. 0274 * (0. 014)
教育水平（以小学及以下为对照组）	初中	- 0. 00936 (0. 0163)	- 0. 0014 (0. 0196)	0. 0154 (0. 0302)	- 0. 0339 ** (0. 0146)	0. 000289 (0. 0123)	0. 0249 (0. 0215)
	高中	- 0. 0318 (0. 0254)	0. 00117 (0. 0193)	0. 0345 (0. 0334)	- 0. 055 *** (0. 0127)	0. 0144 (0. 016)	0. 0209 (0. 0208)
	大专及以上	- 0. 079 *** (0. 028)	- 0. 051 * (0. 029)	0. 145 *** (0. 044)	- 0. 066 *** (0. 018)	- 0. 065 *** (0. 018)	0. 126 *** (0. 025)
工作经验		- 0. 0035 (0. 00235)	- 0. 0035 * (0. 00188)	0. 0072 ** (0. 00313)	- 0. 005 *** (0. 00152)	- 0. 00026 (0. 0017)	0. 007 *** (0. 00209)

---

① 本章还采用逻辑模型（logit model）进行回归，其回归结果基本一致，故不报告逻辑模型的估计结果。同时，所有回归结果均已进行边际效应（marginal effect）转换。

续表

变量		2003 年			2008 年		
		(1)偏好男性	(2)偏好女性	(3)无性别偏好	(4)偏好男性	(5)偏好女性	(6)无性别偏好
工作经验平方		2.29×10^{-5} (4.32×10^{-5})	0.0001 ** (3.37×10^{-5})	-0.0002 ** (6.42×10^{-5})	0.00011 ** (4.45×10^{-5})	-2.44×10^{-5} (5.89×10^{-5})	-0.00014 ** (5.80×10^{-5})
兼职工作		0.005 (0.0131)	0.0186 (0.0121)	-0.0362 * (0.019)	-0.035 *** (0.0134)	-0.022 (0.0191)	0.0703 *** (0.0242)
单位所有制性质（以外企为对照组）	公立	0.000529 (0.0224)	-0.036 *** (0.0134)	0.0289 (0.0244)	-0.056 *** (0.0167)	-0.051 *** (0.0137)	0.0912 *** (0.0253)
	私立	-0.0039 (0.0253)	-0.0133 (0.0199)	0.00834 (0.0341)	-0.0187 (0.0183)	-0.00746 (0.0107)	0.0106 (0.0249)
单位规模对数		0.00509 * (0.00288)	-0.00243 (0.00249)	-0.00428 (0.00438)	0.0082 *** (0.00253)	0.00246 (0.00227)	-0.0111 *** (0.00416)
职业的性别构成（以女性职业为对照组）	男性职业	0.076 *** (0.0163)	-0.078 *** (0.0186)	-0.033 (0.0257)	0.078 *** (0.0232)	-0.103 *** (0.0178)	-0.0154 (0.0249)
	中性职业	-0.0014 (0.0196)	-0.046 *** (0.0135)	0.0805 *** (0.0230)	-0.0145 (0.0181)	-0.0432 *** (0.0124)	0.0807 *** (0.019)
职业的工种属性（以农业类型为对照组）	管理类型	-0.145 *** (0.0426)	0.386 *** (0.0435)	0.171 ** (0.0772)	-0.0653 (0.0434)	0.184 *** (0.0636)	-0.058 (0.0834)
	技术类型	-0.0539 (0.0416)	0.386 *** (0.0396)	0.0153 (0.0881)	-0.0463 (0.0393)	0.136 ** (0.0617)	-0.0994 (0.0709)
	办事类型	-0.00876 (0.0446)	0.385 *** (0.0369)	-0.0354 (0.0845)	0.0603 * (0.0342)	0.101 (0.0646)	-0.165 ** (0.0739)
	服务类型	-0.02 (0.0473)	0.405 *** (0.0321)	-0.0566 (0.0816)	0.0336 (0.0319)	0.106 * (0.0604)	-0.137 ** (0.0651)
	生产类型	-0.0426 (0.0418)	0.367 *** (0.0298)	0.028 (0.0765)	-0.0156 (0.0271)	0.0178 (0.0562)	0.0076 (0.0564)
职业社会经济地位		-0.00075 (0.00093)	0.00022 (0.00094)	0.00069 (0.0014)	-0.002 *** (0.0008)	-0.003 *** (0.00055)	0.0054 *** (0.0013)
职业声望		0.000853 (0.00095)	-0.000582 (0.00087)	-0.000627 (0.0013)	0.00156 * (0.00086)	0.00155 ** (0.00067)	-0.00292 ** (0.0013)
行业固定效应		有	有	有	无	无	无
省份固定效应		有	有	有	有	有	有

续表

变量	2003 年			2008 年		
	(1) 偏好男性	(2) 偏好女性	(3) 无性别偏好	(4) 偏好男性	(5) 偏好女性	(6) 无性别偏好
χ^2	666.5 ***	2173.6 ***	177.1 ***	1834.4 ***	836.2 ***	1453.03 ***
伪似然对数	−564.99	−447.77	−986.5	−805.94	−598.39	−1402.87
样本量	2395	2395	2395	3117	3117	3117
伪 R^2	0.2429	0.2577	0.0745	0.2891	0.3106	0.0962

注: *、**、*** 分别表示在10%、5%和1%水平上显著;括号里的数值为稳健标准误。模型采用概率单位(Probit)模型进行估计,回归结果进行边际效应转换。

资料来源:2003 年和2008 年的中国综合社会调查。

　　首先,比较存在性别偏好的雇用回归结果。(1)内在禀赋。个人禀赋方面,如劳动者年龄越大,雇主偏好女性的雇用概率显著降低,而对于男性劳动者并无年龄歧视;人力资本方面,仅有高学历在偏好男性与偏好女性中显著为负,表明学历越高雇用歧视概率越少,工作经验在2003 年偏好女性样本中显著,2008 年变为偏好男性样本中显著,由于工作经验存在非线性影响,意味着女性雇用门槛对工作经验的要求在增加;但对男性而言,工作经验存在边际递增效应,劳动者工作经验越多越有利于取得雇用优势。(2)外在环境。单位层面,雇用女性的兼职工作概率大于男性但并不显著,在2008 年样本中,偏好男性的兼职工作雇用概率显著为负。另外,单位规模越大越倾向于雇用男性,但对雇用女性并无明显改善。职业层面,管理类型和技术类型雇用女性的概率增大,职业的社会经济地位越高雇用歧视发生概率越小,但职业声望对雇用歧视有显著正作用。

　　其次,比较无性别偏好的雇用行为影响因素及变化发现,男性样本在无性别偏好中显著为负,表明当雇主发出无性别偏好信号后,女性劳动者进入工作的机会和概率均提高;年龄增加在无性别偏好样本具有显著正效应,年龄越大在无性别偏好的雇主中获得工作的概率提高;高学历和工作经验的提高同样有利于提高雇用概率;公立性质单位的无性别偏好雇用行为在2003~2008 年间有所改善,得益于政策保障男女就业机会平等,例如公务员招聘或部分事业单位有女性招聘指标;中性职业的无性别雇用行为增加,相对于男性职业和女性职业而言,雇用歧视发生概率更小。

　　进一步,表5-6分析了城市样本中雇主性别偏好的影响因素及变化,年龄对于雇用行为的作用较小且2003~2008 年这5 年间变得不显著,个人禀赋作用更多表现为人力资本投资，例如高学历对于改善雇用歧视的作用，或工作经验的提高。城市样本中单位外在环境对于改善雇用歧视的效果并不显著，而外在职业环境作用效果逐渐增强，特别是职业分布的中性化对于雇用女性而言作用较大。

表 5 - 6　　　　　城市样本的雇主性别偏好 Probit Model 估计结果

变量		(1) 偏好男性 2003 年	(2) 偏好女性	(3) 无性别偏好	(4) 偏好男性 2008 年	(5) 偏好女性	(6) 无性别偏好
男性		0.191 *** (0.0211)	-0.129 *** (0.015)	-0.0546 *** (0.0161)	0.20 *** (0.0165)	-0.175 *** (0.0286)	-0.0451 *** (0.0149)
年龄		0.000122 (0.00138)	-0.00302 *** (0.0011)	0.004 ** (0.00176)	-0.00118 (0.00172)	-0.0019 (0.00136)	0.00263 (0.00252)
教育水平 （以小学 及以下为 对照组）	初中	0.00013 (0.0194)	0.0078 (0.0235)	-0.0038 (0.0366)	-0.0153 (0.0278)	-0.0214 (0.0229)	0.016 (0.037)
	高中	-0.0261 (0.029)	0.00498 (0.0233)	0.024 (0.0421)	-0.0285 (0.0282)	0.00476 (0.0238)	-0.00018 (0.0352)
	大专及以上	-0.078 *** (0.0295)	-0.0483 (0.0336)	0.141 *** (0.0498)	-0.0419 (0.0319)	-0.0596 ** (0.0243)	0.0922 ** (0.0368)
工作经验		-0.00287 (0.00264)	-0.0034 * (0.002)	0.00604 * (0.00316)	-0.0044 ** (0.0022)	6.77×10^{-5} (0.00217)	0.0063 * (0.00363)
工作经验平方		2.29×10^{-5} (4.60×10^{-5})	9.71×10^{-5} *** (3.75×10^{-5})	-0.000136 ** (6.59×10^{-5})	0.00011 ** (4.87×10^{-5})	-1.03×10^{-5} (5.91×10^{-5})	-0.00013 ** (6.84×10^{-5})
兼职工作		0.00137 (0.0143)	0.0162 (0.0133)	-0.0294 (0.0217)	-0.0151 (0.0223)	-0.0329 (0.0212)	0.0601 (0.0397)
单位所有 制性质 （以外企 为对照组）	公立	-0.00365 (0.0224)	-0.0326 ** (0.0132)	0.0315 (0.0225)	-0.052 *** (0.0171)	-0.0476 *** (0.016)	0.0899 *** (0.0242)
	私立	-0.00618 (0.0263)	-0.0109 (0.0191)	0.00858 (0.033)	-0.0276 (0.022)	0.00531 (0.0175)	0.0101 (0.0339)
单位规模对数		0.00547 * (0.00290)	-0.00172 (0.00241)	-0.00477 (0.00399)	0.00598 ** (0.0029)	-0.0002 (0.0029)	-0.006 (0.00498)
职业的性 别构成 （以女性 职业为对 照组）	男性职业	0.0701 *** (0.017)	-0.07 *** (0.0176)	-0.0299 (0.0253)	0.0596 ** (0.0241)	-0.0666 *** (0.0175)	-0.0191 (0.0286)
	中性职业	-0.00234 (0.0205)	-0.0417 *** (0.0142)	0.0754 *** (0.0252)	-0.0358 * (0.0215)	-0.0392 ** (0.0157)	0.0918 *** (0.0226)

续表

变量		2003 年			2008 年		
		(1) 偏好男性	(2) 偏好女性	(3) 无性别偏好	(4) 偏好男性	(5) 偏好女性	(6) 无性别偏好
职业的工种属性（以服务类型为对照组）	管理类型	-0.121 *** (0.0353)	-0.0175 (0.0308)	0.212 *** (0.0404)	-0.099 *** (0.0335)	0.0376 (0.0309)	0.0974 * (0.0564)
	技术类型	-0.0273 (0.026)	-0.0116 (0.0205)	0.0503 (0.033)	-0.079 *** (0.027)	0.0187 (0.0166)	0.0401 (0.034)
	办事类型	0.0159 (0.0186)	-0.0212 (0.0166)	0.0144 (0.0263)	0.00653 (0.0243)	-0.00480 (0.0266)	-0.0171 (0.0342)
	生产类型	-0.0218 (0.0248)	-0.0395 ** (0.0154)	0.0824 *** (0.028)	-0.0395 ** (0.0191)	-0.0994 *** (0.0200)	0.14 *** (0.0332)
职业社会经济地位		-0.00063 (0.00096)	-0.00016 (0.00101)	0.00099 (0.00155)	-0.00033 (0.00085)	-0.0032 *** (0.00065)	0.0046 *** (0.0012)
职业声望		0.00071 (0.00093)	-0.00011 (0.00094)	-0.00093 (0.0014)	2.54×10^{-5} (0.00082)	0.00213 *** (0.0008)	-0.00258 ** (0.0012)
χ^2		655.34 ***	551.67 ***	143.25 ***	733.11 ***	1310.17 ***	321.5 ***
伪似然对数		-531.15	-411.39	-954.02	-509.87	-354.02	-888.2
样本量		2248	2248	2248	2121	2121	2121
伪 R^2		0.2387	0.2349	0.057	0.2407	0.3412	0.0622

注：＊、＊＊、＊＊＊分别表示在 10%、5% 和 1% 水平上显著；括号里的数值为稳健标准误。模型采用概率单位（Probit）模型进行估计，回归结果进行边际效应转换。同表 5 - 5 控制行业与省份的固定效应。城市样本为城市户口从事非农类型的样本。

资料来源：2003 年和 2008 年的中国综合社会调查。

5.4.2 考虑异质性的雇主性别偏好估计结果

异质性分析主要考虑三个方面：第一，职业的性别构成与雇主性别偏好的变化，特别在性别主导的男性职业和女性职业，以及雇用歧视相对较低的中性职业中，如何受个人禀赋和外在环境的影响及变化；第二，职业的社会经济地位与雇主性别偏好的变化，比较低职业社会经济地位、中职业社会经济地位与高职业社会经济地位的差异；第三，职业声望与雇主性别偏好的变化。

首先，探讨分职业性别类型的估计结果。表 5 - 7 和表 5 - 8 分别报告了 2003 年和 2008 年城市样本职业性别隔离与雇主性别偏好的影响。针对女性的年龄歧视在中性职业中有一定改善；相对于小学及以下学历，教育水平在女性职业中的作用较为明显，而高等学历对于中性职业的无性别偏好的雇用行为有较好的改善作用；工作经验对于改善职业性别隔离与雇用歧视作用并不显著；相对于男性职业和女性职业，中性职业更倾向于招聘全职男女劳动者，针对女性从事兼职工作的歧视行为发生概率显著降低；相对于外企，单位性质缓解雇用歧视的作用效果并不明显；另外，单位规模对于雇用歧视的减少效用较小且不显著。

表5-7　　　　　2003年城市样本分职业性别类型的异质性分析结果

变量		男性职业		中性职业		女性职业	
		（1）偏好男性	（2）偏好女性	（3）偏好男性	（4）偏好女性	（5）偏好男性	（6）偏好女性
年龄		-0.00086 (0.00421)	0.000259 (0.000951)	0.000979 (0.00223)	-0.00328** (0.00154)	0.00538 (0.0158)	-0.0122*** (0.00445)
教育水平（以小学及以下为对照组）	初中	0.0491 (0.0474)	0.014 (0.0162)	-0.0186 (0.0226)	0.00695 (0.0263)	-0.188 (0.131)	0.0147 (0.088)
	高中	0.00745 (0.0586)	0.0244 (0.0178)	-0.0624** (0.0284)	0.0139 (0.027)	-0.0564 (0.14)	-0.0134 (0.0925)
	大专及以上	-0.252*** (0.0806)	0.0134 (0.0256)	-0.0796*** (0.0266)	-0.0666* (0.0382)	-0.062 (0.151)	-0.0673 (0.0848)
工作经验		-0.0131* (0.00793)	-0.00027 (0.0022)	-0.00351 (0.00332)	-0.00349 (0.00292)	0.0124 (0.0196)	-0.0105 (0.00655)
工作经验平方		0.000181 (0.000159)	-1.68×10^{-5} (4.32×10^{-5})	2.16×10^{-5} (4.73×10^{-5})	0.000104* (6.00×10^{-5})	-0.000336 (0.000275)	0.000418*** (0.000102)
兼职工作		-0.0144 (0.0494)	-0.0155 (0.0160)	0.0112 (0.0193)	0.0262 (0.0164)	0.0859 (0.106)	-0.0266 (0.0628)
单位所有制性质（以外企为对照组）	公立	-0.00304 (0.0898)	0.00332 (0.0212)	-0.00098 (0.0253)	-0.0429** (0.0201)	0.0065 (0.138)	-0.0388 (0.0429)
	私立	-0.0398 (0.109)	-0.00331 (0.0204)	-0.0157 (0.0294)	0.0131 (0.0278)	-0.0228 (0.186)	-0.107* (0.057)
单位规模对数		0.0367*** (0.0128)	-0.0023 (0.00298)	0.00322 (0.00289)	-0.0065* (0.0035)	-0.0206 (0.0197)	0.00781 (0.00671)
样本量		531	747	1248	1248	90	372

注：*、**、*** 分别表示在10%、5%和1%水平上显著；括号里的数值为稳健标准误。模型采用Probit模型进行估计，回归结果进行边际效应转换。同表5-5控制行业与省份的固定效应。城市样本为城市户口从事非农类型的样本。

资料来源：2003年和2008年的中国综合社会调查。

表 5 - 8　　　　　　　　**2008 年城市样本分职业性别类型的异质性分析结果**

变量		男性职业		中性职业		女性职业	
		(1) 偏好男性	(2) 偏好女性	(3) 偏好男性	(4) 偏好女性	(5) 偏好男性	(6) 偏好女性
年龄		- 0.0042 (0.00359)	- 0.00173 (0.00211)	- 0.000944 (0.00149)	- 0.00181 (0.00198)	0.00286 (0.00261)	0.00364 (0.00913)
教育水平 (以小学 及以下为 对照组)	初中	- 0.00357 (0.0617)	—	- 0.0251 (0.0243)	- 0.00183 (0.0314)	0.338 *** (0.0924)	1.127 *** (0.16)
	高中	- 0.0370 (0.0623)	- 0.0625 *** (0.0195)	- 0.0443 ** (0.0194)	0.0314 (0.0346)	0.325 *** (0.0865)	1.226 *** (0.188)
	大专及以上	- 0.167 ** (0.0712)	- 0.0593 *** (0.0197)	- 0.0425 (0.026)	- 0.0516 (0.0328)	0.318 *** (0.0863)	0.962 *** (0.181)
工作经验		- 0.00885 * (0.00475)	0.00258 (0.00381)	- 0.00272 (0.00258)	- 0.00139 (0.00278)	2.17×10^{-5} (0.00493)	- 0.0111 (0.0115)
工作经验平方		0.000269 *** (9.80×10^{-5})	-4.65×10^{-5} (5.94×10^{-5})	7.55×10^{-5} (5.51×10^{-5})	7.41×10^{-6} (7.11×10^{-5})	- 0.000163 (0.000132)	-8.33×10^{-5} (0.000265)
兼职工作		0.037 (0.0649)	—	- 0.0538 ** (0.0232)	- 0.0552 ** (0.0226)	—	- 0.38 ** (0.167)
单位所有 制性质 (以外企 为对照组)	公立	- 0.149 *** (0.0449)	- 0.00510 (0.0378)	- 0.00359 (0.0282)	- 0.0745 *** (0.0197)	- 0.065 * (0.0365)	1.073 *** (0.128)
	私立	- 0.114 ** (0.0545)	0.00747 (0.0292)	0.0126 (0.0254)	- 0.0025 (0.0211)	- 0.0519 (0.0372)	0.972 *** (0.143)
单位规模对数		- 0.000674 (0.00771)	- 0.00259 (0.00245)	0.00904 ** (0.00392)	- 0.000838 (0.0046)	- 0.00882 (0.00716)	0.0214 (0.0131)
样本量		625	454	1288	1288	205	149

注：＊ 、＊＊ 、＊＊＊分别表示在 10%、5% 和 1% 水平上显著；括号里的数值为稳健标准误。模型采用 Probit 模型进行估计，回归结果进行边际效应转换。同表 5 - 5 控制行业与省份的固定效应。城市样本为城市户口从事非农类型的样本。

资料来源：2003 年和 2008 年的中国综合社会调查。

　　其次，表 5 - 9 和表 5 - 10 分别报告了 2003 年和 2008 年不同职业社会经济地位等级的雇主性别偏好估计结果。2003 年高学历对于低社会经济地位职业偏好男性具有显著负作用，到了 2008 年，高学历对于高社会经济地位职业性别偏好均有显著负效果，意味着随着男女受教育水平的提高，教育人力资本投资有利于改善社会经济地位较高职业的雇用歧视问题。个人禀赋要素如年龄或工作经验，以及单位外在环境对于各类社会经济地位职业的雇用歧视并无明显作用。

表 5 – 9　　　　2003 年城市样本分职业社会经济地位的异质性分析结果

变量		低社会经济地位		中社会经济地位		高社会经济地位	
		(1) 偏好男性	(2) 偏好女性	(3) 偏好男性	(4) 偏好女性	(5) 偏好男性	(6) 偏好女性
年龄		0.00332 (0.00221)	-0.00171 (0.00156)	-0.000397 (0.00351)	-0.00451 ** (0.00207)	-0.00321 (0.00244)	-0.00508 (0.00352)
教育水平 （以小学 及以下为 对照组）	初中	0.00922 (0.0285)	-0.00582 (0.0312)	-0.02 (0.0385)	-0.00737 (0.0392)	0.0335 (0.0542)	0.00593 (0.0486)
	高中	-0.062 (0.0434)	-0.00246 (0.0392)	-0.0311 (0.045)	-0.0158 (0.0382)	0.021 (0.0525)	0.0221 (0.0488)
	大专及以上	-0.196 *** (0.0574)	-0.0472 (0.0547)	-0.0888 (0.0636)	-0.00642 (0.0526)	-0.00596 (0.0435)	-0.0326 (0.0525)
工作经验		-0.0122 *** (0.00352)	-0.00558 * (0.00338)	0.000924 (0.00468)	-0.0043 (0.0037)	-6.78×10^{-5} (0.00402)	8.30×10^{-6} (0.00389)
工作经验平方		0.00012 (9.72×10^{-5})	9.45×10^{-5} (7.01×10^{-5})	-5.49×10^{-5} (7.90×10^{-5})	0.00013 ** (6.34×10^{-5})	5.55×10^{-5} (5.91×10^{-5})	9.62×10^{-5} * (5.70×10^{-5})
兼职工作		-0.000283 (0.0255)	0.0462 * (0.0280)	-0.0128 (0.0239)	0.0262 (0.0178)	0.0341 (0.0223)	-0.0173 (0.0283)
单位所有 制性质 （以外企 为对照组）	公立	0.0682 (0.0590)	-0.00158 (0.0362)	-0.0573 (0.0477)	-0.0468 (0.0293)	-0.0179 (0.0304)	-0.0401 * (0.0212)
	私立	0.0673 (0.0702)	-0.0388 (0.0386)	-0.0591 (0.0558)	0.0129 (0.0370)	-0.0734 ** (0.0353)	-0.0282 (0.0319)
单位规模对数		0.0133 ** (0.00614)	-0.00227 (0.00528)	0.00597 (0.00512)	-0.00194 (0.00315)	0.00701 * (0.004)	0.00152 (0.00327)
样本量		663	663	865	865	794	794

注：*、**、*** 分别表示在 10%、5% 和 1% 水平上显著；括号里的数值为稳健标准误。模型采用 Probit 模型进行估计，回归结果进行边际效应转换。同表 5 – 5 控制行业与省份的固定效应。城市样本为城市户口从事非农类型的样本。

资料来源：2003 年和 2008 年的中国综合社会调查。

表 5 - 10　　　　2008 年城市样本分职业社会经济地位的异质性分析结果

变量		低社会经济地位		中社会经济地位		高社会经济地位	
		(1) 偏好男性	(2) 偏好女性	(3) 偏好男性	(4) 偏好女性	(5) 偏好男性	(6) 偏好女性
年龄		-0.00481 (0.00539)	0.0127*** (0.00457)	0.000201 (0.00368)	-0.00306 (0.00414)	-0.00272 (0.00217)	-0.00404 (0.00249)
教育水平 (以小学及以下为对照组)	初中	-0.0641 (0.0626)	-0.0459 (0.0814)	0.0414 (0.0388)	-0.0362 (0.0596)	-0.0626 (0.0476)	-0.035 (0.0539)
	高中	-0.0974 (0.0701)	0.0769 (0.0668)	0.013 (0.0402)	0.0686 (0.0683)	-0.0803* (0.0469)	-0.0327 (0.0535)
	大专及以上	—	0.0392 (0.0981)	0.0049 (0.0603)	-0.0437 (0.0858)	-0.109** (0.0483)	-0.122** (0.054)
工作经验		0.00613 (0.0103)	0.00625 (0.0123)	-0.0094* (0.00509)	-0.00569 (0.00704)	-0.00252 (0.00329)	0.000458 (0.00325)
工作经验平方		-8.89×10^{-5} (0.000171)	-0.000466 (0.000324)	0.000204** (9.79×10^{-5})	0.000116 (0.000148)	9.50×10^{-5}* (5.28×10^{-5})	-1.26×10^{-5} (8.32×10^{-5})
兼职工作		0.0326 (0.0756)	-0.156*** (0.0555)	0.0150 (0.0363)	-0.0938* (0.0558)	-0.0829** (0.0360)	-0.0199 (0.0447)
单位所有制性质 (以外企为对照组)	公立	-0.128 (0.144)	0.238 (0.163)	-0.0371 (0.0372)	0.000653 (0.104)	-0.0546*** (0.0199)	-0.0557** (0.0239)
	私立	-0.119 (0.152)	0.418** (0.163)	-0.0514 (0.0382)	0.0738 (0.102)	-0.0293 (0.0241)	-0.0171 (0.0278)
单位规模对数		0.0122 (0.00996)	-0.00434 (0.0147)	0.00435 (0.00645)	0.00838 (0.00752)	0.00245 (0.00426)	-0.0012 (0.00446)
样本量		169	89	737	337	1205	1205

注：*、**、*** 分别表示在 10%、5% 和 1% 水平上显著；括号里的数值为稳健标准误。模型采用 Probit 模型进行估计，回归结果进行边际效应转换。同表 5 - 5 控制行业与省份的固定效应。城市样本为城市户口从事非农类型的样本。

资料来源：2003 年和 2008 年的中国综合社会调查。

最后，比较不同职业声望等级的雇用歧视变化情况。表 5 - 11 和表 5 - 12 分别报告了 2003 年和 2008 年的分析结果。职业声望较低工作存在年龄歧视，随着职业声望提高，年龄歧视逐渐变小；人力资本投资中，教育水平作用同样大于工作经验；职业声望较低的公立部分和私立部分雇用男性倾向较强，但随着职业声望提高，雇用性别歧视逐渐减弱。

表 5 - 11   2003 年城市样本分职业声望的异质性分析结果

变量		低职业声望		中职业声望		高职业声望	
		(1) 偏好男性	(2) 偏好女性	(3) 偏好男性	(4) 偏好女性	(5) 偏好男性	(6) 偏好女性
年龄		0.00609 *** (0.00199)	- 0.00136 (0.002)	-2.99×10^{-5} (0.00251)	- 0.00462 *** (0.00158)	- 0.00417 (0.0032)	- 0.00453 (0.00429)
教育水平 (以小学 及以下为 对照组)	初中	0.011 (0.0294)	0.0311 (0.0352)	0.00272 (0.0239)	- 0.0102 (0.0274)	- 0.0196 (0.0409)	- 0.0219 (0.0544)
	高中	- 0.0373 (0.0375)	0.015 (0.0462)	- 0.0255 (0.0427)	- 0.0133 (0.0286)	- 0.0546 (0.0459)	- 0.00179 (0.0441)
	大专及以上	- 0.171 *** (0.0432)	- 0.0166 (0.0763)	- 0.0775 (0.0603)	- 0.0258 (0.0382)	- 0.0858 ** (0.0433)	- 0.0779 (0.0507)
工作经验		- 0.00927 ** (0.00368)	- 0.00607 (0.00389)	- 0.00234 (0.00476)	-6.67×10^{-5} (0.00235)	0.000938 (0.00426)	- 0.00518 (0.00451)
工作经验平方		2.99×10^{-5} (8.40×10^{-5})	9.82×10^{-5} (8.56×10^{-5})	5.09×10^{-6} (9.64×10^{-5})	4.04×10^{-5} (4.22×10^{-5})	3.95×10^{-5} (7.00×10^{-5})	0.000186 *** (6.14×10^{-5})
兼职工作		- 0.0111 (0.0286)	0.0507 * (0.0278)	- 0.00227 (0.0289)	- 0.00759 (0.0149)	0.0291 * (0.0177)	0.0313 (0.0216)
单位所有 制性质 (以外企 为对照组)	公立	0.562 *** (0.0589)	- 0.0346 (0.0231)	- 0.0782 * (0.0455)	- 0.0355 (0.0272)	- 0.00613 (0.0318)	- 0.00848 (0.0288)
	私立	0.528 *** (0.0532)	- 0.0251 (0.0368)	- 0.047 (0.0471)	0.0205 (0.0271)	- 0.115 ** (0.045)	- 0.0418 (0.0381)
单位规模对数		0.00149 (0.00448)	- 0.000136 (0.00624)	0.0112 ** (0.00529)	-1.53×10^{-5} (0.00376)	0.0105 ** (0.0048)	- 0.00214 (0.00397)
样本量		608	608	896	896	818	818

注: * 、 ** 、 *** 分别表示在10% 、5%和1%水平上显著；括号里的数值为稳健标准误。模型采用 Probit 模型进行估计，回归结果进行边际效应转换。同表 5 - 5 控制行业与省份的固定效应。城市样本为城市户口从事非农类型的样本。

资料来源：2003 年和 2008 年的中国综合社会调查。

表 5 - 12   2008 年城市样本分职业声望的异质性分析结果

变量	低职业声望		中职业声望		高职业声望	
	(1) 偏好男性	(2) 偏好女性	(3) 偏好男性	(4) 偏好女性	(5) 偏好男性	(6) 偏好女性
年龄	- 0.000491 (0.00227)	0.00175 (0.00465)	- 0.00293 (0.00488)	- 0.00375 * (0.00199)	- 0.00183 (0.00211)	- 0.00177 (0.00202)

续表

变量		低职业声望		中职业声望		高职业声望	
		(1) 偏好男性	(2) 偏好女性	(3) 偏好男性	(4) 偏好女性	(5) 偏好男性	(6) 偏好女性
教育水平 (以小学 及以下为 对照组)	初中	-0.0276 (0.0427)	-0.0286 (0.0578)	0.00679 (0.0556)	0.437*** (0.0527)	-0.0178 (0.0365)	-0.0411 (0.0474)
	高中	-0.074 (0.0501)	0.0475 (0.0542)	0.0232 (0.0574)	0.451*** (0.0671)	-0.0285 (0.0332)	-0.0093 (0.0445)
	大专及以上	-0.136* (0.0698)	0.0207 (0.0941)	0.00744 (0.0667)	0.372*** (0.0691)	-0.0525 (0.0351)	-0.0821** (0.0409)
工作经验		-0.011*** (0.00406)	0.00208 (0.0082)	0.00458 (0.00602)	0.00103 (0.00341)	-0.0032 (0.00284)	-0.00188 (0.00349)
工作经验平方		0.000246*** (6.55×10^{-5})	-0.000143 (0.000179)	-2.49×10^{-5} (0.000136)	-2.74×10^{-5} (0.000106)	8.56×10^{-5} (5.26×10^{-5})	1.62×10^{-5} (8.08×10^{-5})
兼职工作		-0.0461 (0.0374)	-0.149*** (0.0557)	0.0226 (0.0648)	-0.00197 (0.0283)	-0.0281 (0.0522)	-0.0535 (0.0495)
单位所有 制性质 (以外企 为对照组)	公立	0.101 (0.0834)	0.757*** (0.161)	-0.0383 (0.0527)	-0.0972** (0.0459)	-0.0852*** (0.0239)	-0.0328 (0.0319)
	私立	0.0804 (0.0718)	0.847*** (0.145)	-0.0375 (0.0397)	-0.019 (0.0494)	-0.0537* (0.0306)	-0.0186 (0.0375)
单位规模对数		0.0052 (0.00592)	0.0114 (0.00876)	0.00213 (0.00697)	0.000346 (0.00631)	0.00473 (0.00437)	-0.00584* (0.00338)
样本量		526	269	491	491	1106	1106

注：*、**、*** 分别表示在 10%、5% 和 1% 水平上显著；括号里的数值为稳健标准误。模型采用 Probit 模型进行估计，回归结果进行边际效应转换。同表 5 - 5 控制行业与省份的固定效应。城市样本为城市户口从事非农类型的样本。

资料来源：2003 年和 2008 年的中国综合社会调查。

本章以受访者目前获得这份工作时雇主性别偏好为研究内容，前面实证分析部分采用受访者目前的个人内在禀赋情况与外在客观环境作为影响因素。值得注意的是，中国综合社会调查数据无法检测那些未获得工作的雇用歧视情况，这可能影响结果有效性，即使本章采用部分可观测的双变量概率估计方法（bivariate probit with partial observability model）进行修正也无法得到稳健性结果①。

5.4.3　雇用环节"隐性歧视"对雇主性别偏好的影响

本章研究雇用环节"隐性歧视"，即只针对男女不同性别的雇用门槛，特别指雇用女性的其他不平等要求，如要求相貌、身高、体重等。通过分析目前获得这份工作的其他雇主要求，如年龄要求、学历要求、技能要求、经验要求等，即通过受访者经历的"隐性歧视"研究其对雇主性别偏好的影响。这有利于深入剖析雇用歧视在偏好男性与偏好女性之间的差异，从而对前面实证结果进行有益补充，这与库恩和沈凯玲（Kuhn & Shen，2013）研究思路基本一致。有幸的是，中国综合社会调查 2003 年和 2008 年提供了满足稳健性分析需要的其他雇主要求，特别是 2003 年的数据还提供相貌要求、健康要求、已婚要求、户口要求等指标，相对于库恩和沈凯玲（Kuhn & Shen，2013）测量指标更全面；更重要的是，区别于招聘广告的明文条款，通过该调查的 2003 年数据中受访者自身经历的雇主其他要求，更有利于分析"隐性歧视"对雇主性别偏好的影响，从而深入研究雇用歧视的性别偏好差异。

首先，考察雇主性别偏好下其他雇主的要求情况。如表 5 - 13 所示，雇主偏好女性一般有相关年龄（年轻）、相貌身高体重要求、已婚要求等附件条件，而非技能水平。雇用要求中，被雇用者被限制小于 30 岁的女性比例高于男性 13% ~ 18%。同时，雇用女性门槛更高，同等条件女性被要求学历和经验的比例高于男性。值得注意的是，雇用性别歧视问题在高学历和中高级别技能水平要求方面并不突出，比如，大学及以上学历要求偏好男性比例仅 2.17%，中级技能要求偏好男性比例为 4.69%，高级技能不存在对劳动者性别上的要求。除此之外，雇主对女性的相貌要求更苛刻（Hamermesh & Biddle，1994；江求川和张克中，2013），约 40% 雇主女性偏好同时要求相貌身高体重，而对男性的相貌要求仅为 10%，说明劳动力市场存在对于女性的相貌歧视，这加重了雇用中的性别歧视。有趣的是，对于男性身体健康要求约占 30%，对女性健康要求仅为 7%。

---

① 部分可观测的双变量概率估计方法，又称为普瓦里耶（Poirier）部分可观测模型（the Poirier partial observability model），理论方法见普瓦里耶（Poirier，1980）。本章将雇员是否选择目前这份工作与雇主是否存在性别偏好相结合进行稳健性检验，遗憾的是检验结果并不能满足稳健性分析。

表 5 – 13　　　　**雇主不同劳动者性别偏好下其他雇主要求项目的占比**　　　单位:%

要求项目	2003 年		2008 年	
	偏好男性劳动者	偏好女性劳动者	偏好男性劳动者	偏好女性劳动者
年龄要求	52.54	54.50	52.47	60.49
年龄小于 25 岁	59.57	67.77	4.93	16.08
年龄小于 30 岁	68.59	81.52	12.33	30.42
学历要求	41.16	53.33	40.58	52.80
初中及以上	19.86	25.59	19.96	27.27
高中及以上	13.00	24.64	12.56	18.53
大专及以上	6.14	2.84	4.26	5.59
大学及以上	2.17	0.00	3.81	1.40
技能要求	40.07	35.55	40.36	33.57
初级	11.19	6.64	10.76	12.24
中级	4.69	2.84	5.61	2.80
高级	0.00	0.00	1.79	0.00
经验要求	2.04	2.63	—	—
相貌要求	10.20	39.47	—	—
健康要求	30.61	7.89	—	—
已婚要求	2.04	2.63	—	—
户口要求	2.04	2.63	—	—

注:"相貌要求"指雇主对于受访者在获得这份工作时的相貌、身高和体重要求;"健康要求"指身体健康;"户口要求"包括户口与居住地要求。

资料来源:2003 年和 2008 年的中国综合社会调查。

采用 2003 年数据能够较好分析雇用环节"隐性歧视"对雇主性别偏好的影响。表 5 – 14 提供了概率单位模型的估计结果,列(1)~列(3)仅比较雇主其他要求的作用,后三列控制外在环境变量,如单位所有制性质、单位规模、职业的性别构成、职业工种属性等,同时加入了行业、省份的固定效应以及行业与省份的交互效应。

表 5 - 14　　　2003 年城市样本雇主性别偏好下其他雇主要求的回归结果

变量		（1）偏好男性	（2）偏好女性	（3）无性别偏好	（4）偏好男性	（5）偏好女性	（6）无性别偏好
年龄要求		0. 199 *** （0. 0392）	0. 106 *** （0. 0352）	− 0. 289 *** （0. 0398）	0. 213 *** （0. 0382）	0. 0784 ** （0. 0315）	− 0. 279 *** （0. 0466）
学历要求（以大学及以上为对照组）	初中及以上	− 0. 111 ** （0. 0504）	0. 0761 * （0. 0396）	0. 0173 （0. 0596）	− 0. 103 ** （0. 0433）	0. 07 ** （0. 0337）	− 0. 000103 （0. 0589）
	高中及以上	− 0. 142 ** （0. 0629）	− 0. 000413 （0. 0407）	0. 13 * （0. 0668）	− 0. 157 ** （0. 0625）	− 0. 0291 （0. 0386）	0. 128 * （0. 0661）
	大专及以上	− 0. 0645 （0. 0954）	− 0. 0630 （0. 0762）	0. 135 （0. 114）	− 0. 145 * （0. 0806）	− 0. 0554 （0. 0793）	0. 178 （0. 115）
技能要求		− 0. 0185 （0. 0463）	0. 0692 ** （0. 0338）	− 0. 0604 （0. 0516）	− 0. 00216 （0. 045）	0. 0459 （0. 0355）	− 0. 0568 （0. 0573）
经验要求		− 0. 115 （0. 093）	− 0. 0482 （0. 0743）	0. 158 （0. 105）	− 0. 0385 （0. 055）	− 0. 0701 （0. 0573）	0. 112 （0. 093）
相貌要求		− 0. 0304 （0. 0615）	0. 146 *** （0. 0383）	− 0. 192 *** （0. 0646）	− 0. 0687 （0. 0628）	0. 155 *** （0. 038）	− 0. 118 （0. 0728）
健康要求		0. 0742 （0. 0494）	− 0. 0711 （0. 0581）	− 0. 0248 （0. 0621）	− 0. 0462 （0. 049）	0. 028 （0. 054）	0. 0359 （0. 0688）
已婚要求		− 0. 0576 （0. 137）	− 0. 024 （0. 0773）	0. 0656 （0. 15）	− 0. 0656 （0. 11）	—	0. 125 （0. 181）
单位所有制性质（以外企为对照组）	公立	—	—	—	− 0. 0315 （0. 067）	0. 00366 （0. 0774）	0. 00815 （0. 109）
	私立	—	—	—	− 0. 0111 （0. 0751）	0. 0289 （0. 0922）	− 0. 0182 （0. 12）
单位规模对数		—	—	—	0. 0132 （0. 0103）	− 0. 0216 ** （0. 01）	0. 0103 （0. 0139）
职业的性别构成（以女性职业为对照组）	男性职业	—	—	—	0. 235 *** （0. 0638）	− 0. 316 *** （0. 0977）	− 0. 0512 （0. 0844）
	中性职业	—	—	—	0. 0558 （0. 0586）	− 0. 103 ** （0. 0457）	0. 0792 （0. 07）
职业的工种属性（以服务类型为对照组）	管理类型	—	—	—	− 0. 164 ** （0. 0824）	0. 103 （0. 0635）	0. 143 （0. 102）
	技术类型	—	—	—	− 0. 0683 （0. 0894）	0. 107 * （0. 0560）	− 0. 0369 （0. 0963）

续表

变量		（1） 偏好男性	（2） 偏好女性	（3） 无性别偏好	（4） 偏好男性	（5） 偏好女性	（6） 无性别偏好
职业的工种属性（以服务类型为对照组）	办事类型	—	—	—	−0.0418 （0.0585）	0.098 * （0.0589）	−0.00382 （0.0915）
	生产类型	—	—	—	−0.0611 （0.0590）	−0.0362 （0.0449）	0.089 （0.0766）
职业社会经济地位		—	—	—	−0.000249 （0.00289）	−0.0051 ** （0.00221）	0.00669 * （0.00382）
职业声望		—	—	—	0.00296 （0.00373）	0.00306 （0.00276）	−0.00664 （0.00473）
行业固定效应		无	无	无	有	有	有
省份固定效应		无	无	无	有	有	有
行业×省份交互效应		无	无	无	有	有	有
样本量		285	285	285	239	231	239

注：*、**、*** 分别表示在 10%、5% 和 1% 水平上显著；括号里的数值为稳健标准误。模型采用概率单位模型进行估计，回归结果进行边际效应转换。城市样本为城市户口从事非农类型的样本。

资料来源：2003 年和 2008 年的中国综合社会调查。

分析结果有如下几点：第一，针对女性的隐性雇用歧视较为严重，雇主偏好女性附加有年轻、相貌升高体重、低学历等苛刻要求，但对于高学历、技术水平、工作经验等人力资本投资并不显著，另外，健康人力资本对雇主性别偏好影响较弱；第二，雇用女性门槛更高，同等水平下要求女性掌握的技能越高，管理类型职业和技术类型职业对女性进入存在一定的高标准；第三，外在环境的改善有利于缓解雇用性别歧视，企业规模越大、职业社会经济地位越高，偏好女性的需求越少；第四，相对于性别职业，中性职业的雇用歧视较少，随着职业分布的集中化趋势，雇用歧视有望减少。

5.5　本章小结

妇女在劳动力市场被边缘化现象严重，即使世界各国均出台一系列针对男女就业平等的法律规范制约，社会性别不平等现象依旧长期存在。随着社会经济发展，女性劳动者逐渐拿起法律手段维护自身就业机会平等权，劳动力市场雇用歧视问题逐渐受到社会各界的关注与重视。歧视处罚成本的上升，一方面降低了不平等的发生，另一方面却导致就业歧视问题越发隐蔽化，使得学术界难以直接有效测量雇主性别偏好。本章采用2003～2008年中国综合社会调查数据，首次分析劳动者在获得现有工作时所遭遇的雇主性别偏好及其影响因素，同时考虑职业分布的异质性影响及隐性歧视影响，深入分析雇用歧视与雇主性别偏好问题。主要研究结果如下：

首先，中国劳动力市场存在雇用歧视与雇主性别偏好问题。雇用性别歧视有上升趋势，2003～2008年间雇主偏好男性约提高24%，然而，偏好女性比例并无显著变化。一方面，雇用歧视在低层级职业中表现更明显，女性更多进入一些低层级别职业，从事社会经济地位较低、职业声望较低、工资收入较低的工作；另一方面，雇用女性门槛高于男性，职位高层雇用女性劳动者显著少于男性，存在"玻璃门效应"，同等水平下要求女性掌握的技能更高，管理类型职业和技术类型职业对女性进入存在一定的高标准。

其次，针对女性的隐性歧视现象更严重。第一，雇主偏好女性一般有相貌、身高、体重要求和已婚等附加条件，而非技能水平，研究发现约40%雇主女性偏好同时要求相貌、身高、体重等条件，而对男性的相貌要求仅为10%；第二，存在女性的年龄歧视和性别歧视双重不平等现象，被雇用者被限制小于30岁的女性劳动者比例高于男性13%～18%；第三，存在女性的工作经验歧视，即使在低工作经验人群，偏好男性比例依旧高于女性。

值得庆幸的是，个人内在禀赋的提高和外在环境的改善有利于降低雇用歧视的发生。第一，个人教育水平提升对改善雇用歧视作用力显著，随着男女受教育水平的提高，教育人力资本投资有利于改善社会经济地位较高职业的雇用歧视问题；第二，随着技能水平与工作经验提升，性别歧视现象出现缓解趋势，但作用力度明显小于教育投资；第三，职业社会经济地位和职业声望等外在环境越好，无性别歧视雇用概率越大；第四，中性职业的雇用歧视较少，随着职业分布的集中化趋势，雇用歧视有望减少。针对女性的年龄歧视在中性职业中有一定改善，高等学历也减少了中性职业的雇用歧视行为。另外，中性职业更倾向于招聘全职劳动者，针对女性从事兼职工作的歧视行为发生概率显著降低。

基于上述研究结论，给出如下政策建议：

第一，提高人力资本投资。增加女性在教育上的学习途径，鼓励与培养高学历与专业化高级人才，提高工作技能水平，提供劳动者更多就业培训机会，扩宽女性在职场上的求职范围。

　　第二，提供劳动力市场的开放度与竞争性。提高私立部门的竞争力，减少国有部门对于关键资源的垄断，积极引进外资，刺激劳动力市场的公平竞争，适当扩大女性劳动者就业比例。

　　第三，改善外在就业环境。促进职业性别分布的集中化，减少职业与行业的性别隔离现象，减少就业隐性歧视的发生。工作单位应重视性别平等的企业文化宣传与监管工作，使遭遇性别歧视的女性劳动者有正常的投诉渠道，规避歧视性的雇用、就业、工资待遇等问题。

　　第四，建立健全法律法规。建立、健全保护女性劳动权益的法律体系，建立有效的劳动力市场监督机制，政策制定部门应在市场监督管理上加大政策指导和支持力度。

第 6 章　晋升性别歧视的
影响因素分析

　　"玻璃天花板效应"（glass ceiling effect）一词以比喻手法，意指存在无形的障碍（即玻璃）和即使人们能够感知不公正对待也难以触碰（即天花板），形象地描绘了劳动力市场的不平等现象，特别表现为女性在高层职位的比重和工资显著低于男性（Cotter et al.，2001；Albrecht et al.，2003；Fernandez & Abraham，2011）。

　　早在 1987 年，莫里森等（Morrison et al.，1987）以《打破天花板效应：女生能够进入美国大企业的高层吗?》一文首次探讨了女性进入高层级职位的障碍。直至今日，劳动力市场"玻璃天花板"问题依旧存在。中国亦是如此，无论是国家机关、党群组织，还是企业、事业单位中的高层职位，女性都是凤毛麟角（卿石松，2011；秦广强，2014）。国外研究发现，职业晋升歧视是长期存在的影响性别不平等的因素，它天然地与内部劳动力市场职业性别隔离相连（Yamagata et al.，1997），受到职业分布的影响（Rosenfeld & Spenner，1992）。

　　那么，为何存在职业晋升的性别差异? 职位层级和晋升歧视又如何受职业隔离与职业分布变化的影响? 前面章节逐步探讨了中国劳动力市场的职业性别隔离变化趋势与性别工资变化趋势，承接前文研究成果，本章利用 2006 年和 2008 年中国综合社会调查数据，重点分析晋升歧视与职业性别隔离的微观过程和内在演变。另外，本章在研究方法上完善了职业晋升性别差异的模型设计，修正了有序概率模型存在的不足，同时考虑职业性别构成下的异质性影响，旨在深入研究职业晋升的性别差异及其影响因素。

6.1　晋升性别歧视的研究综述

　　学术界对于研究职业晋升的性别差异一事众说纷纭。大体上，透过性别工资差异，不同学派开始探索与逐步拓展劳动力市场性别不平等的相关研究。人力资本理论最早通过男女人力资本投资差异导致的性别工资差距角度，探讨不同职业间与职业内部的收入不平等。麦基尔等（Malkiel & Malkiel，1977）在《美国经济评论杂志》（*The American Economic Review*）发表文章《专业就业领域的男女工资差异》，他们以"后教育投资模型"（postschooling investment model）研究了272名公司专业就业者的工资差异，通过工资分解发现，职业内部处于不同工作级别的男女就业者工资差异较大。有趣的现象是，当受访者面对问题"当男女处在相同工作级别，拥有相同禀赋时，能够获得相同工资吗"，其答案为"是的"，但当问题变为"如果男女拥有相同特征，能够获得相同工资吗"，其答案却是"否"。回答相左的原因在于，即使女性拥有与男性相同的职业培训、工作经验等时，女性的职业获得依旧存在性别工资差异，但该文不认为是性别歧视导致。无独有偶，金瑟和海斯（Ginther & Hayes，2003）使用1977～1995年博士学位调查数据（the Survey of Doctorate Recipients）研究长期性别工资差异变化趋势发现，工资与晋升的性别差异主要来自个人禀赋。

偏好歧视理论认为性别歧视是导致男女晋升问题的关键因素之一（Becker，1964，1985）。奥尔森和贝克尔（Olson & Becker，1983）研究美国1973～1977年就业质量面板数据（the Quality Employment Panel）发现，晋升中对男女的标准差异，使得女性晋升标准更高，因此女性晋升概率低于男性，在控制工作级别后，晋升对工资差异的影响依旧显著。布劳和德沃拉（Blau & DeVaro，2007）也认为，职业隔离对性别工资差距的作用主要是职业晋升歧视而不是职业晋升工资效应的性别差异导致的。他们还发现雇主对新入职职员绩效的评分存在性别偏好，不同职位层级所反应的雇主偏好不一致。统计歧视理论则认为职业晋升性别差异是由于男女群体信息不全造成的，即缺乏个体信息下采用平均统计信息代替，因此认为长期歧视并不存在（Phelps，1972；Arrow，1973；Aigner & Cain，1977；Altonji & Pierret，2001；Altonji，2005；Bjerk，2008）；但是统计歧视理论无法很好解释长期存在的性别歧视问题。

晋升性别差异与工资性别差异并不相同，基林斯沃思和赖默斯（Killingsworth & Reimers，1983）早就强调面对这两种不同问题应该采用不同的研究方法。早期学者多采用工作级别，按照职位等级划分以查看男女分布差异及职位流动差异。部分学者采用职业流动模型，如罗森菲尔德和斯宾塞（Rosenfeld & Spenner，1992）测量职业性别隔离与妇女早期事业获得；科特拉斯（Kosteas，2009）研究工作级别变动与工资增长的关系；加西亚 - 克雷斯波（Garcia-

Crespo，2001）研究西班牙劳动力市场职业流动与晋升差异；宋月萍（2007）研究发现人力资本并不能解释中国职业流动的性别差异，而劳动力市场结构变动对其有显著影响。

因此，反映职业分布状况的职业层级及其相关理论——分层隔离模型（hierarchical segregation model），也成为研究晋升歧视的有效路径（Baldwin et al.，2001；Gorman & Kmec，2009；Shatnawi et al.，2011）。卡布拉尔等（Cabral et al.，1981）最早结合职业不同层级研究晋升，却未进行深入分析。拉齐尔和罗森（Lazear & Rosen，1990）最早对职业晋升进行形式化处理，构建了职业晋升模型探讨 3 期男女晋升差异，并界定了男女晋升门槛差异，克罗瓦斯（Krowas，1993）对模型进行多时期优化。琼斯和梅克皮斯（Jones & Makepeace，1996）研究发现拉齐尔－罗森（Lazear-Rosen）模型在解释职业晋升的歧视问题上比较欠缺，对此他们优化并构建了有效晋升模型并进行有序概率估计（Winter-Ebmer & Zweimüller，1997）。

通过学者们不断丰富理论与实证研究，职业晋升研究逐渐深入。从最初研究职业内部女性晋升职位高层的无形障碍"玻璃天花板"效应（Powell & Butterfield，1994；Russo & Hassink，2012），发展到研究不同职位层级的晋升性别歧视。对于低层级职位，研究女性在低层职位遭受的工资收入低、社会经济地位低且晋升机会较少的"黏地板"（sticky floors）效应（Booth et al.，2003；Yap & Konrad，2009）；对于中层级职位，研究女性在中层职位遭受的晋升与工资歧视双重压力的"中层瓶颈"（Mid-Level Bottleneck）问题（Yap & Konrad，2009）；对于高层级职位，研究女性难以进入高层职位的"玻璃门"（glass door）效应（Hassink & Russo，2010；Fernandez & Abraham，2011；Chiara et al.，2014）。对上述三种情况进行研究的目的均是透过职业的不同分布，分析职业晋升歧视的原因与表现。国外大量实证研究发现，性别歧视是造成女性晋升障碍的潜在影响因素（Olson & Becker，1983；Killingsworth & Reimers，1983），同时，晋升歧视也是导致性别工资差异的重要原因之一（Albrecht et al.，2003；Shatnawi et al.，2011；Russo & Hassink，2012）。

相比之下，国内研究晋升歧视起步较晚，用于研究晋升歧视的数据也较为缺乏，大量实证研究多围绕着性别工资差异，间接探讨职业隔离，特别是职位层级高低的垂直隔离，对男女收入报酬差异的影响（亓寿伟和刘智强，2009；童梅和王宏波，2013；卿石松和郑加梅，2013a，2013b；高艳云和林剑，2014；杨伟国和陈玉杰，2014；郭凯明和颜色，2015）。陈永伟和周奕采用 2010 年中国家庭跟踪调查（China Family Panel Survey，CFPS）探讨了职业选择、晋升歧视和性别工资差异。少数研究探讨了职业流动中的性别差异。宋月萍（2007）利用第二次中国妇女社会地位调查数据，通过探讨职业的向上流动和向下流动，分析造成女性职业发展受限的原因。卿石松（2011）和秦广强（2014）利用2006年中国社会综合调查数据收纳了晋升机会相关问题，直接研究劳动力市场职位晋升性别差异，研究发现，无论是职位层级，还是职务晋升与工资晋升概率都存在显著的性别差异。此外，国内学者也开始将职业晋升与职业分布差异相结合，例如，颜士梅等（2008）通过中国55家企业的访谈资料研究人力资本开发中的性别歧视表现形式，研究发现，职业晋升的"玻璃天花板"占性别歧视的比重约20%，超过薪酬性别歧视的11%，对于"玻璃天花板"认知上存在男女差异，约68%女性认为玻璃天花板是性别歧视的重要组成部分，而执此观点的男性仅为33%。同时存在职位层级认知差异，低层劳动者感知的晋升歧视约为11%，而60%的中层劳动者向上流动过程中强烈感知到晋升壁垒。

遗憾的是，纵使国外学者逐渐考虑职业分布，但从职业的性别构成，将职业性别隔离与职业晋升进行深入结合与研究的文献仍然缺乏。罗森菲尔德和斯宾塞（Rosenfeld & Spenner，1992）从早期职业流动角度探讨男性职业与女性职业的性别差异，山形等（Yamagata et al.，1997）建立了性别隔离与玻璃天花板的模型框架，对男性职业、中性职业、女性职业的晋升程度与晋升歧视进行探讨。相关研究思路启发了本书结合当今中国职业性别隔离与职业分布的发展趋势，研究性别歧视与职业晋升的问题，以拓展我国性别不平等领域的研究，对文献进行有益的补充。

6.2 晋升性别歧视的研究设计

6.2.1 职业晋升模型设计

职业晋升模型主要分为两部分。第一，职位层级的晋升机会概率模型。本章基于琼斯和梅克皮斯（Jones & Makepeace，1996），构建有序概率模型（ordered probit model），同时考虑到有序概率模型平行估计假设较强（Winter-Ebmer & Zweimüller，1997），本章采用帕德尼和希尔兹（Pudney & Shields，2000）方法选择更稳健的广义有序概率模型（generalized ordered probit model），放松平行估计假设下考虑不同职位层级门槛的男女晋升机会差异。第二，实际晋升概率模型，采用概率单位模型（probit model）估计实际情形的性别晋升差异。

1. 职位层级晋升机会的有序概率模型

使用有序概率模型估计个人处于不同职位层级的晋升机会概率，潜变量 y^* 代表个人潜在晋升机会（y^* 不可观测），对个人 i 在 t 期存在潜在的职位层级晋升机会为：

$$y_{it}^* = x_{it}\beta_t + \varepsilon_{it}, \varepsilon_{it} \sim N(0,1) \tag{6.1}$$

式中，x_{it} 代表一系列影响个人 i 在 t 期潜在晋升机会的特征向量，如教育水平、工作经验、培训等，β_t 是测量相应个体特征的回归系数，ε_{it} 是服从标准正态分布的随机误差项。

个人实际晋升机会用 y 表示，$y = 1, 2, \cdots, m$，则个人 i 在 t 期实际的职位层级晋升机会为：

$$y_{it} = g \quad if \quad y_{it}^* \in \left[G_{g-1}(\boldsymbol{q}_{it}), G_g(\boldsymbol{q}_{it}) \right], g = 1, 2, \cdots, m \tag{6.2}$$

式（6.2）选择规则可以表示为：

$$y_{it} = \begin{cases} 1, & if \quad y_{it}^* \leqslant G_1(\boldsymbol{q}_{it}) \\ 2, & if \quad G_1(\boldsymbol{q}_{it}) \leqslant y_{it}^* \leqslant G_2(\boldsymbol{q}_{it}) \\ \vdots & \\ m, & if \quad G_g(\boldsymbol{q}_{it}) \leqslant y_{it}^* \end{cases}$$

式中，g 代表不同职位层级的晋升机会，而选择规则中，向量 $\boldsymbol{q}_{it}$ 是职位层级晋升门槛（又称切点）的影响因素矩阵。此外，考虑工作经验存在边际效应递减，采用 $G_g(\boldsymbol{q}_{it})$ 代表门槛函数。

职位层级晋升机会概率模型可以表示为：

$$\Pr(y_{it} = g \mid x_{it}, \boldsymbol{q}_{it}) = \Phi(G_g - \boldsymbol{x}_{it}\beta_t) - \Phi(G_{g-1} - \boldsymbol{x}_{it}\beta_t) \tag{6.3}$$

式（6.3）同样等同于：

$$\Pr(y_{it} = 1 \mid \boldsymbol{x}_{it}, \boldsymbol{q}_{it}) = \Phi(G_1 - \boldsymbol{x}_{it}\beta_t)$$
$$\Pr(y_{it} = 2 \mid \boldsymbol{x}_{it}, \boldsymbol{q}_{it}) = \Phi(G_2 - \boldsymbol{x}_{it}\beta_t) - \Phi(G_1 - \boldsymbol{x}_{it}\beta_t)$$
$$\cdots$$
$$\Pr(y_{it} = g \mid \boldsymbol{x}_{it}, \boldsymbol{q}_{it}) = 1 - \Phi(G_{g-1} - \boldsymbol{x}_{it}\beta_t)$$

根据人力资本理论，选取受教育年限、工作经验、工作经验的平方、培训作为影响职位层级晋升机会的变量，同时考虑个人工作单位的所有制性质、单位规模等变量（Ginther & Hayes，2003；Yap & Konrad，2009）。此外，我们加入职业的相关信息，例如职业分布——职业的工种属性、职业的社会经济程度、职业声望等。

值得注意的是，标准有序概率模型要求在每个门槛 $g=1,2,\cdots,m$，估计系数 β_t 均一致，即每个职位层级的影响效应均相同，也就是平行估计假设（parallel regression assumption）。若平行估计假设无法满足，将造成估计结果的有偏（Brant，1990）。为了保证估计结果的稳健性，采用马德拉（Maddala，1983）和泰尔扎（Terza，1985）的广义有序概率模型，对平行假设进行适当放松，即分别对每个晋升机会门槛进行估计。

2. 实际晋升概率模型

考虑男女实际晋升概率存在差异，职业晋升模型为：

$$男性：\Pr(y_{it}=1\mid \boldsymbol{x}_{it},if\quad male=1)=\Phi(\boldsymbol{x}_{it}\boldsymbol{\beta}_t)$$
$$女性：\Pr(y_{it}=1\mid \boldsymbol{x}_{it},if\quad male=0)=\Phi(\boldsymbol{x}_{it}\boldsymbol{\beta}_t) \tag{6.4}$$

影响实际晋升概率的变量主要有城市户口、未成年子女个数（作为家务活动程度的代理变量）、人力资本投资变量，此外还考虑职业分布——职业的性别构成、职业的工种属性和职位层级等。

6.2.2　具体数据选取

本章继续使用中国综合社会调查数据，该数据除了提供详细的个人信息、社会经济信息外，还包括详细的职业信息，如是否参加培训、周工作时间等，以及受访者管理职务、行政职务、技术职称等职位层级，满足本章分析男女职位层级晋升机会差异。

更重要的是，中国综合社会调查是国内外少数直接询问男女实际晋升情况的数据库。中国综合社会调查在 2006 年的城市问卷和农村问卷中，涉及职业晋升信息，例如询问受访者在过去三年内是否获得过技术等级或职务上的晋升，这为本章研究职业晋升的影响因素、考虑职业分布异质性下的职业晋升性别差异等提供宝贵的数据支持。为了衡量职业晋升变化，本章还选取中国综合社会调查 2008 年数据，该数据虽未直接询问职业晋升，但提供了受访者单位内部详细的职业经历，根据该信息可以转换为对应的职业内部向上流动的晋升信息，对职业晋升的性别差异及变化进行有益补充。

因此，本章采用中国综合社会调查 2006 年和 2008 年的研究数据，探讨处于就业年龄段人群的职业状况，因此对数据中低于 18 周岁（成年）和高于 60 周岁（退休年龄）的样本予以剔除，剔除掉仍在学校读书和尚未进入劳动力市场的人群。经过整理后形成以下有效样本：2006 年共 9094 个，其中女性 4945 人，占 54.38%；2008 年保留了 5288 个样本，女性 2787 人，占 52.7%。

6.2.3　关键变量设定

1. 被解释变量：职业层级与晋升

（1）职业层级。中国综合社会调查问卷详细调查了受访者职业的管理位置、国家行政级别、技术职称等级。本章首先将各类职务分别划分为初级、中级和高级，并保留无级别样本，其次对管理职务、行政职务和技术职称对应的层级进行整合，生成综合的"职位层级"变量。

本章对职位层级划分进行统一性处理：中国综合社会调查 2006 年城市问卷和农村问卷对管理职务分类不一致，城市问卷管理职务的"初级"包含班组长/工段长和单位基层管理，"中级"为单位中层管理，"高级"为单位主要领导；农村问卷管理职务的"初级"包含生产组长/小队长和村/大队一般干部，"中级"为村长/大队支书，"高级"为乡/公社一般干部和乡/公社领导干部。行政职务的"初级"为科级以下，"中级"包括副科级和科级，"高级"为副处级及以上。技术职称的"初级"为低技术职称，"中级"为中级技术职称，"高级"为高级技术职称。中国综合社会调查 2008 年的行政职务和技术职称与 2006 年的一致，管理职务的"初级"包含单位基层干部和技术人员，"中级"为单位中层干部，"高级"为单位负责人。

（2）晋升。纵观国内外文献，由于缺乏直接研究实际晋升的性别差异，多以职位层级作为职业晋升的间接测量指标（Jones & Makepeace，1996；Winter-Ebmer & Zweimüller，1997；Pudney & Shields，2000），中国综合社会调查 2006 年调查问卷询问了受试者的职业晋升（卿石松，2011；秦广强，2014），这为直接研究职业晋升的性别差异提供了数据基础。

具体而言，2006 年的问卷询问受试者"在过去的三年内，是否获得过技术等级或职务上的晋升"，因此，晋升是受访者实际晋升的虚拟变量。2008 年调查受访者单位内职业经历的详细信息，包括每份工作变动的职业、职称与职务、个人变动及原因。为了研究职业晋升的变化情况，在综合 2008 年数据职业流动信息基础上，选取职业内部职位向上流动部分作为晋升的代理变量。此外，本章还检验了两年数据职业晋升的代表性，采用2006年和2008年数据职业晋升的拟合度均显著。

2. 控制变量

参考已有研究，本章继续控制个体特征变量，包括性别、年龄、户口、婚姻状况、工作经验、受教育年限、行业与地区，还控制了受访者单位所有制性质，职业的性别构成、职业的工种属性等。按照相关文献，本章还考察了培训对职位层级和晋升的影响（Shatnawi & Oaxaca，2011）；考虑行政职务的层级，控制了共产党员虚拟变量；根据家庭经济学理论，选取未成年子女个数作为家务活动的代理变量，控制家务时间与工作时间的性别差异（Becker，1985）；为了更全面考察受试者职业间的晋升压力，本章选取职业社会经济指数（Ganzeboom et al.，1992）和职业声望（Treiman，1977）。

详细的变量定义见表6-1。

表6-1　　　　　　　　　　　　变量的定义

变量名称	变量解释
被解释变量：	
晋升	是=1，否=0。晋升主要是过去三年内实际获得过技术等级或职务晋升*，或根据个人单位内部职业变动和职位经历选取职称、职务、行政级别变动生成虚拟变量#
职位层级：	
初级	是=1，否=0。"初级"包括管理级别/职务属于初级，行政级别属于初级，技术职称属于初级
中级	是=1，否=0。"中级"包括管理级别/职务属于中级，行政级别属于中级，技术职称属于中级
高级	是=1，否=0。"高级"包括管理级别/职务属于高级，行政级别属于高级，技术职称属于高级
控制变量：	
男性	男性=1，女性=0
年龄	受试者问卷调查时的年龄（周岁），选取18~60岁的就业年龄；单位：年
城市户口	是=1，否=0。"城市户口"指非农户口*，或直辖市城区户口、省会城市城区户口、地级市城区户口、县级市城区户口、集镇或自理口粮户口#
已婚	是=1，否=0。"已婚"包括已婚有配偶*、初婚有配偶#、再婚有配偶#、分居未离婚
子女个数	未成年子女个数，作为受访者家务活动的代理变量

变量名称	变量解释
受教育年限	询问受试者受教育年限；单位：年
工作经验	受试者的工作年限，采用受试者问卷调查时所回答的非农工作时间或务农工作时间；单位：年
培训	是=1，否=0。"培训"包括受访者接受过某种形式的短期培训或职业训练*，或单位组织的职业培训、政府组织的职业培训、社会组织的职业培训#
单位所有制性质：	
公立	是=1，否=0。"公立"包括国有或国有控股、集体所有或集体控股
私立	是=1，否=0。"私立"包括私有/民营
外企	是=1，否=0。"外企"包括外资或外资所有、港澳台资、中外合资所有#；主要依据国家纳税形式划分
单位规模	单位员工数
职业的性别构成	参照第4章
职业的工种属性	参照第4章
职业社会经济	根据国际社会经济指数（International Socio-Economic Index，ISEI）计算的职业社会经济指数
职业声望	根据标准国际职业声望量表（Standard International Occupational Prestige Scale）计算的职业声望得分
行业	受试者所在行业虚拟变量
地区：	
东部	是=1，否=0。根据中国行政区域划分，"东部地区"包括北京市、天津市、上海市、河北省、辽宁省、江苏省、浙江省、福建省、山东省、广东省、河南省
中部	是=1，否=0。"中部地区"包括吉林省、黑龙江省、安徽省、江西省、河南省、湖北省、湖南省
西部	是=1，否=0。"西部地区"包括山西省、内蒙古自治区、广西壮族自治区、重庆市、四川省、贵州省、云南省、西藏自治区、陕西省、甘肃省、青海省、宁夏回族自治区、新疆维吾尔自治区

注：变量设定根据CGSS数据的问卷调查进行整理汇总。*代表出现在2006年调查问卷，#代表出现在2008年调查问卷，未标识表明同时出现在2006年和2008年调查问卷。

资料来源：2006年和2008年的中国综合社会调查。

6.3　晋升性别歧视的现状分析

表 6 - 2 报告了 2006 年和 2008 年的描述性统计结果，同时提供分男女不同群体的特征及相关差异检验结果。比较个人特征发现，女性劳动者就业年龄较小、受教育程度较低、城市女性就业较少，但婚姻状况、子女个数并无显著差异。就男女工作而言，男女工作经验差异不大，但女性劳动者接受的职业培训显著低于男性，所在单位规模也显著更小。

表 6 - 2　　　　　　　　　　　　描述性统计结果

变量		2006 年				2008 年			
		全样本	女性	男性	组间差异检验（t 检验）	全样本	女性	男性	组间差异检验（t 检验）
晋升		0.101	0.074	0.127	− 0.053 ***	0.26	0.251	0.271	− 0.02
年龄（年）		39.67	39.51	39.87	− 0.362	39.75	39.45	40.07	− 0.613 *
城市户口		0.503	0.501	0.505	− 0.004	0.503	0.487	0.52	− 0.034 **
已婚		0.81	0.836	0.778	0.058 ***	0.824	0.841	0.805	0.036 ***
子女个数		1.353	1.353	1.354	− 0.002	1.311	1.329	1.291	0.038 *
受教育年限（年）		8.523	8.023	9.118	− 1.095 ***	9.595	9.26	9.942	− 0.681 ***
工作经验（年）		12.83	13.28	12.37	0.907 ***	21.63	21.43	21.83	− 0.398
培训		0.248	0.209	0.291	− 0.082 ***	0.336	0.323	0.348	− 0.026
单位所有制性质	公立	0.854	0.857	0.852	0.005	0.494	0.476	0.511	− 0.035 **
	私立	0.127	0.121	0.134	− 0.013	0.437	0.458	0.416	0.042 **
	外企	0.0111	0.014	0.008	0.006	0.0406	0.04	0.041	− 0.001
单位规模		588.9	560.9	616.1	− 55.17	1091	915.2	1254	− 338.456 **

变量		2006 年				2008 年			
		全样本	女性	男性	组间差异检验（t 检验）	全样本	女性	男性	组间差异检验（t 检验）
职业的性别构成	男性职业	0.197	0.088	0.318	−0.230 ***	0.205	0.114	0.302	−0.188 ***
	中性职业	0.675	0.74	0.603	0.137 ***	0.713	0.778	0.642	0.136 ***
	女性职业	0.128	0.172	0.079	0.093 ***	0.0827	0.108	0.056	0.052 ***
职业的工种属性	管理类型	0.038	0.023	0.055	−0.033 ***	0.0634	0.039	0.089	−0.050 ***
	技术类型	0.115	0.134	0.093	0.041 ***	0.114	0.116	0.111	0.005
	办事类型	0.0447	0.026	0.066	−0.040 ***	0.0542	0.038	0.072	−0.034 ***
	服务类型	0.209	0.234	0.181	0.054 ***	0.206	0.243	0.166	0.078 ***
	农业类型	0.284	0.328	0.235	0.092 ***	0.253	0.304	0.198	0.106 ***
	生产类型	0.309	0.255	0.37	−0.114 ***	0.31	0.259	0.364	−0.105 ***
职位层级	初级	0.353	0.393	0.321	0.072 ***	0.466	0.538	0.421	0.117 ***
	中级	0.468	0.462	0.473	−0.011	0.353	0.327	0.369	−0.042
	高级	0.179	0.145	0.206	−0.061 ***	0.181	0.135	0.209	−0.075 ***
职业社会经济指数		37.03	36.09	38.09	−2.008 ***	37.45	36.38	38.59	−2.208 ***
职业声望指数		40	39.43	40.64	−1.207 ***	39.46	39.11	39.83	−0.720 *
地区	东部	0.445	0.446	0.445	0	0.391	0.385	0.397	−0.012
	中部	0.286	0.294	0.277	0.017 *	0.322	0.327	0.315	0.012
	西部	0.269	0.261	0.278	−0.017 *	0.288	0.288	0.287	0.001
样本量		9094	4945	4149	—	5288	2787	2501	—

注：* 、** 、*** 分别表示在10% 、5% 和1% 水平上显著。

资料来源：2006 年和2008 年的中国综合社会调查。

重点比较男女从事职业的特征。男女在职业性别构成上符合前文论证，同时职业的工种属性也符合，即2006 年和2008 年职业分布逐渐中性化，但女性劳动者在管理类型与办事类型均显著更少。第3 章曾就这两类职业类型展开论述，女性在管理类型显著低于男性，表明社会经济地位和职业声望均较高的职业存在对女性的排挤。表6 - 2 报告了职业社会经济指数与职业声望指数，结果显示，2006 ~ 2008 年女性从事职业的社会经济地位和职业声望显著低于男性。职业性别隔离与歧视依旧严重。那么，是否也存在职业晋升的性别不平等呢？晋升歧视是变得更严重还是得到了改善？

6.3.1　职业晋升的性别差异研究

图 6 - 1 展示了职业晋升的性别差异，2006 年女性实际晋升比例为 7.4%，即 100 位女性劳动者中仅约 7 人获得职业升迁，而男性比例显著高于女性，100 位男性劳动者中约 13 人职务晋升。2008 年，这一局面得到好转，一方面，男女实际晋升人群大幅度上升，另一方面，男女晋升差异变得不显著，本章将在实证分析部分着重剖析其内在原因。

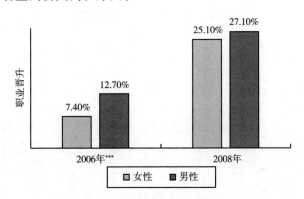

图 6 - 1　职业晋升的性别差异

注：*** 表示在 1% 水平上显著，男性晋升概率显著大于女性。
资料来源：2006 年和 2008 年的中国综合社会调查。

比较职位层级的性别差异（见图 6 - 2）发现，女性劳动者堆积在职位层级的低层，而职位层级的高层男性劳动者显著更多。虽然图 6 - 1 中职业晋升的性别差异变小，但是从职位层级分布上男女差异依旧较大，性别不平等现象依旧存在。

表 6 - 3 比较了管理职务、行政职务和技术职称的男女差异，虽然整体上高层职位对女性存在显著隔离，而女性更多"黏"在职位低层，但是单从 2006 年数据结果看差异并不明显，女性劳动者在管理职务和行政职务与男性的差异并不显著，仅在技术职称的高层显著低于男性。到了 2008 年，管理职务的性别差异显著增加，约 54% 的女性从事管理职务的低层，例如管理专员、助理等，而管理职务的高层如女性单位负责人，其比例仅为 13.5%，而男性高层管理者达到 21%。

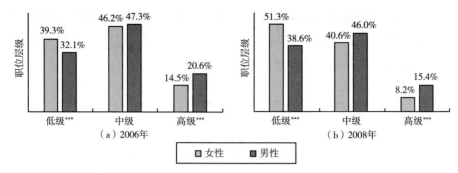

图 6 - 2　全样本职位层级的性别差异

注：*** 表示 p < 0.01，即在 1% 显著性水平下，女性在低级层级的职位人数比例显著多于男性，但男性在高级层级的职位人数比例显著多于女性。

资料来源：2006 年和 2008 年的中国综合社会调查。

表 6 - 3　　　　　　　　　　　细分职业层级的性别差异检验

职位层级	2006 年			2008 年		
	女性（%）	男性（%）	组间差异检验（t 检验）	女性（%）	男性（%）	组间差异检验（t 检验）
管理职务						
低级	27.6	31.0	− 0.033	53.8	42.1	0.117 ***
中级	52.6	49.0	0.036	32.7	36.9	− 0.042
高级	19.8	20.1	− 0.003	13.5	20.9	− 0.075 ***
行政职务						
低级	41.4	38.0	0.034	70.7	61.8	0.089 **
中级	48.3	50.5	− 0.02	17.8	22.5	− 0.048
高级	10.3	11.5	− 0.011	11.5	15.6	− 0.041
技术职称						
低级	48.0	39.5	0.085 ***	40.0	33.5	0.065
中级	44.2	47.6	− 0.034	42.0	51.3	− 0.093
高级	7.9	12.9	− 0.051 ***	18.0	15.2	0.028

注：** 、*** 分别表示在 5% 和 1% 水平上显著。

资料来源：2006 年和 2008 年的中国综合社会调查。

6.3.2　职业晋升概率的影响因素：人力资本与职业特征

劳动力市场依旧存在职业晋升男女差异，是否正如拉齐尔和罗森（Lazear & Rosen，1990）等学者所说，原因是存在男女晋升机会标准差异，即男女的人力资本投资差异，而非晋升歧视导致呢？为了更好地分析男女晋升概率的影响因素，特别是考虑人力资本如工作经验的边际效应，本章绘制了局部加权散点图平滑（locally weighted linear regression，LOWESS）曲线，即一种半参数方法，其有效结合了影响因素的线性和非线性效应，对晋升概率进行拟合。

图 6-3 展示了人力资本投资中两类关键因素——教育水平和工作经验对男女晋升概率的影响。以 2006 年为例，女性人力资本的晋升回报明显低于男性，无论是受教育年限的晋升概率还是工作经验的晋升概率，差异均较大。不过，受教育年限在 16 年及以上时，女性的晋升机会增长速度明显快于男性，学历约达到硕士及以上时女性劳动者的平均晋升机会甚至超过男性劳动者。这是一个较为普遍的现象，高等教育的女性人数逐年上升，进入劳动力市场的竞争性增强。

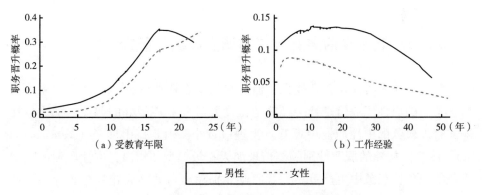

图 6-3　2006 年人力资本投资对晋升概率的影响

注：图形为局部加权散点图平滑曲线。
资料来源：2006 年的中国综合社会调查。

探讨职业特征对晋升概率的影响时，选取职业的社会经济地位与职业声望两类指标，如图 6-4 所示。一方面，男性所处职业的社会经济地位更好，同时职业声望更好；另一方面，职业的社会经济地位与职业声望与个人晋升概率存在正向关系，那些职位特征较好的职业偏向于提拔男性，即存在一定的晋升歧视。

对比图 6-3 与图 6-4 的晋升概率变化范围发现，受教育年限对晋升概率的影响效果相对工作经验更强，教育的影响效果平均在 0~40% 之间变化，而工作经验的男女晋升概率仅在 0~15% 之间变化。然而，职业特征对男女晋升概率的影响变动范围明显强于人力资本，平均保持在 0~45% 之间变化。

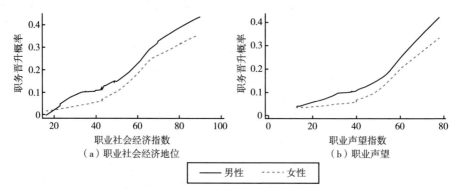

图 6 - 4 2006 年职业特征对晋升概率的影响

注：图形为局部加权散点图平滑曲线。

资料来源：2006 年的中国综合社会调查。

6.3.3 职业性别隔离与"玻璃天花板"效应

职业特征表明存在晋升歧视，但这与男女在职业的分布有密切关系，若男性集中的男性职业恰是社会经济地位高并且职业声望好的职业，那么，在隔离程度较低的中性职业中晋升歧视理应较小。但是，山形等（Yamagata et al.，1997）构建的职业性别隔离与玻璃天花板模型却指出，中性职业的玻璃天花板现象比想象中更严重。究竟职业性别隔离与玻璃天花板是否存在如此关系呢？

图 6 - 5 和图 6 - 6 报告了 2006 年和 2008 年职业性别构成的晋升概率。以女性劳动者在职业中所占比例的性别比作为衡量职业性别分布的指标，采用局部加权散点图平滑曲线绘制职业性别分布晋升概率变化，其中图 6 - 5（b）和图 6 - 6（b）分别为图 6 - 5（a）和图 6 - 6（a）的拟合线波动部分的相应放大。

图 6 - 5 显示，性别比与晋升概率间存在波动变化关系。当性别比小于 25% 左右时，随着女性劳动者增加，平均晋升概率提高，但当性别比在 25% ~ 65% 时，随着女性劳动者增加，晋升概率减少，而性别比超过 65% 时又出现晋升概率的提高。根据第 3 章对中国劳动力市场的分析，性别比小于 25% 的多是以男性职业为主，25% ~ 55% 的为中性职业，超过 55% 的是以女性为主导的职业。

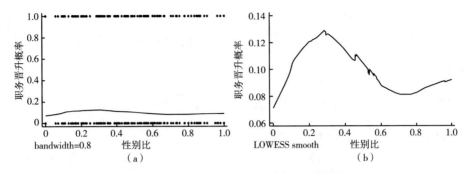

图 6 - 5　2006 年职业性别分布的晋升概率变化

注：1. 图形为局部加权散点图平滑曲线。
　　2. 性别比指女性劳动者在职业中所占比例。
资料来源：2006 年的中国综合社会调查。

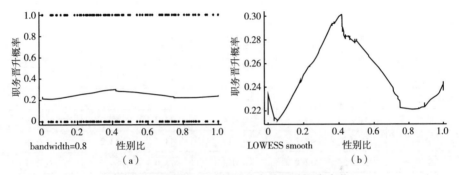

图 6 - 6　2008 年职业性别分布的晋升概率变化

注：1. 图形为局部加权散点图平滑曲线。
　　2. 性别比指女性劳动者在职业中所占比例。
资料来源：2008 年的中国综合社会调查。

　　结合职业性别构成反应的职业隔离解释图 6 - 5 的变化：在女性职业中，随着女性劳动者的增加，女性晋升概率提高，相应提高了平均晋升概率水平；男性职业因女性劳动者减少，使男性晋升概率相对提高，因此平均晋升概率水平也上升；到了中性职业，男女劳动者分布较均衡，晋升概率的下降表明女性晋升概率下降速度大于男性晋升概率提高速度，即玻璃天花板效应使得中性职业的晋升歧视更为严重。这与山形等（Yamagata et al.，1997）提出的职业性别隔离与玻璃天花板效应理论不谋而合：女性职业由于女性职业事业发展少故堆积在底层且收入低，男性职业因女性进入障碍导致女性代表性不足，而中性职业因职业隔离的相对弱化，男女劳动者分布均衡下晋升歧视更显严重。

　　进一步对比不同性别类型职业的职业层级和晋升概率的性别差异。表 6 - 4 报告了 2006～2008 年男女职业层级差异及变化。2006 年，男性职业的高级职位对女性存在天花板效应，同时低层职位存在女性"黏地板效应"，同样女性职业亦是如此，但是在中性职业男女职位层级差异并不明显。2008年各类性别类型职业的职位层级差异均不显著。

表 6-4　　　　　　　　考虑职业性别分布的职业层级差异

职位层级	2006 年			2008 年		
	女性 (%)	男性 (%)	组间差异检验 (t 检验)	女性 (%)	男性 (%)	组间差异检验 (t 检验)
男性职业：						
低级	37.2	30.6	0.066 ***	45.3	39.6	0.056
中级	46.2	48.2	-0.02	42.8	46.1	-0.033
高级	16.5	21.2	-0.047 ***	11.9	14.3	-0.024
中性职业：						
低级	34.1	36.4	-0.022	43.3	44.0	-0.007
中级	48.2	45.4	0.028	45.2	42.8	0.025
高级	17.6	18.2	-0.006	11.5	13.2	-0.017
女性职业：						
低级	34.2	39.6	-0.054 **	42.7	52.3	-0.096 *
中级	46.4	48.3	-0.019	43.8	43.2	0.006
高级	19.3	12.0	0.073 ***	13.6	4.5	0.090 **

注：*、**、*** 分别表示在10%、5%和1%水平上显著。职业的性别构成按照前面章节使用的国家人口普查数据的性别比边界（25%，55%）进行三大性别类型职业的划分。
资料来源：2006年和2008年的中国综合社会调查。

表 6-5 比较了不同性别类型职业的男女晋升差异，结果表示，2006年男性职业和中性职业中女性晋升概率均显著小于男性，但是到了2008年晋升差异并不明显。

表 6-5　　　　　　　　考虑职业性别分布的晋升差异

职业	2006 年			2008 年		
	女性 (%)	男性 (%)	组间差异检验 (t 检验)	女性 (%)	男性 (%)	组间差异检验 (t 检验)
男性职业	8.8	13.5	-0.047 ***	25.2	27.5	-0.022
中性职业	8.4	12.2	-0.039 ***	26.7	25.3	0.014
女性职业	10.0	10.3	-0.003	26.1	24.4	0.017

注：*** 表示在1%水平上显著。
资料来源：2006年和2008年的中国综合社会调查。

6.4　晋升性别歧视的实证分析

为了更准确分析职业晋升的玻璃天花板效应，本节进行更为详细的实证回归分析。

6.4.1　职位层级性别差异的有序概率估计结果

表 6 - 6 报告了 2006 ~ 2008 年职位层级的有序概率模型估计结果①，分别进行全样本和男女子样本的估计，旨在检验性别是否显著影响职位层级以及男性和女性职位层级的影响因素有何差异。显然，男性的职位层级 8% ~ 12% 概率显著高于女性，职位层级存在性别差异。个人特征要素，如城市户口等有利于提高个人职位层级提高的概率，同时，人力资本要素方面，教育水平、工作经验、培训对男女职位层级的提升均有显著正向影响，其中培训作为后教育投资更能提升男女职位层次（Malkiel & Malkiel，1977）。单位特征，如国企、私企及外企对个人职位层级提高作用并不显著。职业特征，如职业工种属性，只有管理类型职位的职业规划较清晰，显著提升职位层级的概率，职位的社会经济地位对于个人提升职位层级效果并不明显，但声望高的职位对个人职位层级的效果较为显著。就职位层级的影响因素而言，无论是男性还是女性劳动者，其人力资本投资的作用最大，单位职业培训具有重要影响。

表 6 - 6　　　　　　　　　**职位层级有序概率模型估计结果**

变量	2006 年			2008 年		
	(1) 全样本	(2) 男性	(3) 女性	(4) 全样本	(5) 男性	(6) 女性
男性	0.0824 *** (0.0142)	—	—	0.115 *** (0.0144)	—	—
城市户口	0.0615 *** (0.0157)	0.0613 *** (0.0212)	0.0622 ** (0.0271)	0.0175 (0.0190)	0.0338 (0.0268)	0.00204 (0.0271)

---

① 本章同时还采用 Ordered Logit 模型进行回归，其回归结果与有序概率模型的基本一致，故不报告 Ordered Logit 模型的估计结果。同时，回归结果已进行边际效应（marginal effect）转换。

续表

变量		2006 年			2008 年		
		（1）全样本	（2）男性	（3）女性	（4）全样本	（5）男性	（6）女性
已婚		−0.00619 (0.0182)	0.0417 * (0.0227)	−0.0574 ** (0.0272)	0.0401 * (0.0214)	0.0408 (0.0320)	0.0307 (0.0285)
受教育年限		0.0177 *** (0.00256)	0.0163 *** (0.00338)	0.0184 *** (0.00365)	0.0231 *** (0.00307)	0.0261 *** (0.00403)	0.0198 *** (0.00481)
工作经验		0.00525 ** (0.00242)	0.0106 *** (0.00243)	0.0626 (0.00379)	0.0097 *** (0.00264)	0.0097 *** (0.00375)	0.0112 *** (0.00381)
工作经验平方		−0.0001 * (5.94×10^{-5})	−0.001 *** (6.58×10^{-5})	0.0002 (8.67×10^{-5})	−0.0001 ** (6.10×10^{-5})	-8.65×10^{-5} (8.37×10^{-5})	−0.0002 ** (9.33×10^{-5})
培训		0.144 *** (0.0194)	0.143 *** (0.0180)	0.141 *** (0.0313)	0.110 *** (0.0146)	0.137 *** (0.0205)	0.0761 *** (0.0212)
单位所有制性质（以其他为对照组）	公立	−0.0173 (0.0559)	−0.0439 (0.103)	0.00974 (0.0648)	−0.0581 (0.0503)	−0.0234 (0.0700)	−0.0967 (0.0681)
	私立	−0.0478 (0.0596)	−0.126 (0.116)	0.0257 (0.0742)	−0.0292 (0.0510)	0.0227 (0.0714)	−0.0866 (0.0687)
	外企	−0.113 (0.0758)	−0.267 * (0.156)	−0.0215 (0.0794)	−0.0370 (0.0584)	0.00494 (0.0790)	−0.0844 (0.0825)
职业的工种属性（以农业类型为对照组）	管理类型	0.161 ** (0.0812)	0.169 * (0.0902)	0.118 (0.140)	0.0671 (0.0833)	0.0739 (0.105)	0.0565 (0.148)
	技术类型	0.119 (0.0751)	0.119 (0.0867)	0.0664 (0.134)	−0.000455 (0.0820)	0.0349 (0.104)	−0.0421 (0.146)
	办事类型	0.0443 (0.0783)	0.061 (0.0831)	0.00308 (0.147)	−0.00718 (0.0835)	0.0623 (0.105)	−0.106 (0.148)
	服务类型	0.0888 (0.0770)	0.104 (0.0839)	0.0256 (0.134)	−0.0390 (0.0814)	−0.0474 (0.102)	−0.0585 (0.146)
	生产类型	0.0909 (0.0746)	0.115 (0.0736)	0.0214 (0.130)	−0.0489 (0.0791)	−0.0145 (0.0981)	−0.110 (0.143)
职业社会经济指数		0.00027 (0.0015)	0.0014 (0.0025)	−0.0007 (0.0018)	0.0003 (0.0012)	−0.0015 (0.0018)	0.0012 (0.0017)

续表

变量	2006 年			2008 年		
	(1) 全样本	(2) 男性	(3) 女性	(4) 全样本	(5) 男性	(6) 女性
职业声望指数	0.007 *** (0.0015)	0.006 ** (0.0023)	0.008 *** (0.0019)	0.005 *** (0.0012)	0.007 *** (0.0018)	0.0032 * (0.0016)
地区（以中部为对照组） 东部	0.0642 *** (0.0183)	0.0586 ** (0.0237)	0.0755 *** (0.0233)	0.0214 (0.0178)	0.0158 (0.0259)	0.024 (0.0243)
地区（以中部为对照组） 西部	0.0994 *** (0.0167)	0.0511 ** (0.0255)	0.151 *** (0.0213)	-0.0203 (0.02)	-0.0153 (0.028)	-0.0247 (0.0289)
行业固定效应	有	有	有	无	无	无
晋升机会门槛 门槛 1	2.357 *** (0.323)	2.194 *** (0.401)	2.139 *** (0.519)	2.555 *** (0.331)	2.551 *** (0.397)	2.072 *** (0.602)
晋升机会门槛 门槛 2	2.884 *** (0.313)	2.715 *** (0.395)	2.681 *** (0.502)	3.215 *** (0.335)	3.206 *** (0.401)	2.749 *** (0.606)
晋升机会门槛 门槛 3	4.040 *** (0.285)	3.899 *** (0.397)	3.822 *** (0.460)	3.985 *** (0.341)	4.006 *** (0.410)	3.482 *** (0.612)
χ^2	1428.57 ***	721.14 ***	884.50 ***	724.39 ***	422.94 ***	281.40 ***
伪似然对数	-3866.78	-1989.63	-1853.33	-2667.1082	-1532.0367	-1121.4343
样本量	3624	1783	1841	2975	1509	1466
准 R^2	0.1194	0.1188	0.1178	0.1364	0.1275	0.1244

注：*、**、*** 分别表示在 10%、5% 和 1% 水平上显著；括号里的数值为稳健标准误。模型采用有序概率模型进行估计，回归结果进行边际效应转换。模型"晋升机会门槛"中门槛 1~3，分别对应职业层级的低级、中级和高级，数字越大，职业层级越高。

资料来源：2006 年和 2008 年的中国综合社会调查。

比较男性和女性职位层级的门槛值（threshold），即劳动者由职位初级、中级、高级不断向上流动的切点（cutoff point），旨在判断男女职位晋升能力标准差异（Lazear & Rosen，1990）。表 6-6 结果显示，男女晋升能力门槛差异较大，且门槛 3 估计系数最大，说明职位高层对男女晋升能力标准要求更高，这符合人力资本理论预期。

表 6-7 细分了管理职务、行政职务和技术职称的职位层级影响因素估计结果，男性均具有显著优势，无论是管理职务的晋升、行政性质工作的晋升，

还是技术职称的提高。职业声望高的管理职务晋升速度显著更快。对比各类职务的晋升门槛，行政性质职务，如国家高级别行政人员的晋升要求标准高于单位负责人或高级专业技术职称人员。

表 6 – 7　　　　　　　职位层级分组的有序概率模型估计结果

变量		2006 年			2008 年		
		(1) 管理职务	(2) 行政职务	(3) 技术职称	(4) 管理职务	(5) 行政职务	(6) 技术职称
男性		0.047 *** (0.0128)	0.025 *** (0.007)	0.083 *** (0.018)	0.10 *** (0.013)	0.037 *** (0.0089)	0.07 *** (0.0138)
城市户口		0.004 (0.017)	0.091 *** (0.026)	0.069 *** (0.019)	0.0144 (0.018)	0.023 * (0.014)	0.006 (0.018)
受教育年限		0.0058 *** (0.0016)	0.005 *** (0.0016)	0.0179 *** (0.0031)	0.0174 *** (0.003)	0.0072 *** (0.0019)	0.0235 *** (0.003)
工作经验		0.0027 (0.0023)	0.0025 ** (0.0011)	0.006 ** (0.0026)	0.0046 * (0.0025)	0.0041 ** (0.0016)	0.009 *** (0.0025)
工作经验平方		-6.28×10^{-5} (5.50×10^{-5})	-5.71×10^{-5} * (2.98×10^{-5})	-0.00014 ** (6.15×10^{-5})	-2.39×10^{-5} (5.57×10^{-5})	-5.08×10^{-5} (3.36×10^{-5})	-0.00012 ** (5.85×10^{-5})
培训		0.0512 *** (0.0127)	0.0207 *** (0.00749)	0.128 *** (0.0168)	0.0363 *** (0.0135)	0.0039 (0.00793)	0.127 *** (0.0139)
职业社会经济指数		-0.001 (0.0013)	-0.0003 (0.0014)	-0.0003 (0.0017)	0.0004 (0.0011)	0.0008 (0.00072)	-0.0006 (0.0011)
职业声望指数		0.0042 *** (0.0015)	0.001 (0.0011)	0.0075 *** (0.0019)	0.0036 *** (0.0011)	0.0008 (0.00075)	0.004 *** (0.0011)
晋升机会门槛	门槛 1	2.481 *** (0.420)	4.207 *** (0.670)	2.560 *** (0.313)	2.541 *** (0.334)	4.081 *** (0.600)	2.933 *** (0.356)
	门槛 2	2.789 *** (0.421)	4.543 *** (0.668)	3.072 *** (0.312)	3.428 *** (0.340)	4.362 *** (0.602)	3.433 *** (0.359)
	门槛 3	3.753 *** (0.383)	5.424 *** (0.684)	4.209 *** (0.318)	3.978 *** (0.349)	5.071 *** (0.625)	4.374 *** (0.365)
χ^2		1361.27 ***	510.52 ***	1024.85 ***	654.79 ***	214.90 ***	555.97 ***
伪似然对数		-2258.91	-824.59	-3363.4	-2007.25	-743.98	-2089.75

续表

变量	2006 年			2008 年		
	(1) 管理职务	(2) 行政职务	(3) 技术职称	(4) 管理职务	(5) 行政职务	(6) 技术职称
样本量	3624	3624	3624	2975	2975	2975
准 R^2	0.1231	0.2059	0.1104	0.1608	0.1922	0.1335

注：*、**、*** 分别表示在 10%、5% 和 1% 水平上显著；括号里的数值为稳健标准误。模型采用有序概率模型进行估计，回归结果进行边际效应转换。控制已婚、单位所有制性质、职业的工种属性、地区、行业变量。模型"晋升机会门槛"中门槛 1～3，分别对应职业层级的低级、中级和高级，数字越大，职业层级越高。

资料来源：2006 年和 2008 年的中国综合社会调查。

6.4.2　职位层级性别差异的稳健性检验

为了检验职位层级估计结果的稳健性，采用平行假设估计检验，又称平行线假设检验，检验不同等级的有序概率估计结果中，解释变量的效应是否保持一致，且不会随层级改变而变化。操作步骤主要有两步：首先进行极大似然估计，其次通过估计结果进行平行估计假设的布兰特（Brant）检验。该方法由布兰特（Brant，1990）提出，在原有沃尔德（Wald）检验基础上，布兰特检验法查看模型中解释变量的卡方分布，分别对整体和单个变量进行检验。由表 6-8 可知，2006 年数据估计结果虽然整体符合平行估计假设，但受教育年限、培训、职业的工种属性、地区变量显著违背平行估计假设，2008 年整体结果违背平行估计假设，另外，受教育年限、培训变量也违背假设。

表 6-8　　　　　　　平行估计假设检验结果的布兰特检验

变量	2006 年		2008 年	
	χ^2	p 值	χ^2	p 值
ALL	-3134	1	158.4 ***	0
男性	0.55	0.759	0.02	0.99
城市户口	2.25	0.325	3.69	0.158
已婚	0.39	0.824	0.29	0.863
受教育年限	11 ***	0.004	5.4 *	0.067

续表

变量		2006 年		2008 年	
		χ^2	p 值	χ^2	p 值
工作经验		4.47	0.107	3.17	0.205
工作经验平方		2.37	0.306	1.33	0.515
培训		11.81***	0.003	11.76***	0.003
单位所有制性质（以其他为对照组）	公立	1.2	0.55	0.86	0.651
	私立	0.83	0.659	1.54	0.464
	外企	0.16	0.922	1.57	0.455
职业的工种属性（以农业类型为对照组）	管理类型	270.1***	0	1.69	0.43
	技术类型	320.3***	0	4.12	0.128
	办事类型	363.2***	0	0.12	0.943
	服务类型	460.1***	0	2.79	0.248
	生产类型	428.2***	0	0.92	0.631
职业社会经济指数		0.43	0.806	0.12	0.943
职业声望指数		2.65	0.266	1.77	0.412
地区（以中部为对照组）	东部	9.41***	0.009	0.3	0.86
	西部	24.56***	0	0.42	0.812

注：*、**、*** 分别表示在10%、5%和1%水平上显著；布兰特检验结果：违反了平行假设。表6-8运行前进行了极大似然估计，结果满足极大似然检验，鉴于篇幅不汇报结果。

资料来源：2006年和2008年的中国综合社会调查。

由于有序概率模型的平行估计假设太强，表6-9和表6-10采用马德拉（Maddala，1983）和泰尔扎（Terza，1985）的广义有序概率模型（generalized ordered probit model）放松了平行估计假设，分别对每个晋升门槛进行估计。

表6-9和表6-10结果均表明，男性劳动者在每个职位层级升迁和向上流动均存在明显优势。人力资本如教育、培训、工作经验等虽有利于男女劳动者从职位低层上升到中层，但是对女性而言，人力资本在职位高层效果并不显著，即女性提升自身能力依旧无法打破"玻璃天花板"。

表6-9　2006年职位层级广义有序概率模型估计结果

变量	全样本			男性			女性		
	(1)门槛1	(2)门槛2	(3)门槛3	(4)门槛1	(5)门槛2	(6)门槛3	(7)门槛1	(8)门槛2	(9)门槛3
男性	0.242*** (0.05)	0.256*** (0.05)	0.225*** (0.05)	—	—	—	—	—	—
城市户口	0.20*** (0.059)	0.126** (0.0604)	0.253** (0.099)	0.172** (0.0784)	0.127 (0.085)	0.31** (0.146)	0.24** (0.101)	0.14 (0.103)	0.18 (0.142)
已婚	-0.0376 (0.064)	-0.005 (0.0599)	0.023 (0.086)	0.0537 (0.0847)	0.168** (0.0851)	0.273** (0.121)	-0.135 (0.094)	-0.21** (0.09)	-0.25** (0.121)
受教育年限	0.047*** (0.009)	0.07*** (0.009)	0.043*** (0.014)	0.04*** (0.0125)	0.08*** (0.0123)	0.04*** (0.015)	0.05*** (0.014)	0.07*** (0.013)	0.05* (0.025)
工作经验	0.0151* (0.008)	0.024*** (0.008)	0.013 (0.011)	0.0364*** (0.01)	0.044*** (0.01)	0.0166 (0.012)	-0.005 (0.011)	0.0057 (0.012)	0.016 (0.018)
工作经验平方	-0.0004 (0.0002)	-0.0005** (0.0002)	-0.0002 (0.0003)	-0.001*** (0.0002)	-0.001*** (0.0002)	-0.0003 (0.0003)	9.25×10^{-5} (0.0003)	-9.01×10^{-5} (0.0003)	-0.0003 (0.0005)
培训	0.5*** (0.0624)	0.49*** (0.0637)	0.208** (0.0835)	0.514*** (0.071)	0.47*** (0.0746)	0.28*** (0.08)	0.49*** (0.096)	0.53*** (0.092)	0.104 (0.15)

续表

变量		全样本			男性			女性		
		(1) 门槛 1	(2) 门槛 2	(3) 门槛 3	(4) 门槛 1	(5) 门槛 2	(6) 门槛 3	(7) 门槛 1	(8) 门槛 2	(9) 门槛 3
单位所有制性质（以其他为对照组）	公立	-0.122 (0.184)	-0.122 (0.239)	-0.0328 (0.330)	-0.164 (0.284)	-0.34 (0.44)	-0.09 (0.628)	-0.008 (0.233)	-0.0147 (0.266)	-0.043 (0.437)
	私立	-0.237 (0.209)	-0.229 (0.235)	-0.0456 (0.341)	-0.372 (0.336)	-0.566 (0.470)	-0.543 (0.663)	-0.0329 (0.270)	-0.0166 (0.278)	0.257 (0.47)
	外企	-0.396* (0.239)	-0.335 (0.344)	-0.419 (0.579)	-0.968** (0.434)	-0.984* (0.555)	-0.256 (0.890)	0.058 (0.293)	-0.098 (0.443)	-3.9*** (0.457)
职业的工种属性（以农业类型为对照组）	管理类型	0.83*** (0.273)	0.637* (0.363)	3.47*** (0.201)	0.948*** (0.364)	0.738* (0.412)	3.44*** (0.229)	0.648 (0.491)	0.270 (0.522)	3.27*** (0.287)
	技术类型	0.393 (0.265)	0.393 (0.343)	3.43*** (0.170)	0.296 (0.336)	0.646 (0.401)	3.33*** (0.190)	0.421 (0.445)	-0.196 (0.492)	3.25*** (0.326)
	办事类型	0.0269 (0.269)	0.21 (0.339)	3.41*** (0.206)	0.0173 (0.324)	0.452 (0.373)	3.31*** (0.225)	0.0085 (0.480)	-0.347 (0.503)	3.55*** (0.314)
	服务类型	0.0826 (0.245)	0.294 (0.342)	3.86*** (0.197)	-0.0058 (0.295)	0.492 (0.386)	3.93*** (0.201)	0.116 (0.433)	-0.278 (0.477)	3.59*** (0.334)
	生产类型	0.197 (0.248)	0.308 (0.323)	3.6*** (0.182)	0.178 (0.264)	0.511 (0.348)	3.69*** (0.183)	0.182 (0.422)	-0.278 (0.462)	3.27*** (0.298)
职业社会经济指数		0.00137 (0.005)	0.00297 (0.006)	0.00309 (0.006)	0.00822 (0.01)	0.00186 (0.009)	0.00534 (0.01)	-0.005 (0.006)	0.00146 (0.009)	0.00476 (0.01)

续表

变量	全样本			男性			女性		
	(1)门槛1	(2)门槛2	(3)门槛3	(4)门槛1	(5)门槛2	(6)门槛3	(7)门槛1	(8)门槛2	(9)门槛3
职业声望指数	0.02*** (0.005)	0.02*** (0.005)	0.025** (0.01)	0.013 (0.008)	0.019** (0.008)	0.024** (0.01)	0.03*** (0.006)	0.02*** (0.006)	0.024 (0.017)
地区（以中部为对照组）东部	0.25*** (0.064)	0.18*** (0.053)	0.0014 (0.07)	0.23** (0.097)	0.22*** (0.0755)	-0.013 (0.084)	0.31*** (0.079)	0.144** (0.066)	0.018 (0.111)
西部	0.43*** (0.06)	0.25*** (0.05)	0.007 (0.09)	0.28*** (0.09)	0.2*** (0.076)	-0.157 (0.122)	0.62*** (0.07)	0.28*** (0.07)	0.204 (0.149)
常数	-2.2*** (0.39)	-3.0*** (0.411)	-7.3*** (0.409)	-1.9*** (0.429)	-3.1*** (0.567)	-7.3*** (0.719)	-2.3*** (0.612)	-2.2*** (0.564)	-6.9*** (0.523)
样本量	3624	3624	3624	1783	1783	1783	1841	1841	1841

注：*、**、***分别表示在10%、5%和1%水平上显著；括号里的数值为稳健标准误。模型采用广义有序概率模型进行估计，即对职位层级每个门槛进行估计。模型"晋升门槛"中门槛1～3，分别对应职业层级的低级、中级和高级，数字越大，职业层级越高。

资料来源：2006年的中国综合社会调查。

表6-10　　2008年职位层级广义有序概率模型估计结果

变量	全样本			男性			女性		
	(1)门槛1	(2)门槛2	(3)门槛3	(4)门槛1	(5)门槛2	(6)门槛3	(7)门槛1	(8)门槛2	(9)门槛3
男性	0.389*** (0.0535)	0.347*** (0.0607)	0.399*** (0.0824)	—	—	—	—	—	—
城市户口	0.0279 (0.0651)	0.140* (0.081)	0.102 (0.111)	0.0816 (0.088)	0.195* (0.102)	0.128 (0.132)	-0.0165 (0.097)	0.0961 (0.133)	0.0284 (0.27)
已婚	0.146* (0.076)	0.127 (0.0934)	0.155 (0.120)	0.147 (0.106)	0.0699 (0.131)	0.197 (0.188)	0.103 (0.113)	0.0999 (0.134)	0.0529 (0.197)
受教育年限	0.09*** (0.011)	0.08*** (0.013)	0.05*** (0.016)	0.1*** (0.015)	0.09*** (0.015)	0.049** (0.021)	0.08*** (0.017)	0.065** (0.026)	0.026 (0.031)
工作经验	0.03*** (0.01)	0.05*** (0.012)	0.05*** (0.015)	0.03** (0.013)	0.05*** (0.015)	0.054** (0.021)	0.05*** (0.015)	0.06*** (0.02)	0.034 (0.03)
工作经验平方	-0.0005** (0.0002)	-0.0007** (0.0003)	-0.0007** (0.0003)	-0.0002 (0.0003)	-0.0006* (0.0003)	-0.0008* (0.0004)	-0.001*** (0.0004)	-0.001** (0.0005)	-0.0006 (0.0006)
培训	0.42*** (0.055)	0.403*** (0.061)	0.101 (0.08)	0.5*** (0.076)	0.48*** (0.079)	0.17* (0.099)	0.34*** (0.0832)	0.3*** (0.1)	-0.02 (0.161)

续表

变量		全样本			男性			女性		
		(1)门槛1	(2)门槛2	(3)门槛3	(4)门槛1	(5)门槛2	(6)门槛3	(7)门槛1	(8)门槛2	(9)门槛3
单位所有制性质（以其他为对照组）	公立	-0.259 (0.18)	-0.00778 (0.203)	-0.245 (0.291)	-0.118 (0.23)	0.0266 (0.26)	-0.161 (0.341)	-0.452* (0.268)	0.176 (0.326)	-0.54 (0.66)
	私立	-0.205 (0.180)	0.102 (0.204)	0.0537 (0.301)	-0.007 (0.232)	0.133 (0.263)	0.254 (0.351)	-0.441* (0.264)	0.322 (0.328)	-0.408 (0.683)
	外企	-0.161 (0.213)	0.0601 (0.243)	-0.421 (0.377)	0.032 (0.276)	0.1 (0.312)	-0.503 (0.457)	-0.428 (0.32)	0.258 (0.393)	-0.507 (0.733)
职业的工种属性（以农业类型为对照组）	管理类型	0.262 (0.275)	0.121 (0.315)	0.241 (0.381)	0.203 (0.330)	0.206 (0.370)	0.44 (0.451)	5.25*** (0.249)	-6.4*** (0.347)	2.96** (0.412)
	技术类型	0.144 (0.268)	-0.242 (0.304)	-0.135 (0.371)	0.322 (0.328)	-0.0855 (0.357)	0.114 (0.439)	4.86*** (0.222)	-6.8*** (0.290)	2.71*** (0.379)
	办事类型	-0.0312 (0.271)	-0.0863 (0.303)	-0.113 (0.382)	0.152 (0.322)	0.264 (0.350)	0.192 (0.437)	4.62*** (0.228)	-6.9*** (0.313)	-1.4*** (0.393)
	服务类型	-0.0333 (0.262)	-0.335 (0.298)	-0.216 (0.368)	-0.0573 (0.307)	-0.168 (0.342)	-0.338 (0.435)	4.8*** (0.206)	-7.0*** (0.295)	2.8*** (0.366)
	生产类型	-0.113 (0.252)	-0.242 (0.289)	-0.169 (0.355)	-0.001 (0.293)	-0.002 (0.331)	-0.213 (0.413)	4.57*** (0.164)	-6.9*** (0.267)	2.9*** (0.318)
职业社会经济指数		0.0013 (0.004)	0.003 (0.005)	0.00185 (0.007)	-0.0054 (0.006)	-0.001 (0.007)	-0.007 (0.01)	0.0027 (0.006)	0.0037 (0.008)	0.0195 (0.013)

续表

变量	全样本			男性			女性		
	(1)门槛1	(2)门槛2	(3)门槛3	(4)门槛1	(5)门槛2	(6)门槛3	(7)门槛1	(8)门槛2	(9)门槛3
职业声望指数	0.02*** (0.004)	0.012** (0.005)	0.005 (0.007)	0.03** (0.006)	0.02*** (0.007)	0.008 (0.01)	0.016** (0.006)	0.009 (0.008)	-0.007 (0.014)
地区（以中部为对照组）东部	0.058 (0.063)	0.049 (0.072)	0.079 (0.099)	0.0467 (0.089)	0.0181 (0.096)	-0.0214 (0.125)	0.078 (0.092)	0.142 (0.111)	0.055 (0.188)
西部	-0.0731 (0.073)	-0.0336 (0.082)	-0.0287 (0.114)	-0.0325 (0.098)	-0.0342 (0.106)	-0.0734 (0.147)	-0.115 (0.112)	0.0175 (0.133)	-0.147 (0.215)
常数	-2.84*** (0.342)	-3.4*** (0.402)	-3.2*** (0.524)	-2.9*** (0.414)	-3.6*** (0.479)	-2.9*** (0.629)	-7.2*** (0.405)	3.2*** (0.547)	-5.5*** (0.95)
样本量	2975	2975	2975	1509	1509	1509	1466	1466	1466

注：*、**、*** 分别表示在10%、5%和1%水平上显著；括号里的数值为稳健标准误。模型采用广义有序概率模型进行估计，即对职位层级每个门槛/切点进行估计。模型"晋升机会门槛"中门槛1~3，分别对应职业层级的低级、中级和高级，数字越大，职业层级越高。

资料来源：2008年的中国综合社会调查。

6.4.3　职业晋升概率估计结果

前面分析职位层级性别差异发现，男性职位层级提升概率显著大于女性，无论是管理职务、行政职务还是技术职称的高层均存在女性代表性不足，而女性更多堆积在职位低层，即使男女人力资本、单位特征和职业特征保持一致依旧存在性别不平等现象。那么，实际男女晋升概率是否也存在差异？

表 6 - 11 采用 Probit 模型估计了 2006 ~ 2008 年实际职业晋升机会概率，结果显示，性别差异依旧存在，男性实际晋升概率平均显著高于女性 12% ~ 17%。未成年子女个数的增加将降低个人晋升概率，特别对女性劳动者效果显著，主要由于家庭分工一般由女性承担，如照顾未成年子女。受教育水平对实际晋升的作用显著高于工作经验，特别是对于女性劳动者，受教育年限越高实际晋升概率越大。培训对男性晋升有显著正效应，虽然培训能够提升男女职位层级，但是仅对男性晋升有正向效果。对比外企而言，公立部门和私立部门的男性实际晋升概率更大，但单位规模越大越有利于女性晋升。

表 6 - 11　　　　　　　　职业晋升 Probit Model 估计结果

变量	2006 年			2008 年		
	(1)全样本	(2)男性	(3)女性	(4)全样本	(5)男性	(6)女性
男性	0.124 **(0.0621)	—	—	0.170 ***(0.0453)		
城市户口	0.157 **(0.0794)	0.211 **(0.107)	0.0581(0.132)	0.0276(0.0572)	0.0525(0.0692)	0.204 **(0.0893)
子女个数	-0.0770 *(0.0448)	-0.137(0.0882)	-0.0053 *(0.0621)	-0.0886(0.0593)	-0.0939(0.0675)	-0.0499(0.113)
受教育年限	0.0161 **(0.00680)	0.0422 ***(0.0111)	0.0544 ***(0.0136)	0.0192 **(0.00842)	0.00807(0.0103)	0.0458 ***(0.0151)
工作经验	-0.00536(0.00751)	-0.00207(0.0114)	0.0156 *(0.0136)	0.0225 **(0.0107)	0.0288 **(0.0128)	0.00689(0.0233)
工作经验平方	8.00×10^{-5}(0.000195)	0.00016(0.00028)	-0.00085 *(0.00046)	-0.00043(0.00029)	-0.00057 *(0.00032)	8.71×10^{-5}(0.00074)

变量		2006 年			2008 年		
		(1) 全样本	(2) 男性	(3) 女性	(4) 全样本	(5) 男性	(6) 女性
培训		0.0785 ** (0.0321)	0.0917 * (0.0516)	0.0389 (0.0530)	0.0838 ** (0.0405)	0.14 *** (0.0522)	−0.00015 (0.0601)
单位所有制性质（以外企为对照组）	公立	0.133 (0.150)	1.083 *** (0.164)	−0.0615 (0.122)	0.0307 (0.0871)	0.0709 (0.124)	0.00716 (0.126)
	私立	0.183 (0.154)	1.092 *** (0.177)	0.0440 (0.125)	0.0359 (0.0929)	0.105 (0.134)	−0.0805 (0.135)
单位规模		3.00×10^{-6} (8.11×10^{-6})	1.96×10^{-5} (1.84×10^{-5})	4.78×10^{-5} ** (1.87×10^{-5})	7.64×10^{-6} * (4.49×10^{-6})	7.56×10^{-6} (7.33×10^{-6})	9.53×10^{-6} * (5.02×10^{-6})
职业的性别构成（以女性职业为参照组）	男性职业	0.184 ** (0.0767)	0.306 *** (0.102)	0.114 (0.094)	0.0171 (0.0862)	0.0741 (0.125)	0.0555 (0.121)
	中性职业	0.0647 (0.0604)	0.137 ** (0.0869)	0.00704 (0.0503)	0.0852 (0.0781)	0.157 (0.119)	0.0916 (0.103)
职业的工种属性（以农业类型为对照组）	管理类型	0.743 *** (0.120)	0.844 *** (0.180)	0.31 *** (0.158)	1.541 *** (0.122)	1.455 *** (0.153)	1.596 *** (0.247)
	技术类型	0.671 *** (0.0974)	0.861 *** (0.143)	−0.0696 (0.0784)	1.372 *** (0.106)	1.306 *** (0.138)	1.404 *** (0.222)
	办事类型	0.638 *** (0.117)	0.801 *** (0.148)	−0.0735 (0.151)	1.26 *** (0.123)	1.172 *** (0.153)	1.321 *** (0.261)
	服务类型	0.540 *** (0.0897)	0.279 *** (0.0561)	−0.095 (0.0774)	1.361 *** (0.107)	1.376 *** (0.145)	1.383 *** (0.226)
	生产类型	0.711 *** (0.0962)	0.815 *** (0.127)	0.172 ** (0.0847)	1.452 *** (0.0943)	1.468 *** (0.125)	1.549 *** (0.240)
职位层级（以初级为参照组）	中级	0.191 *** (0.0631)	0.179 * (0.089)	0.29 *** (0.0795)	0.112 ** (0.0439)	0.169 *** (0.0572)	0.0413 (0.0708)
	高级	0.265 *** (0.0712)	0.313 *** (0.105)	0.270 *** (0.0776)	0.257 *** (0.0561)	0.360 *** (0.0688)	−0.0426 (0.107)
职业社会经济指数		0.0077 *** (0.00288)	−0.0004 (0.00479)	0.0144 ** (0.00657)	0.00584 * (0.00342)	0.000488 (0.00468)	0.00968 * (0.00521)
职业声望指数		−0.00557 (0.00368)	0.00235 (0.00662)	−0.011 (0.0074)	0.00407 (0.00361)	0.000856 (0.00476)	0.00621 (0.0055)

续表

变量		2006 年			2008 年		
		(1) 全样本	(2) 男性	(3) 女性	(4) 全样本	(5) 男性	(6) 女性
地区（以中部为对照组）	东部	0.0229 (0.0383)	0.120 * (0.0644)	−0.0179 (0.0764)	−0.0346 (0.049)	0.032 (0.0625)	−0.0646 (0.0695)
	西部	0.058 (0.0513)	0.105 (0.0717)	0.0769 (0.0658)	−0.0995 * (0.0543)	−0.0296 (0.0674)	−0.121 (0.0923)
行业固定效应		有	有	有	无	无	无
χ^2		4166.4 ***	2001.25 ***	461.42 ***	1237.21 ***	865.17 ***	365.96 ***
伪似然对数		−99.4017	−53.8972	−29.7662	−248.68	−158.195	−79.291
样本量		296	147	125	469	300	169
准 R^2		0.2692	0.3002	0.4412	0.0954	0.1327	0.1315

注：*、**、*** 分别表示在10%、5%和1%水平上显著；括号里的数值为稳健标准误。模型采用 Probit 概率模型进行估计，估计结果进行边际效应转换。

资料来源：2006 年和 2008 年的中国综合社会调查。

职业特征方面，男性职业和中性职业的晋升渠道显著高于女性职业，也就是说，职业社会经济地位越高越有利于个人晋升。非农职业中实际晋升概率更高的职业类型当属管理类型和技术类型，这两类职业的男性劳动者更多，女性样本晋升概率较小。另外，相对初级职位层级而言，中级职业的晋升机会对男性和女性劳动者均显著增加，但高级职位对男性劳动者的晋升概率更高，存在高层职位的玻璃天花板效应，处于职位高层的男性实际晋升概率超过30%。

为了检验概率单位（Probit）模型对 2006 年和 2008 年的估计准确性，图6-7绘制了受试者工作特征曲线（receiver operating characteristic curve，ROC），其曲线面积在 [0, 1] 之间，分值越大表明模型预测准确性越高。左图是2006年检验结果，ROC 曲线面积为 0.914，即拥有 91.4% 预测概率，而右图 2008年仅为 0.7118，即预测概率为 71.18%。图6-7 显示晋升概率估计的准确性均较好。由于 2008 年的晋升指标通过职业流动情况转换而成，因此预测准确性略低于 2006 年模型预测效果。

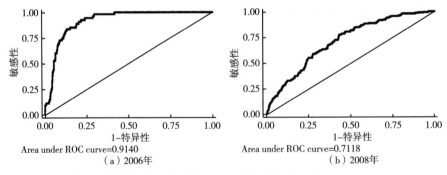

Area under ROC curve=0.9140 （a）2006年

Area under ROC curve=0.7118 （b）2008年

图 6 - 7　全样本晋升概率估计的准确性检验

注：图形为受试者工作特征曲线。

资料来源：2006 年和 2008 年的中国综合社会调查。

6.4.4　考虑职业性别分布的晋升概率异质性分析

本章分析职业性别隔离与玻璃天花板效应的关系，结果显示，玻璃天花板效应使得隔离程度较低的中性职业的晋升歧视更为严重。表 6 - 12 对上述发现进行实证异质性分析。数据显示，不同性别类型职业的晋升概率均存在性别差异，男性在男性职业晋升概率更高，甚至在以女性劳动者为主的女性职业，男性劳动者晋升机会也显著更多，随着时间变化，中性职业的晋升歧视越发严重，2008 年男性在中性职业的晋升概率为 31.4%，明显超过男性职业的 23.1%，2006 ~ 2008 年间中性职业的男性晋升概率提升 138%。

表 6 -12　　　　　　分性别类型职业的晋升概率模型估计结果

变量	2006 年			2008 年		
	（1）男性职业	（2）中性职业	（3）女性职业	（4）男性职业	（5）中性职业	（6）女性职业
男性	0.185 *** (0.0563)	0.138 *** (0.0346)	0.159 ** (0.0638)	0.231 *** (0.077)	0.314 *** (0.0606)	0.159 * (0.0861)
城市户口	0.831 *** (0.288)	0.173 ** (0.0724)	0.0819 (0.0551)	0.0570 (0.114)	0.0113 (0.0679)	0.0392 (0.284)
受教育年限	0.0502 *** (0.0130)	0.0747 *** (0.0253)	0.0386 (0.0593)	0.0154 (0.0132)	0.0216 * (0.0124)	0.0292 * (0.0163)
工作经验	0.121 *** (0.0301)	- 0.0201 * (0.0114)	- 0.0855 * (0.00680)	0.0327 ** (0.0146)	0.0116 (0.0163)	0.139 (0.143)

续表

变量		2006 年			2008 年		
		(1) 男性职业	(2) 中性职业	(3) 女性职业	(4) 男性职业	(5) 中性职业	(6) 女性职业
工作经验平方		-0.00512^{***} (0.00117)	0.000398 (0.00026)	0.000112^{*} (0.00017)	-0.00061^{*} (0.00037)	-9.34×10^{-5} (0.00043)	-0.00414 (0.00415)
培训		0.134^{**} (0.0600)	0.0964^{*} (0.0544)	0.0600^{**} (0.0287)	0.0240 (0.0648)	0.159^{***} (0.0577)	0.0657 (0.270)
单位规模		-0.0001^{***} (3.70×10^{-5})	2.45×10^{-6} (5.45×10^{-6})	0.00076^{***} (0.108)	-7.44×10^{-6} (6.12×10^{-6})	$-1.19 \times 10^{-5*}$ (6.99×10^{-6})	1.01×10^{-5} (0.00018)
职业的工种属性（以农业类型为对照组）	管理类型	0.939^{***} (0.234)	0.538^{***} (0.150)	—	1.295^{***} (0.209)	1.461^{***} (0.184)	
	技术类型	0.183^{**} (0.0851)	0.255^{**} (0.105)	0.244^{**} (0.109)	0.853^{***} (0.165)	1.342^{***} (0.163)	1.962^{***} (0.213)
	办事类型	—	0.461^{***} (0.106)	—	-0.130 (0.182)	1.271^{***} (0.168)	—
	服务类型	1.029^{***} (0.257)	-0.184^{*} (0.102)	0.0541 (0.104)		1.358^{***} (0.144)	0.392 (0.113)
	生产类型	0.714^{***} (0.155)	0.381^{***} (0.148)	0.470^{***} (0.133)	0.694^{***} (0.115)	1.514^{***} (0.131)	0.766 (0.164)
职位层级（以初级为参照组）	中级	0.214^{***} (0.0717)	0.155^{**} (0.0749)	0.163^{**} (0.0707)	0.0415 (0.0724)	0.106^{*} (0.0627)	0.188 (0.256)
	高级	0.292^{***} (0.102)	0.266^{***} (0.0823)	0.245^{***} (0.0612)	0.247^{***} (0.0878)	0.2849^{***} (0.0754)	0.2391^{*} (0.0637)
职业社会经济指数		-0.0266^{*} (0.0137)	0.0152^{*} (0.00864)	0.00376 (0.00552)	-0.00979 (0.00838)	-0.00207 (0.00536)	0.00568 (0.0171)
职业声望指数		0.0250^{**} (0.0121)	-0.0258^{***} (0.00932)	-0.0128^{**} (0.00529)	0.0112 (0.00772)	0.000143 (0.00537)	-0.0127 (0.0251)
样本量		194	215	173	169	259	124

注：*、**、*** 分别表示在 10%、5% 和 1% 水平上显著；括号里的数值为稳健标准误。模型采用 Probit 概率模型进行估计，估计结果进行边际效应转换。控制子女个数、单位所有制性质、行业与地区变量。

资料来源：2006 年和 2008 年的中国综合社会调查。

6.5　本章小结

职业晋升歧视是一个更为隐蔽的性别不平等现象，不光影响着男女个人工资差异与社会经济地位，还阻碍着一个国家或地区劳动力市场人力资本流动，造成社会无谓损失。如今，打破"玻璃天花板"已经成为各国加速性别平等的重要方面。

研究中国劳动力市场职业晋升歧视及变化有利于为促进职业晋升过程中的性别平等、提高女性在高层职位的话语权、预防晋升歧视严峻化提供政策建议。本章利用 2006～2008 年中国综合社会调查数据研究职业晋升的玻璃天花板效应，从职位层级的潜在晋升机会和实际晋升概率的性别差异角度，结合当今中国职业性别隔离与职业分布的发展趋势，研究性别歧视与职业晋升的问题。主要研究结论如下：

首先，职位层级存在性别差异，职位高层"玻璃天花板"和低层"黏地板"双重效应并存。研究发现，男性职位层级提升概率显著大于女性，无论是管理职务、行政职务还是技术职称的高层均存在女性代表性不足，而女性更多堆积在职位低层，即使男女人力资本、单位特征和职业特征保持一致依旧存在性别不平等现象。人力资本投资，如教育、工作经验或在职培训等，虽有利于女性劳动者早日摆脱"黏地板效应"，但对女性向上流动至职位高层效果并不显著，即使女性提升自身能力依旧无法打破"玻璃天花板"，甚至可能陷入"中层瓶颈"。

其次，实际职业晋升性别差距明显，但得益于个人禀赋提升和职业发展，男女整体晋升概率上升。研究发现，培训对男女晋升有显著正效应，职业的社会经济地位与职业声望与个人晋升概率存在正向关系。另外，相对初级职位层级而言，中级职业的晋升机会对男性和女性劳动者均显著。值得注意的是，与职位层级研究发现一致，高级职位依旧存在晋升玻璃天花板效应，职位高层的男性实际平均晋升概率显著高于女性约 30%。

进一步，结合职业性别隔离变化趋势，深入分析职业分布与职业晋升时发现，随着职业分布的集中化与中性化，隔离程度较低的中性职业的晋升歧视越发严重，2006 年男性在中性职业的晋升概率比女性高 13.8%，2008 年这一差距提高至 31.4%，中性职业的男女晋升差异提升了 138%。

山形等（Yamagata et al., 1997）早在 20 世纪末期便提醒政策制定者不仅要关注劳动力市场男女就业人口平等，更应关注职业性别隔离与职业晋升：女性职业由于女性职业事业发展少，故堆积在低层职位且收入低，男性职业因女性进入障碍导致女性代表性不足，而中性职业因职业隔离的相对弱化，男女劳动者分布均衡下晋升歧视更显严重。

基于此，本章提出以下政策建议：

第一，提升男女劳动者人力资本投资，特别关注女性"后教育投资"，政府应提高女性在职培训率，激励雇主提高对女性的培训力度，从而为女性创造更多的晋升机会。

第二，法律法规上提防晋升隐形歧视现象。劳动力市场性别平等或反歧视政策不仅应该关注劳动力市场就业机会平等和同工同酬，更应该重视职业晋升的性别歧视问题，政府应出台防止职业晋升中性别歧视的相关法律法规。

第三，关注职业性别隔离与晋升歧视的变化。经济发展与产业升级以及对人力资本投资的重视，使得职业的性别构成逐渐变得均衡，但这并不等同于性别不平等的好转，须多关注中性职业的晋升歧视与工资歧视等问题，例如，加强基层工作岗位女性福利待遇，提高女性在高层职位的代表性。

第7章 结论与展望

7.1 研究结论

研究性别不平等问题，须站在宏观时代背景下，考虑社会经济发展带来的内在演变机制与运行规律，研究劳动力市场性别歧视的变化趋势及其影响因素能够为实现国家社会公平与性别平等提供参考与方向。本书在总结相关歧视理论和隔离理论的基础上，运用大型微观调查数据和实证分析的方法，深入探讨劳动力市场性别歧视的变化与发展，旨在为决策部门制定和实施性别平等的政策提供科学依据，本书的主要研究结论有四点。

第一，中国劳动力市场性别不平等始终存在，长期职业性别隔离呈现下降趋势。传统以性别为主导的职业相对规模逐渐减少，职业分布呈现中性化趋势。本书利用 1982~2010 年中国国家人口普查数据，采用总体隔离指数与职业分布统计描述相结合的研究方法，描绘了中国劳动力市场职业性别隔离趋势。具体地，1982 年约 25% 的男女劳动者需要改变自身职业才能消除性别隔离现象，到了2010 年仅约 18% 的男女劳动者变动现有职业便可满足职业性别分布均衡状态。非农职业的性别隔离程度相对较低，其隔离水平经历了一个先升后降的过程，呈倒 U 型结构。通过对职业隔离指数的分解发现，性别构成的变化对研究职业性别隔离变化趋势有重要意义，中国劳动力市场职业性别分布呈现集中化趋势。职业分布的中性化趋势更多来自男性职业的中性化，即女性的进军使得以往男性主导职业的性别隔离减弱，例如女性向白领职业扩张，由于产业结构升级及女性人力资本投资提升，专业技术类型职业的女性劳动者参与率大幅度上升。

然而，职业性别分布的集中化与中性化并不意味着性别歧视的弱化。研究发现，传统男性职业和女性职业隔离水平有所下降，中性职业的隔离水平并没有得到好转反而更加严重。一方面，一些技能水平要求较高、市场回报和社会声望较高的职业吸纳了更多女性劳动者，传统男性职业隔离水平不断下降；另一方面，社会经济地位高的管理类型职业仍然被男性占据，而更多女性依旧停留在社会经济地位低的服务类型与办事类型职业。职业分布的中性化趋势更多表现为女性取代男性从事低端工作，那些福利待遇好、职业声望高、工资收入高的职业对女性劳动者的"排挤"现象严重。

第二，考察职业性别隔离与职业分布的变化对男女工资不平等的影响。本书利用 2003～2013 年中国综合社会调查数据，采用修正样本选择偏误的工资决定模型和布朗分解法研究发现，性别工资差距呈扩大化趋势，但是性别歧视和职业隔离导致的职业内部和不同职业间工资差异局面逐渐好转，劳动力市场因性别不平等带来的工资差异有所缓解。2003～2013 年间，职业内部因歧视导致的男女工资差异下降约 23%，职业间性别隔离影响下降约 65%，劳动力市场更加重视专业化、技术化的人才，劳动者可以通过加强自身竞争力得到就业机会。然而，性别歧视仍是导致男女工资差异最主要原因，几乎能够解释工资差异的 1/2 以上。

进一步分析职业分布与性别工资差异发现，职业内部与不同职业间性别工资差异均存在扩大化趋势，中性职业的性别工资差异最严重。2003～2013 年间，男性职业性别工资差异增长约 52%，女性职业中工资差异增长约 79%，中性职业的性别工资差异增长幅度高达 81%。深入剖析中性职业扩大化的原因发现，主要来自技术类型性别工资差异增大以及服务类型性别工资差异的扩大。前者以工作技能要求高、教育水平要求高、工资收入高、产业化与现代化程度高为特点，后者以工资收入低、社会经济地位低为特点。总体而言，女性处于劳动力市场弱势地位，且女性劳动者普遍年龄偏小、受教育程度较低、工作经验较低、社会经济地位较低，女性工资回报率显著低于男性，性别不平等问题严峻化。

第三，中国劳动力市场存在雇用歧视与雇主性别偏好问题。本书首次利用雇主性别偏好模型研究整体雇用环节的直接性别歧视问题。结果显示，一方面，雇用性别歧视在低层级职业中表现明显；另一方面，雇用女性门槛高于男性，职位高层雇用女性劳动者显著少于男性，存在"玻璃门效应"，即同等水平下要求女性掌握的技能更高，管理类型职业和技术类型职业对女性进入存在一定的高标准。雇用环节针对女性的隐性歧视现象更严重：（1）雇主偏好女性伴随着女性相貌、身高、体重、婚姻要求等条款，而非技能水平。研究发现，当雇主只招聘女性时，约 40% 附带要求女性相貌、身高、体重等条件，而对男性的相貌要求仅为 10%。（2）存在对女性的年龄歧视和性别歧视双重不平等现象，雇用限制女性劳动者年龄低于 30 岁的比例显著高于男性劳动者 13%～18%。（3）存在对女性的工作经验歧视，随着劳动者工作经验的增加，男性劳动者受雇用概率增强，但女性雇用概率呈直线下降趋势。

第四，中国劳动力市场存在晋升性别歧视，职位高层"玻璃天花板"和职位低层"黏地板"双重效应并存。本书采用职位层级晋升机会的有序概率模型和放松平行假设的广义有序概率模型研究发现，男性职位层级的潜在晋升机会概率显著大于女性，无论是管理职务、行政职务还是技术职称的高层均存在女性代表性不足。即使控制男女个人禀赋特征，女性劳动者依旧更多滞留在职位低层。进一步，通过实际晋升概率模型的回归结果发现，随着职业分布的集中化与中性化，隔离程度较低的中性职业的晋升歧视越发严重，2006 年男性在中性职业的晋升概率比女性高 13.8%，2008 年这一差距提高至 31.4%，中性职业的男女实际晋升概率差异提升了 138%。

总体而言，中国劳动力市场性别不平等问题普遍存在，随着时代变迁劳动力市场性别歧视存在以下趋势：职业隔离极端化、职业分布中性化、性别工资差异扩大化、雇用歧视隐性化、晋升歧视严峻化。

进一步研究影响因素发现，内在个人禀赋的提高和外在环境的改善有利于改善劳动力市场性别歧视，降低雇用歧视与晋升歧视的发生，缓解男女工资差异。第一，教育回报提高劳动者工资水平作用显著，同时个人受教育水平的提高也能显著改善雇用性别歧视，教育作为人力资本投资是最有效促进劳动力市场性别平等的手段之一；第二，培训作为后教育投资，有效提高男女晋升机会；第三，技能水平与工资经验的提升，性别歧视现象出现缓解趋势，但作用力度明显小于教育投资；第四，劳动力市场竞争性越强，越能刺激男女自身生产率的提升，从而使性别歧视程度降低，如职业社会经济地位和职业声望等外在环境越好，无性别歧视雇用概率和男女实际晋升概率越大；第五，促进职业分布中性化发展，有利于改善女性雇用歧视，中性职业的雇用歧视较少，随着职业分布的集中化趋势，雇用歧视有望减少，同时针对女性的年龄歧视在中性职业中有一定改善，高等学历对于中性职业的无性别偏好的雇用歧视行为显著提升。

7.2　政策建议

7.2.1　劳动力市场性别不平等的原因

到底什么原因导致劳动力市场性别不平等问题的深化？国内外学者将成因

研究聚焦集中在诸如市场化改革、产业结构转型、社会体制变迁、人口转型等宏观环境，科学客观辩证地探讨社会经济发展的"双刃剑"作用。总体而言，劳动力市场性别歧视的演变深层次原因有以下两点。

其一，经济层面。改革开放以来，中国由传统计划经济逐步走向现代化市场经济，也由事事讲求平均的社会走向追求效率的社会，不平等问题急剧上升（张丹丹，2004）。产业结构转型，中国经济结构也由传统农业和工业为主向现代化服务业发展。正是在市场化、全球化、一体化的时代格局下，一方面释放了城乡男女劳动力，加速劳动力市场资金、资本、人力、物力资源流动，男女劳动者由以往的体制内分配就业逐渐变为更为激烈的竞争性劳动力市场，通过个人禀赋获取职业赢得社会经济地位的独立从而为社会创造更多财富，这是社会经济发展所带来的"双赢"局面。另一方面，无论是欧美发达国家还是更落后的发展中国家，性别歧视问题始终存在着。社会经济发展的不均衡揭示许多劳动力市场性别不平等问题，正如本书研究所示，雇主性别偏好即使放在竞争性劳动力市场，仍以"歧视价格"赋予男女劳动者不同的生产价值（Becker，1964），导致进入劳动力市场这一环节也存在性别差异，男性从事社会经济地位更高的非农工作比例远远超过女性。即使在同一职位，女性福利待遇、工资收入以及培训晋升等亦不如男性劳动者，职业性别隔离加强。过于追求效率导致性别平等的牺牲，终将导致国家经济的巨大损失。

其二，这一切的背后往往又跟社会制度文化等相关。根深蒂固的传统性别观念让劳动力市场歧视问题难以解决，对性别平等制度政策缺乏实际监管操作流程与相应奖惩机制，更是让诸如雇用环节、晋升环节性别歧视问题的隐性化与严峻化。社会平等意识与国际女权主义的兴起、教育普及等又使得歧视困境难以出现转机。本书研究发现，个人内在禀赋的提高和外在就业环境的改善有利于降低性别歧视的发生：个人教育水平提升对改善歧视与性别工资差异作用显著；随着技能水平与工作经验的提升，性别歧视现象出现缓解趋势，但作用力度明显小于教育投资；职业社会经济地位和职业声望等外在环境越好，男女雇用概率与晋升概率越大；职业分布的中性化是职业性别隔离程度缩小的原因之一。

7.2.2　缓解劳动力市场性别不平等的对策

那么，如何才能减少劳动力市场性别歧视的发生，缓解劳动力市场性别不平等现象？本书提出以下六条对策。

1. 提高性别歧视的甄别与量化

制定反歧视政策的首要基础是如何有效甄别和量化性别歧视。劳动力市场性别差异不等同于性别歧视，理论上性别歧视是排除个人禀赋等非经济因素后针对性别的不公平对待，但是现实中难以完全排除个人禀赋特征，性别歧视的有效甄别与量化存在较大困难，特别在法律上如何保障男女就业权利的平等，如何举证成为关键难题。即使在欧美发达国家，性别歧视的甄别与量化也属于较难学术话题。目前客观指标上，国际采用性别差距指数（由经济参与、教育获得、健康、政治权利四大指标加权计算；其中，经济参与得分包含劳动参与程度得分、相似工作性别工资平等程度得分、男女预期收入得分、高级管理人员得分、专业技术人员得分五类指标）。国际非营利性组织世界经济论坛（World Economic Forum）自 2006 年发布首份《全球性别差异报告》（The Global Gender Gap Report）以来，每年发布一次。在中国，学术界也采用性别平等指数衡量健康、教育、经济、政治参与、家庭及环境各个领域的性别平等程度。主观指标上，可以进行劳动者就业跟踪调查，调查就业中的性别歧视主观评价指标，但此类方法存在举证难问题。

纵观国内外法律政策，男女劳动者在工资收入、就业机会、人力资本投资、职业选择等方面享有平等权利，但是性别歧视依旧长期存在。本书研究雇用环节的雇主性别偏好发现，劳动力需求受雇用成本、雇用规模、个人异质性、职业属性与工作技能等因素影响，因此，劳动力市场结构效应对雇主性别偏好影响较大。一方面，男女性别分工差异与个人禀赋差异影响着雇主性别偏好，另一方面，雇用成本与性别歧视处罚成本的作用力此消彼长时同样影响着雇主性别偏好。

2. 提高反歧视政策的针对性与可操作性

建立、健全保护女性劳动权益的法律体系，建立有效的劳动力市场监督机制，政策制定部门应在市场监督管理上加大政策指导和支持力度，针对劳动力市场性别不平等实施更有力度的惩罚措施。现行的《中华人民共和国宪法》第四十八条规定，"中华人民共和国妇女在政治的、经济的、文化的、社会的和家庭的生活等各方面享有同男子平等的权利。国家保护妇女的权利和利益，实行男女同工同酬，培养和选拔妇女干部"；《中华人民共和国就业促进法》第十三条表明，"男女享有平等的就业、劳动标准、工资、职业安全、职业培训、社会保险和社会福利等劳动和社会保障等权利"；《中华人民共和国妇女权益保障法》《中华人民共和国劳动法》等同样规定了男女平等就业权利，禁止一切形式的歧视。然而，反歧视政策的法律保障较为缺乏，相关的反歧视法规的出台迫在眉睫，需要国家政府部门强化有针对性和可操作性法律法规，建议借鉴北欧等发达国家和地区关于反歧视的法案。

欧美发达国家和地区建立的具有针对性的反歧视政策值得中国借鉴，例如加拿大 1986 年通过的《就业平等法》，其目的是改进妇女等弱势群体在加拿大本地就业者中的比例。与加拿大采取公平雇用行动相似的还有美国的"纠偏行动"，即美国在反歧视领域采取的积极行动，缓解竞争市场中遭受歧视行为的受害者，能有效得到平等权益保障，从而尽快上升到平等起点，这些都是克服劳动力市场就业障碍的方法和手段，是改善女性用工环境、缓解劳动力市场性别歧视的措施。加拿大与美国的公平雇用行动，更着重于协商和规劝，通过政府、社会组织与雇主采取积极行动谈判来消除歧视效应。在中国，为促进女性公平就业，全国妇联依据《中华人民共和国妇女权益保障法》《中华人民共和国就业促进法》等相关法律法规和妇联章程，制定了《妇联组织促进女性公平就业约谈暂行办法》，对涉嫌就业性别歧视的额用人单位进行约谈，督促用人单位改正就业性别歧视行为、合法用工，这与加拿大与美国的公平雇用行动类似，通过政府与社会力量介入缓解性别歧视问题。大力加强性别平等的激励性措施和保护性措施，适当对女性弱势群体采取就业扶持行动，并不构成对男性劳动者的反向歧视。

3. 推进现代劳动力市场制度改革，重视劳动力市场结构变化

提高劳动力市场的开放度与竞争性，有利于推进现代劳动力市场制度改革，完善外在就业环境，增强劳动力市场流动性，降低男女就业门槛与职业障碍。提高私立部门的竞争力，减少国有部门对于关键资源的垄断，积极引进外资，刺激劳动力市场的公平竞争，适当扩大女性劳动者就业比例，这些措施都有利于缓解劳动力市场的性别不平等问题。

劳动力市场结构的运行规律职业性别隔离、性别工资差异、雇用性别歧视与晋升性别歧视均存在阶段性影响。职业分布的中性化趋势有利于降低总体职业性别隔离，中性职业的雇用性别歧视发生概率显著低于传统性别为主职业。促进职业性别分布的集中化，减少职业与行业的性别隔离现象，减少就业隐性歧视的发生。工作单位应重视性别平等的企业文化宣传与监管工作，使遭遇性别歧视的女性劳动者有正常的投诉渠道，规避歧视性的雇用、就业、工资待遇等问题。

改善女性就业结构。完善终身职业技能培训制度，提升女性职业技能水平，大力培育知识型、技能型、创新型女性劳动者。不断提高女性在高新技术产业、战略性新兴产业和现代服务业从业人员中的比例。逐步消除职业性别隔离，提高城镇单位就业人员中的女性比例。扩大农村妇女转移就业规模，缩小男女转移就业差距。加强女性专业技术和技能人才队伍建设。制定相关政策，强化制度保障，支持女性科技人才承担科技计划项目、参与科技决策咨询、拓展科研学术网络、提升国际影响力和活跃度，完善女性科技人才评价激励机制，培养高层次女性科技人才。实施科技创新巾帼行动，搭建平台、提供服务，激励女性科技人才、技术技能人才立足岗位锐意创新。加强对女性专业技术和技能人才专业知识、科研管理、创新创业等的培训。加强典型宣传，发挥榜样引领作用。

4. 促进劳动者增强自身禀赋，提高人力资本投资

提高女性在教育上的学习途径，鼓励与培养高学历与专业化高级人才，提高工作技能水平，提供劳动者更多就业培训机会，扩宽女性在职场上的求职范围。特别关注女性"后教育投资"，政府应提高女性在职培训率，激励雇主提高对女性的培训力度，从而为女性创造更多的就业机会与晋升机会。本书通过性别工资差异的实证分析发现，在职业内部和不同职业间，性别歧视和职业隔离导致的工资差异局面逐渐降低，教育、工作经验、个人能力等禀赋导致的工资差异逐渐上升，劳动力市场更加重视专业化、技术化的人才，劳动者可以通过加强自身竞争力得到就业机会；面对雇主性别偏好，个人内在禀赋的提高有利于降低雇用歧视的发生。此外，中国近年来男女劳动者晋升概率上升，得益于个人禀赋提升和职业发展。提高男女人力资本投资将有效缓解性别工资差异的扩大、降低雇用性别歧视的发生、提高男女晋升概率，重视教育对于改善性别歧视具有重要意义。加大政府对教育培训的投入力度，为易受歧视群体增加培训机会，提高女性劳动者的素质和技能；采取多种措施鼓励企业加强对员工的技能培训，这是防止劳动力市场"就业极化"现象加重的必要之举。

5. 消除性别刻板印象，加强社会平等观点落实

国内外研究发现，性别刻板印象不光影响男女自身人力资本投资、就业选择，还影响社会对男女群体的认知。因此，转变传统性别角色观念，不仅仅需要个人树立正确的平等观，亦需要国家社会继续推行平等思想文化宣传与教育工作，保障社会经济可持续发展的同时重视社会公平与平等。提升维权意识，营造公平公正的就业氛围。政府部门应发挥主导作用，加强思想意识教育，转变社会固有偏见，缩小男女劳动者在职业发展、薪资水平等方面的差距，弘扬优秀女性工作者的先进事迹。同时，求职者自身应提高维权意识，在政府引导下，主动参与反就业歧视相关宣传活动，明确自身合法权利，会用法律武器维护自身权利。

6. 多方共同发力，推进劳动力市场性别平等举措

劳动力市场性别平等需要多方共同发力，细化减缓或消除劳动力市场性别歧视的各项措施。（1）强化薪酬平等。严格执行法律法规的有关规定，确保同工同酬，不论性别。这可以包括透明的薪资标准、薪酬公平审查以及对不遵守规定的处罚。（2）推广灵活的工作安排。鼓励和促进灵活的工作安排，如远程办公、弹性工作时间和工作共享选择。这使个人能够平衡工作和家庭责任，减少性别在就业机会上的差异。（3）加强育儿假政策。加强育儿假政策，为母亲和父亲提供更长且有薪酬的假期选择。通过鼓励共同承担抚养责任和减少女性职业生涯的挫折，促进性别平等。（4）投资于经济实惠且高质量的托儿服务。增加对经济实惠且易于接触的托儿设施的投资，确保所有家庭都能够使用。使父母，特别是女性，能够全面参与劳动力市场，而不会牺牲抚养责任。（5）实施反歧视措施。建立全面的反歧视法律和法规，明确禁止性别歧视在招聘、录用、晋升和其他就业实践中的存在。还应包括举报和解决投诉的机制。（6）促进领导职位的性别多样性。通过有针对性的举措，如配额或自愿目标，鼓励领导职位的性别多样性。这有助于打破"玻璃天花板"，创造一个更具包容和公平的工作环境。（7）提供培训和指导计划。制定培训和指导计划，专门解决工作场所中的性别偏见和刻板印象，使个人具备挑战和克服性别歧视的技能和知识。（8）增强意识并促进文化变革。开展公众意识活动，挑战性别刻板印象，促进劳动力市场的性别平等文化。具体可以包括媒体宣传、教育项目和工作场所的多样性培训等内容。（9）定期监测和评估。建立机制，定期监测和评估已实施政策和举措的有效性。这样，既确保了问责制，又可以根据结果进行必要的调整。（10）促进利益相关者间的合作。鼓励政府、雇主、工会、民间社会组织和学术界之间的合作，制定和实施性别平等政策。这种多利益相关者的合作方式可增强减少劳动力市场性别歧视努力的效果和可持续性。

7.3　研究展望

劳动力市场性别歧视仍然是一个重要的挑战，阻碍了性别平等的实现。性别平等不仅是社会公正的问题，也是经济增长和发展的重要推动力。本研究为劳动力市场中性别歧视的演变和影响因素提供了有价值的见解。通过研究职业性别隔离、工资差异、雇用性别歧视和晋升偏见的趋势，我们对性别不平等的复杂性有了全面的了解。

虽然现阶段本研究为理解中国劳动力市场中的性别歧视问题提供了一定见解，但仍有许多方面值得进一步研究和探索。以下是一些可能的研究展望：

（1）深入分析性别工资差异的根源：进一步研究性别工资差异的根源，包括职业选择、教育和培训机会的差异，以及性别对工资谈判和晋升机会的影响。深入研究女性面临晋升通道上的"中层管理瓶颈"和"高管职场天花板"。

（2）探究性别歧视的行业差异：研究不同行业中性别歧视的差异和特点，了解特定行业中性别不平等的原因和影响因素，深入分析女性劳动者在职业隔离与行业隔离上的演变趋势和成因，为制定有针对性的政策提供依据。

（3）考察性别歧视对职业发展和职业满意度的影响：研究性别歧视对个人职业发展和职业满意度的长期影响，以及性别歧视如何影响个人的工作动机和职业选择。

（4）考虑交叉性别歧视：研究交叉性别歧视，即性别与其他身份特征（如种族、年龄、残疾等）之间的交叉歧视，以深入了解不同群体在劳动力市场中的双重或多重被歧视经历。

（5）比较性研究：进行国际比较研究，探究不同国家或地区劳动力市场中性别歧视的异同，了解不同文化和制度背景下性别平等的挑战和成功案例。

（6）研究政策效果评估：评估已实施的性别平等政策和措施的效果，了解其对劳动力市场性别歧视的影响，为政策制定者提供有针对性的建议和改进方向。

（7）考虑新兴领域的性别平等问题：关注新兴领域（如科技、创意产业等）中的性别平等问题，研究性别歧视在这些领域中的表现和影响，以推动更公平和包容的发展。

通过进一步的研究，希望可以更全面地了解性别歧视问题，并为制定和实施更有效的政策和措施提供科学依据，以期推动中国劳动力市场的性别平等进程。

参 考 文 献

[1] 艾华，李银河. 关于女性主义的对话 [J]. 社会学研究，2001 (4)：118 - 125.

[2] 蔡禾，吴小平. 社会变迁与职业的性别不平等 [J]. 管理世界，2002 (9)：71 - 77.

[3] 陈斌开，杨依山，许伟. 中国城镇居民劳动收入差距演变及其原因：1990 - 2005 [J]. 经济研究，2009 (12)：30 - 42.

[4] 陈纯槿，李实. 城镇劳动力市场结构变迁与收入不平等：1989—2009 [J]. 管理世界，2013 (1)：45 - 55.

[5] 程胜利，刘艳艳. 从招聘广告透视就业领域中的性别歧视现象 [C]. 山东省社会学会2004年年会论文集，2004.

[6] 陈昊. 出口是否加剧了就业性别歧视？——基于倾向评分匹配的再估计 [J]. 财经研究，2013，39 (9)：109 - 119.

[7] 陈永伟，周羿. 职业选择、性别歧视和工资差异——对我国城市劳动力市场的分析 [J]. 劳动经济研究，2014 (1)：49 - 75.

[8] 陈钊，万广华，陆铭. 行业间不平等：日益重要的城镇收入差距成因——基于回归方程的分解 [J]. 中国社会科学，2010 (3)：65 - 76.

[9] 程诚，王奕轩，边燕杰. 中国劳动力市场中的性别收入差异：一个社会资本的解释 [J]. 人口研究，2015，39 (2)：3 - 16.

[10] 第二期中国妇女社会地位调查课题组. 第二期中国妇女社会地位抽样调查主要数据报告 [J]. 妇女研究论丛，2001 (5)：4 - 12.

[11] 第三期中国妇女社会地位调查课题组. 第三期中国妇女社会地位调查主要数据报告 [J]. 妇女研究论丛，2011 (6)：5 - 15.

[12] 邓峰，丁小浩. 人力资本、劳动力市场分割与性别收入差距 [J]. 社会学研究，2012 (5)：24 - 46.

[13] 郭丛斌. 二元制劳动力市场分割理论在中国的验证 [J]. 清华大学教育研究，2004 (4)：43 - 49.

[14] 葛玉好. 部门选择对工资性别差距的影响: 1988—2001 年 [J]. 经济学: 季刊, 2007 (2): 607 – 628.

[15] 葛玉好, 曾湘泉. 市场歧视对城镇地区性别工资差距的影响 [J]. 经济研究, 2011 (6): 45 – 56.

[16] 高艳云, 林剑. 基于分位数回归的工资性别差异分析 [J]. 经济统计学: 季刊, 2014 (1): 150 – 160.

[17] 郭凤鸣, 张世伟. 性别工资差异缘何扩大? ——基于职业分割的分析视角 [J]. 世界经济文汇, 2012 (2): 43 – 59.

[18] 虢超, 丁建军. "关系"和教育对中国居民收入的影响——基于 CGSS 调查数据的实证分析 [J]. 南方经济, 2014 (3): 38 – 51.

[19] 贺光烨, 吴晓刚. 市场化、经济发展与中国城市中的性别收入不平等 [J]. 社会学研究, 2015 (1): 140 – 165.

[20] 何泱泱, 刘国恩, 徐程. 中国职业隔离与性别工资差异的变化趋势研究 [J]. 经济科学, 2016 (4): 78 – 89.

[21] 江求川, 张克中. 中国劳动力市场中的"美貌经济学": 身材重要吗? [J]. 经济学: 季刊, 2013, 12 (3): 983 – 1006.

[22] 姜向群. 就业中的性别歧视: 一个需要正视和化解的难题 [J]. 人口研究, 2007, 31 (3): 43 – 51.

[23] 李春玲, 李实. 市场竞争还是性别歧视——收入性别差异扩大趋势及其原因解释 [J]. 社会学研究, 2008 (2): 94 – 117.

[24] 李春玲. 中国职业性别隔离的现状及变化趋势 [J]. 江苏社会科学, 2009 (3): 9 – 16.

[25] 刘德中, 牛变秀. 中国的职业性别隔离与女性就业 [J]. 妇女研究论丛, 2000 (4): 18 – 20.

[26] 李实, 宋锦, 刘小川. 中国城镇职工性别工资差距的演变 [J]. 管理世界, 2014 (3): 53 – 65.

[27] 李璐, 孔繁敏, 齐秋鸽. 中国劳动力市场就业歧视趋势研究——基于对招聘广告的内容分析 [J]. 中国劳动关系学院学报, 2016 (2): 48 – 53.

[28] 刘小京. 农村妇女走出土地: 趋势·机遇·问题 [J]. 妇女研究论丛, 1994 (4): 39 – 42.

[29] 刘斌, 李磊. 贸易开放与性别工资差距 [J]. 经济学: 季刊, 2012, 11 (2): 429 – 460.

[30] 刘泽云. 女性教育收益率为何高于男性? ——基于工资性别歧视的

分析 [J]. 经济科学, 2008 (2): 119 – 128.

[31] 亓寿伟, 刘智强. "天花板效应" 还是 "地板效应" ——探讨国有与非国有部门性别工资差异的分布与成因 [J]. 数量经济技术经济研究, 2009 (11): 63 – 77.

[32] 李汪洋, 谢宇. 中国职业性别隔离的趋势: 1982—2010 [J]. 社会, 2015, 35 (6): 153 – 177.

[33] 陆学艺. 当代中国社会阶层研究报告 [M]. 北京: 社会科学文献出版社, 2002.

[34] 毛海强. 对招聘广告中就业歧视问题的调查与分析 [J]. 北京劳动保障职业学院学报, 2006, 17 (6): 15 – 16.

[35] 宁光杰. 中国的工资性别差距及其分解——性别歧视在多大程度上存在? [J]. 世界经济文汇, 2011 (2): 19 – 34.

[36] 潘锦棠. 经济转轨中的中国女性就业与社会保障 [J]. 管理世界, 2002 (7): 47 – 56.

[37] 秦广强. 职业晋升中的性别不平等——基于 CGSS2006 数据的分析 [J]. 社会学评论, 2014, 2 (3): 78 – 87.

[38] 卿石松. 职位晋升中的性别歧视 [J]. 管理世界, 2011 (11): 28 – 38.

[39] 卿石松, 郑加梅. "同酬" 还需 "同工": 职位隔离对性别收入差距的作用 [J]. 经济学: 季刊, 2013a, 12 (1): 735 – 756.

[40] 卿石松, 郑加梅. 职位性别隔离与收入分层 [J]. 南方人口, 2013b, 28 (6): 62 – 68.

[41] 桑普斯福特, 桑纳托斯, 卢昌崇, 等. 劳动经济学前沿问题 [M]. 北京: 中国税务出版社, 2000: 221 – 253.

[42] 宋月萍. 职业流动中的性别差异: 审视中国城市劳动力市场 [J]. 经济学: 季刊, 2007, 6 (2): 629 – 654.

[43] 童梅, 王宏波. 市场转型与职业性别垂直隔离 [J]. 社会, 2013, 33 (6): 122 – 138.

[44] 谭深. 从招聘广告性别谈起——中国当前职业性别分化透视 [J]. 妇女研究论丛, 1993 (4): 35 – 38.

[45] 谭琳, 蒋永萍, 姜秀花. 2006 ~ 2007 年: 中国性别平等与妇女发展报告 [M]. 北京: 社会科学文献出版社, 2006.

[46] 王美艳. 中国城市劳动力市场上的性别工资差异 [J]. 经济研究,

2005 (12): 35 - 44.

[47] 王鹏, 刘国恩. 健康人力资本与性别工资差异 [J]. 南方经济, 2010, 28 (9): 73 - 84.

[48] 王天夫, 赖扬恩, 李博柏. 城市性别收入差异及其演变: 1995—2003 [J]. 社会学研究, 2008 (2): 23 - 53.

[49] 王湘红, 曾耀, 孙文凯. 行业分割对性别工资差异的影响——基于 CGSS 数据的实证分析 [J]. 经济学动态, 2016 (1): 44 - 53.

[50] 王晓华. 招聘职位的性别规定——两性阶层分化的起点 [J]. 妇女研究论丛, 2003 (1): 55 - 58.

[51] 吴愈晓, 吴晓刚. 1982～2000: 我国非农职业的性别隔离研究 [J]. 社会, 2008, 28 (6): 128 - 152.

[52] 杨清河. 劳动经济学 (第三版) [M]. 北京: 中国人民大学出版社, 2002.

[53] 颜士梅, 颜士之, 张曼. 企业人力资源开发中性别歧视的表现形式——基于内容分析的访谈研究 [J]. 管理世界, 2008 (11): 110 - 118.

[54] 杨慧. 大学生招聘性别歧视及其社会影响研究 [J]. 妇女研究论丛, 2015 (4): 97 - 103.

[55] 杨伟国, 陈玉杰. 职位隔离对高管薪酬性别差异的影响 [J]. 经济理论与经济管理, 2014, 34 (12): 74 - 92.

[56] 杨伟国, 陈玉杰, 张成刚. 职业性别隔离的测度 [J]. 中国人口科学, 2010 (3): 77 - 87.

[57] 姚先国, 谢嗣胜. 职业隔离的经济效应——对我国城市就业人口职业性别歧视的分析 [J]. 浙江大学学报: 人文社会科学版, 2006, 36 (2): 73 - 79.

[58] 易定红, 廖少宏. 中国产业职业性别隔离的检验与分析 [J]. 中国人口科学, 2005 (4): 40 - 47.

[59] 张成刚, 杨伟国. 中国职业性别隔离趋势与成因分析 [J]. 中国人口科学, 2013 (2): 60 - 69.

[60] 张丹丹. 市场化与性别工资差异研究 [J]. 中国人口科学, 2004 (1): 32 - 41.

[61] 张抗私. 劳动力市场性别歧视行为分析 [J]. 财经问题研究, 2004 (4): 74 - 80.

[62] 赵瑞美, 王乾亮. 职业性别隔离与歧视: 理论, 问题, 对策 [J].

山东医科大学学报：社会科学版，2000（2）：68－73.

［63］张体魄. 我国就业歧视研究进展述评［J］. 华东经济管理，2013（2）：149－152.

［64］周庆行，孙慧君. 我国女性劳动参与率的变化趋势及效应分析［J］. 经济经纬，2006（1）：65－67.

［65］周翔翼，宋雪涛. 招聘市场上的性别歧视——来自中国 19130 份简历的证据［J］. 中国工业经济，2016（8）：145－160.

［66］周伟. 中国城镇就业中的性别歧视研究——以 1995 年至 2005 年上海市和成都市 30 万份报刊招聘广告条件为例［J］. 政治与法律，2008（4）：27－33.

［67］Aigner D J，Cain G G. Statistical theories of discrimination in labor markets［J］. ILR Review，1977，30（2）：175－187.

［68］Albrecht J，Björklund A，Vroman S. Is there a glass ceiling in Sweden? ［J］. Journal of Labor Economics，2003，21（1）：145－177.

［69］Altonji J G，Pierret C R. Employer learning and statistical discrimination ［J］. The Quarterly Journal of Economics，2001，116（1）：313－350.

［70］Altonji J G. Employer learning，statistical discrimination and occupational attainment［J］. The American Economic Review，2005，95（2）：112－117.

［71］Anker R. Theories of occupational segregation by sex：An overview［J］. International Labor Review，1997：315－339.

［72］Anker R. Gender and jobs：Sex Segregation of Occupations in the World ［M］. International Labour Organization，1998.

［73］Appleton S，Song L，Xia Q. Understanding urban wage inequality in China 1988－2008：Evidence from quantile analysis［J］. World Development，2014，62：1－13.

［74］Arrow K. The Theory of Discrimination. In：Discrimination in Labor Markets［M］. Princeton，NJ：Princeton University Press，1973：3－33.

［75］Baldwin M L，Butler R J，Johnson W G. A hierarchical theory of occupational segregation and wage discrimination［J］. Economic Inquiry，2001，39（1）：94－110.

［76］Becker G S. The economics of discrimination［J］. University of Chicago Press Economics Books，1957.

［77］Becker G S. Human Capital：A Theoretical and Empirical Analysis，with

Special Preferences to Education [M]. National bureau of economic research, 1964.

[78] Becker G S. Human capital, effort, and the sexual division of labor [J]. Journal of Labor Economics, 1985, 3 (1, Part 2): S33 – S58.

[79] Bergmann B R. The effect on white incomes of discrimination in employment [J]. Journal of Political Economy, 1971, 79 (2): 294 – 313.

[80] Bertrand M, Mullainathan S. Are Emily and Greg more employable than Lakisha and Jamal? A field experiment on labor market discrimination [J]. The American Economic Review, 2004, 94 (4): 991 – 1013.

[81] Bjerk D. Class ceilings or sticky floors? Statistical discrimination in a dynamic model of hiring and promotion [J]. The Economic Journal, 2008, 118 (530): 961 – 982.

[82] Blackburn R M, Jarman J. Gendered occupations: Exploring the relationship between gender segregation and inequality [J]. International Sociology, 2006 (2): 289 – 315.

[83] Blau F D, Hendricks W E. Occupational segregation by sex: Trends and prospects [J]. Journal of Human Resources, 1979: 197 – 210.

[84] Blinder A S. Wage discrimination: reduced form and structural estimates [J]. Journal of Human Resources, 1973: 436 – 455.

[85] Bosanquet N, Doeringer P B. Is there a dual labour market in Great Britain? [J]. The Economic Journal, 1973, 83 (330): 421 – 435.

[86] Breiger R L. The social class structure of occupational mobility [J]. American Journal of Sociology, 1981, 87 (3): 578 – 611.

[87] Booth A L, Francesconi M, Frank J. A sticky floors model of promotion, pay, and gender [J]. European Economic Review, 2003, 47 (2): 295 – 322.

[88] Brant R. Assessing proportionality in the proportional odds model for ordinal logistic regression [J]. Biometrics, 1990: 1171 – 1178.

[89] Bridges J S. Sex differences in occupational performance expectations [J]. Psychology of Women Quarterly, 1988, 12 (1): 75 – 90.

[90] Brown R S, Moon M, Zoloth B S. Incorporating occupational attainment in studies of male-female earnings differentials [J]. Journal of Human Resources, 1980: 3 – 28.

[91] Cabral R, Ferber M A, Green C A. Men and women in fiduciary institu-

tions: A study of sex differences in career development [J]. The Review of Economics and Statistics, 1981: 573 - 580.

[92] Cain G G. The challenge of dual and radical theories of the labor market to orthodox theory [J]. The American Economic Review, 1975, 65 (2): 16 - 22.

[93] Cannan E. Wealth [M]. London: P. S. King, 1914.

[94] Chan T W. Revolving doors reexamined: Occupational sex segregation over the life course [J]. American Sociological Review, 1999: 86 - 96.

[95] Charles M, Grusky D B. Models for describing the underlying structure of sex segregation [J]. American Journal of Sociology, 1995: 100.

[96] Charles M, Grusky D B. Occupational Ghettos: The Worldwide Segregation of Women and Men [M]. Stanford, CA: Stanford University Press, 2004.

[97] Charles M. Deciphering sex segregation: Vertical and horizontal inequalities in ten national labor markets [J]. Acta Sociologica, 2003, 46 (4): 267 - 287.

[98] Chen Z, Ge Y, Lai H, et al. Globalization and gender wage inequality in China [J]. World Development, 2013 (44): 256 - 266.

[99] Cohen Y, Bechar S, Raijman R. Occupational sex segregation in Israel, 1972 - 1983 [J]. Israel Social Science Research, 1987, 5 (1): 2.

[100] Collet C E. Women's work in leeds [J]. The Economic Journal, 1891, 1 (3): 460 - 473.

[101] Cotter D A, Hermsen J M, Ovadia S, et al. The glass ceiling effect [J]. Social Forces, 2001, 80 (2): 655 - 681.

[102] Dalla Chiara E, Matteazzi E, Petrarca I. From the glass door to the glass ceiling: An analysis of the gender wage gap by age groups [R]. ECINEQ, Society for the Study of Economic Inequality, 2014.

[103] Dar A, Tzannatos Z. Active Labor Market Programs: A Review of the Evidence from Evaluations [M]. Social Protection, World Bank, 1999.

[104] Darity W A, Mason P L. Evidence on discrimination in employment: codes of color, codes of gender [J]. Journal of Economic Perspectives, 1998 (2): 63 - 90.

[105] Démurger S, Fournier M, Chen Y. The evolution of gender earnings gaps and discrimination in urban China, 1988 - 1995 [J]. The Developing Economies, 2007, 45 (1): 97 - 121.

[106] Dickens W T, Lang K. A test of dual labor market theory [J]. The American Economic Review, 1985, 75 (4): 792 – 805.

[107] Doeringer P, Piore M J. Internal labor markets and manpower analysis [M]. Lexington Mass: D, C. Health, 1971.

[108] Duflo E. Women empowerment and economic development [J]. Journal of Economic Literature, 2012, 50 (4): 1051 – 1079.

[109] Duncan O D, Duncan B. A Methodological analysis of segregation indexes [J]. American Sociological Review, 1955, 20 (2): 210 – 217.

[110] Edgeworth F. Equal pay to men and woman for equal work [J]. Economic Journal, 1922, 32 (128): 431 – 457.

[111] England P, Folbre N. Gender and economic sociology [J]. The Handbook of Economic Sociology, 2005 (2): 627 – 649.

[112] England P, Gornick J, Shafer E F. Women's employment, education, and the gender gap in 17 countries [J]. Monthly Lab. Rev. , 2012 (135): 3.

[113] England P. The gender revolution: Uneven and stalled [J]. Gender & Society, 2010, 24 (2): 149 – 166.

[114] Fagan C, Rubery J, Smith M. Women's employment in Europe: Trends and prospects [M]. Routledge, 2003.

[115] Fawcett M G. Mr. Sidney Webb's Article on women's wages [J]. The Economic Journal, 1892, 2 (5): 173 – 176.

[116] Fawcett M. Equal Pay for Equal Work [J]. Economic Journal, 1918, 28 (109): 1 – 6.

[117] Federal Glass Ceiling Commission. Good for business: Making full use of the nation's human capital [M]. Washington, DC: US Department of Labor, 1995.

[118] Fernandez R M, Abraham M. Glass ceilings and glass doors? Internal and external hiring in an organizational hierarchy [R]. MIT Sloan School Working Paper (4895 – 11), 2011.

[119] Fields J, Wolff E N. The decline of sex segregation and the wage gap, 1970 – 80 [J]. Journal of Human Resources, 1991: 608 – 622.

[120] Ganzeboom H B G, de Graaf P M, Treiman D J. A Standard International Socio-Economic Index of Occupational Status [J]. Social Science Research, 1992 (21): 1 – 56.

[121] Gao Z. Gender discrimination in Chinese recruitment advertisements: a content analysis [J]. Journal of Asia-Pacific Business, 2008, 9 (4): 395 –418.

[122] Garcia – Crespo D. Promotions in the Spanish labour market: differences by gender [J]. Oxford Bulletin of Economics and Statistics, 2001, 63 (5): 599 –615.

[123] Glick P. Trait-based and sex-based discrimination in occupational prestige, occupational salary, and hiring [J]. Sex Roles, 1991, 25 (5 –6): 351 –378.

[124] Gibbs Jack P. Occupational Differentiation of Negroes and Whites in the United States [J]. Social Forces, 1965, 44 (2): 159 –165.

[125] Ginther D K, Hayes K J. Gender differences in salary and promotion for faculty in the humanities 1977 – 1995 [J]. Journal of Human Resources, 2003, 38 (1): 34 –73.

[126] Goldin C, Katz L. Gender differences in careers, education and games [J]. American Economic Review, 2008, 98 (2): 363 –369.

[127] Goldin C. A grand gender convergence: Its last chapter [J]. The American Economic Review, 2014, 104 (4): 1091 –1119.

[128] Gordon D M. Theories of Poverty and Underemployment [M]. Lexington, Mass: Health, Lexington Books, 1972.

[129] Gorman E H, Kmec J A. Hierarchical rank and women's organizational mobility: Glass ceilings in corporate law firms 1 [J]. American Journal of Sociology, 2009, 114 (5): 1428 –1474.

[130] Goodman L A. Criteria for determining whether certain categories in a cross-classification table should be combined, with special reference to occupational categories in an occupational mobility table [J]. American Journal of Sociology, 1981, 87 (3): 612 –650.

[131] Gross E. The sexual structure of occupations over time [J]. Social Problems, 1968, 16 (2): 198 –208.

[132] Grow J M, Deng T. Sex Segregation in Advertising Creative Departments-Across the Globe [J]. Advertising & Society Review, 2014, 14 (4): 23 –29.

[133] Grusky D B, Charles M. The past, present, and future of sex segregation methodology [J]. Demography, 1998, 35 (4): 497 –504.

[134] Gustafsson B, Li S. Economic transformation and the gender earnings gap

in urban China [J]. Journal of Population Economics, 2000, 13 (2): 305 – 329.

[135] Hakim C. Explaining trends in occupational segregation: the measurement, causes, and consequences of the sexual division of labour [J]. European Sociological Review, 1992, 8 (2): 127 – 152.

[136] Hakim C. Segregated and integrated occupations: A new approach to analysing social change [J]. European Sociological Review, 1993, 9 (3): 289 – 314.

[137] Halldén K. Taking training to task sex of the immediate supervisor and men's and women's time in initial on-the-job training [J]. Work and Occupations, 2015, 42 (1): 73 – 102.

[138] Hamermesh D S, Biddle J E. Beauty and the labor market [J]. American Economic Review, 1994, 84 (5): 1174 – 1194.

[139] Hassink W H J, Russo G. The Glass Door: The Gender Composition of Newly-Hired Workers Across Hierarchical Job Levels [J]. Discussion Paper Series/ Tjalling C. Koopmans Research Institute, 2010, 10 (6): 53 – 71.

[140] Heckman J J. Sample Selection Bias as a Specification Error [J]. Econometrica, 1979, 47 (1): 153 – 162.

[141] Hegewisch A, Liepmann H, Hayes J, et al. Separate and not equal? Gender segregation in the labor market and the gender wage gap [J]. IWPR Briefing Paper, 2010: 377.

[142] Hertz T, Winters P, De La O A P, et al. Wage inequality in international perspective: effects of location, sector, and gender [R]. ESA Working Paper 8/08. Rome, Italy: Food and Agriculture Organization of the United Nations, Agricultural and Development Economics Division (ESA), 2008.

[143] Humpert S. Occupational sex segregation and working time: Regional evidence from Germany [J]. Panoeconomicus, 2014, 61 (3): 317.

[144] ILO (International Labour Office). Global Wage Report 2012/13: Wages and equitable growth [R]. Geneva, 2012: 46 – 93.

[145] ILO (International Labour Office). Global Wage Report 2014/15: Wages and income inequality [R]. Geneva, 2015: 13 – 18.

[146] ILO (International Labour Office). Global Wage Report 2016/17: Wage inequality in the workplace [R]. Geneva, 2016: 30 – 84.

[147] Jacobs J A, Powell B. Occupational prestige: a sex-neutral concept?

[J]. Sex Roles, 1985, 12 (9 – 10): 1061 – 1071.

[148] Jacobs J A. Long-term trends in occupational segregation by sex [J]. American Journal of Sociology, 1989a, 95 (1): 160 – 173.

[149] Jacobs J A. Revolving Doors: Sex Segregation and Women's Careers [M]. Stanford University Press, 1989b.

[150] Jones D R, Makepeace G H. Equal worth, equal opportunities: pay and promotion in an internal labour market [J]. The Economic Journal, 1996: 401 – 409.

[151] Jusenius C L. Influence of work experience, skill requirement, and occupational segregation on women's earnings [J]. Journal of Economics and Business, 1977, 29 (2): 107 – 115.

[152] Karmel T, MacLachlan M. Occupational sex segregation-increasing or decreasing [J]. Economic Record, 1988 (64): 187 – 195.

[153] Killingsworth M R, Reimers C W. Race, ranking, promotions, and pay at a federal facility: A logit analysis [J]. ILR Review, 1983, 37 (1): 92 – 107.

[154] Kosteas V D. Job level changes and wage growth [J]. International Journal of Manpower, 2009, 30 (3): 269 – 284.

[155] Krowas J C. Time-dependent changes in gender-based promotion differences [J]. Economics Letters, 1993, 42 (1): 87 – 90.

[156] Kuhn P, Shen K. Employers' preferences for gender, age, height and beauty: Direct evidence [R]. National Bureau of Economic Research, 2009.

[157] Kuhn P, Shen K. Gender discrimination in job ads: Evidence from China [J]. The Quarterly Journal of Economics, 2013, 128 (1): 287 – 336.

[158] Lazear E P, Rosen S. Male-female wage differentials in job ladders [J]. Journal of Labor Economics, 1990, 8 (1, Part 2): 106 – 123.

[159] Lawler J J, Bae J. Overt employment discrimination by multinational firms: Cultural and economic influences in a developing country [J]. Industrial Relations: A Journal of Economy and Society, 1998, 37 (2): 126 – 152.

[160] Levanon A, Grusky D B. The persistence of extreme gender segregation in the twenty-first century 1 [J]. American Journal of Sociology, 2016, 122 (2): 573 – 619.

[161] Maddala G. Limited-Dependent and Qualitative Variables in Econometrics

[M]. Cambridge University Press: Cambridge, 1983.

[162] Malkiel B G, Malkiel J A. Male-female pay differentials in professional employment [J]. The American Economic Review, 1973, 63 (4): 693 –705.

[163] Matthews R, Nee V. Gender inequality and economic growth in rural China [J]. Social Science Research, 2000, 29 (4): 606 –632.

[164] Maurer-Fazio M, Lei L. "As rare as a panda" How facial attractiveness, gender, and occupation affect interview callbacks at Chinese firms [J]. International Journal of Manpower, 2015, 36 (1): 68 –85.

[165] Morrison A M, White R P, Van Velsor E. Breaking the Glass Ceiling: Can Women Reach the Top of America's Largest Corporations? [M]. Pearson Education, 1987.

[166] McNabb R, Psacharopoulos G. Further evidence of the relevance of the dual labor market hypothesis for the UK [J]. The Journal of Human Resources, 1981, 16 (3): 442 –448.

[167] Meng X, Miller P. Occupational segregation and its impact on gender wage discrimination in China's rural industrial sector [J]. Oxford Economic Papers, 1995: 136 –155.

[168] Meng X. Gender occupational segregation and its impact on the gender wage differential among rural-urban migrants: A Chinese case study [J]. Applied Economics, 1998, 30 (6): 741 –752.

[169] Michelson E, Parish W L, Entwisle B, et al. Gender Differentials and Economic Success [J]. Redrawing Boundaries, 2000: 134 –156.

[170] Mincer J. Investment in human capital and personal income distribution [J]. Journal of Political Economy, 1958, 66 (4): 281 –302.

[171] Mincer J. Schooling, Experience, and earnings [M]. New York: Columbia University Press for the National Bureau of Economic Research, 1974: 41 –63.

[172] Neumark D, Bank R J, Van Nort K D. Sex discrimination in restaurant hiring: An audit study [J]. The Quarterly Journal of Economics, 1996, 111 (3): 915 –941.

[173] Neumark D. Detecting discrimination in audit and correspondence studies [J]. Journal of Human Resources, 2012, 47 (4): 1128 –1157.

[174] Neuman S, Ziderman A. Testing the dual labor market hypothesis evi-

dence from the Israel labor mobility survey [J]. Journal of Human Resources, 1986: 230 – 237.

[175] Ng Y C. Gender earnings differentials and regional economic development in urban China, 1988 – 1997 [J]. Review of Income and Wealth, 2007, 53 (1): 148 – 166.

[176] Ñopo H, Daza N, Ramos J. Gender earnings gaps in the world [J]. IZA Discussion Paper No. 5736 (Bonn, IZA), 2011.

[177] Oaxaca R. Male-female wage differentials in urban labor markets [J]. International Economic Review, 1973: 693 – 709.

[178] Olson C A, Becker B E. Sex discrimination in the promotion process [J]. Industrial & Labor Relations Review, 1983, 36 (4): 624 – 641.

[179] Petersen T, Togstad T. Getting the offer: Sex discrimination in hiring [J]. Research in Social Stratification and Mobility, 2006, 24 (3): 239 – 257.

[180] Petit P. The effects of age and family constraints on gender hiring discrimination: A field experiment in the French financial sector [J]. Labour Economics, 2007, 14 (3): 371 – 391.

[181] Perales F. Occupational sex-segregation, specialized human capital and wages: evidence from Britain [J]. Work, Employment & Society, 2013, 27 (4): 600 – 620.

[182] Phelps E S. The statistical theory of racism and sexism [J]. The American Economic Review, 1972, 62 (4): 659 – 661.

[183] Piore M J. The Dual Labor Market: Theory and Implications [M]. The State and the Poor, Cambridge, Mass: Winthrop, 1970.

[184] Poirier D J. Partial observability in bivariate probit models [J]. Journal of Econometrics, 1980, 12 (2): 209 – 217.

[185] Polachek S W. Differences in expected post-school investment as a determinant of market wage differentials [J]. International Economic Review, 1975: 451 – 470.

[186] Polachek S W. Earnings over the life cycle: The Mincer earnings function and its applications [J]. Foundations and Trends® in Microeconomics, 2008, 4 (3): 165 – 272.

[187] Powell G N, Butterfield D A. Investigating the "glass ceiling" phenomenon: An empirical study of actual promotions to top management [J]. Academy of

Management Journal, 1994, 37 (1): 68 – 86.

[188] Pudney S, Shields M. Gender, race, pay and promotion in the British nursing profession: estimation of a generalized ordered probit model [J]. Journal of Applied Econometrics, 2000: 367 – 399.

[189] Randy P A. Occupational Segregation by Race and Gender, 1958 – 1981 [J]. Industrial and Labor Relations Review, 1986, 39 (3): 404 – 411.

[190] Rathbone E F. The remuneration of women's services [J]. The Economic Journal, 1917, 27 (105): 55 – 68.

[191] Reskin B. Sex segregation in the workplace [J]. Annual Review of Sociology, 1993, 19 (1): 241 – 270.

[192] Reskin B F, Roos P A. Job Queues, Gender Queues: Explaining Women's Inroads into Male Occupations [M]. Temple University Press, 2009.

[193] Rosenfeld R A, Spenner K I. Occupational sex segregation and women's early career job shifts [J]. Work and Occupations, 1992, 19 (4): 424 – 449.

[194] Rosenzweig M R, Zhang J. Economic growth, comparative advantage, and gender differences in schooling outcomes: Evidence from the birthweight differences of Chinese twins [J]. Journal of Development Economics, 2013, 104: 245 – 260.

[195] Rich J, Palaz S. Why has occupational sex segregation in Turkey increased since 1975? [J]. Labour, 2008, 22 (1): 185 – 218.

[196] Russo G, Hassink W. Multiple glass ceilings [J]. Industrial Relations: A Journal of Economy and Society, 2012, 51 (4): 892 – 915.

[197] Rytina N F, Bianchi S M. Occupational reclassification and changes in distribution by gender [J]. Monthly Lab. Rev. , 1984 (107): 11.

[198] Rytina N. Occupational segregation and earnings differences by sex [J]. Monthly Labor Review, 1981, 104 (1): 49 – 53.

[199] Schultz T W. Investment in man: An economist's view [J]. Social Service Review, 1959, 33 (2): 109 – 117.

[200] Shatnawi D, Oaxaca R, Ransom M. Applying fixed effects to hierarchical segregation models [J]. The American Economic Review, 2011, 101 (3): 588 – 592.

[201] Shu X, Bian Y. Market transition and gender gap in earnings in urban China [J]. Social Forces, 2003, 81 (4): 1107 – 1145.

［202］Shu X. Market transition and gender segregation in urban China ［J］. Social Science Quarterly, 2005, 86 (s1): 1299 – 1323.

［203］Suisse C. The CS Gender 3000: Women in Senior Management ［M］. Credit Suisse Research Institute, 2014.

［204］Tang W, Parish W L. Chinese Urban Life Under Reform: The Changing Social Contract ［M］. Cambridge University Press, 2000.

［205］Terza J. Ordered probit: A generalization ［J］. Communications in Statistics-Theory and Methods, 1985, 14 (1): 1 – 11.

［206］Tong G, Yang Y. Dual Binary Labor Market Segmentation and the Wage Differentials in China ［C］. International Conference on Advances in Education and Management. Springer Berlin Heidelberg, 2011: 111 – 117.

［207］Thurow L C. The determinants of the occupational distribution of Negroes ［M］//Education and Training of Disadvantage Minorities. Madison, 1969: 187 – 205.

［208］Treiman D J. Trends in educational attainment in China ［J］. Chinese Sociological Review, 2013, 45 (3): 3 – 25.

［209］Wang M, Cai F. Gender earnings differential in urban China ［J］. Review of Development Economics, 2008, 12 (2): 442 – 454.

［210］Watts M. Occupational gender segregation: Index measurement and econometric modeling ［J］. Demography, 1998a, 35 (4): 489 – 496.

［211］Watts M. The analysis of sex segregation: When is index measurement not index measurement ［J］. Demography, 1998b, 35 (4): 505 – 508.

［212］World Bank. "Overview", in World Development Report 2012: Gender equality and development ［R］. Washington, DC, 2012: 2 – 40.

［213］Webb B. Contribution to report of the war cabinet committee on women in industry ［J］. The American Economic Review, 1919: 90 – 104.

［214］Webb S. The alleged differences in the wages paid to men and to women for similar work ［J］. The Economic Journal, 1891, 1 (4): 635 – 662.

［215］Webster T. Ambivalence and activism: Employment discrimination in China ［J］. Vand. J. Transnat'l L. , 2011 (44): 643.

［216］Winter-Ebmer R, Zweimüller J. Unequal assignment and unequal promotion in job ladders ［J］. Journal of Labor Economics, 1997, 15 (1, Part 1): 43 – 71.

［217］ Woodhams C, Lupton B, Xian H. The persistence of gender discrimination in China-evidence from recruitment advertisements ［J］. The International Journal of Human Resource Management, 2009, 20 (10): 2084 –2109.

［218］ Yamagata H, Yeh K S, Stewman S, et al. Sex segregation and glass ceilings: A comparative statics model of women's career opportunities in the federal government over a quarter century 1 ［J］. American Journal of Sociology, 1997, 103 (3): 566 –632.

［219］ Yap M, Konrad A M. Gender and racial differentials in promotions: Is there a sticky floor, a mid-level bottleneck, or a glass ceiling? ［J］. Relations Industrielles/Industrial Relations, 2009: 593 –619.

［220］ Zellner H. Discrimination against women, occupational segregation, and the relative wage ［J］. The American Economic Review, 1972, 62 (1/2): 157 – 160.

［221］ Zhang J, Han J, Liu P W, et al. Trends in the gender earnings differential in urban China, 1988—2004 ［J］. ILR Review, 2008, 61 (2): 224 –243.

后　记

　　"性别歧视"一词对于学者研究而言，带有女权主义色彩。全书写作的难点在于题目的选取，有故事的标题往往好过乏味的论述，如何有效涵盖研究内容甚至点缀主题方能成为"优秀"的标题，本书标题自不属于优秀行列。曾经被奉劝以"性别差异"为题，从而凸显作为学者研究的中立性。对于笔者而言，"性别歧视"既是客观存在的中性概念，又带自身特色。纵观古今，性别不平等问题始终存在，随着时代发展，呈现出阶段性和结构性变化，性别歧视问题并不是老生常谈话题，而是存在演变性特征。笔者希望能够在社会经济结构变迁下，研究劳动力市场性别歧视问题，若是以"性别差异"为题，反而无法展示"性别歧视"的中性化色彩，亦不能为歧视研究正名。

　　最初着手歧视研究，仅是了却童年夙愿而已。笔者生活在传统性别观念浓厚的西部地区，自身成长幸福美好，依旧免不了年幼时会对不平等现象愤愤不平，其直接影响着笔者高考时的专业选择，可能豆蔻年华时期总有些女权主义附身，期望世界和平期望人人平等。反而是随着年龄的增长，身上的尖锐被一点点磨平，那么曾经归为现实，也不会遗憾也不会失望，仅存的小小不甘构成了夙愿，由此转换为研究动力。

　　这部著作权当是送给曾经的自己的礼物。

　　未来笔者依旧会以弱势群体为研究对象，开展相关经济学领域的研究工作。虽然世界依旧存在不平等，但若保有一颗童年之心，自身微弱的力量终会汇成改革力量，由个人至社会至国家至全球，平等始终是促进社会进步与发展的动力，是人类生存与生活的源泉。

　　望，念念不忘，必有回响。

何决波

2023 年 10 月 15 日于重庆南岸